BIBLIOTHECA INDOLOGICA ET BUDDHOLOGICA 24

『中観五蘊論』の法体系

五位七十五法対応語を除く主要術語の分析

—仏教用語の現代基準訳語集および定義的用例集—

バウッダコーシャ VII

編 著

宮崎　泉（代表）
横山　剛
岡田英作
高務祐輝
林　玄海
中山慧輝

TOKYO : THE SANKIBO PRESS 2019

BIBLIOTHECA INDOLOGICA ET BUDDHOLOGICA

edited in chief by Kenryō MINOWA

24

Bauddhakośa:

A Treasury of Buddhist Terms and Illustrative Sentences

Volume VII

The System of the Elements (*Dharma*s) in the *Madhyamakapañcaskandhaka*:

An Analysis of the Significant Terms

Except Those Corresponding to the Seventy-Five Elements

Written and Edited by

Izumi MIYAZAKI (in chief)
Takeshi YOKOYAMA
Eisaku OKADA
Yūki TAKATSUKASA
Genkai HAYASHI
Keiki NAKAYAMA

Published in February 2019 by the SANKIBO PRESS, Tokyo

Distributed by the SANKIBO PRESS

BIBLIOTHECA INDOLOGICA ET BUDDHOLOGICA 24

『中観五蘊論』の法体系

五位七十五法対応語を除く主要術語の分析

—仏教用語の現代基準訳語集および定義的用例集—

バウッダコーシャ VII

編 著

宮崎　泉（代表）
横山　剛
岡田英作
高務祐輝
林　玄海
中山慧輝

TOKYO : THE SANKIBO PRESS 2019

はじめに Preface

本書はバウッダコーシャ IV『中観五蘊論における五位七十五法対応語』(以下、『五位七十五法対応語』)の続編にあたり、これも斎藤明教授が主導する科研プロジェクトの成果のひとつである。京都大学の研究者を中心とする本グループは、中観派の論書に見られる定義的用例について研究を進めており、『五位七十五法対応語』では、『中観五蘊論』から五位七十五法に対応する用語だけを抽出し関連研究とともにまとめた。しかし実際には『中観五蘊論』に挙がる用語の数は七十五にとどまらない。そこで、本グループは『五位七十五法対応語』出版以降も引き続き七十五法以外の定義的用例を取り上げ検討してきた。この度それがひとつの形になったため、基盤研究(A)「バウッダコーシャの新展開—仏教用語の日英基準訳語集—」(16H01901)の研究成果の一部として出版するものである。

本書で扱う『中観五蘊論』(*dBu ma phuṅ po lṅa pa, *Madhyamaka-pañcaskandhaka*)は、チャンドラキールティ(Candrakīrti, 600–650 年頃)作と伝わる。定義的用例がほとんど見られない中観論書の中では例外的に多くの定義的用例を含むため、本グループではこれを主たる資料として研究を進めてきた。『中観五蘊論』という呼称や著者問題、あるいは『牟尼意趣荘厳』や『入阿毘達磨論』との関係については、『五位七十五法対応語』「はじめに」に既に書いたので、それを参照されたい。

さて、『五位七十五法対応語』ではいわゆる五位七十五法に対応する用語だけを扱ったが、そもそも「五蘊論」という書名の通り、『中観五蘊論』ではそれらの用語が五蘊の枠組みの中で解説され、その解説の順序も多くが五位七十五法と異なっている。そのため、『五位七十五法対応語』「はじめに」にも記した通り、『中観五蘊論』に挙がる用語を検討する場合は、どういう列挙の中にその語が解説されるかを理解しておくことが、定義的用例そのものと並んで重要になる。本書の本体部分にあたる用例集は主要術語の一部だけを扱うため、それぞれの用語が法体系の中でどのような位置にあるのか用例集中に明示してはいないが、代わりに『中観五蘊論』の法体系全体を本書の冒頭に示したので、「『中観五蘊論』の法体系における五位七十五法を除く主要術語の位置」(xxxi–xxxvi 頁)を参照されたい。そこには、どれを『五位七十五法対応語』で扱い、どれを本書で扱ったかも示している。一覧から分かる通り、五蘊、十二処、十八界の下には、五位に対応する「心相応行」(=受、想を除く心所)「心不相応行」「無為」などが下位カテゴリーとして出る他、「心相応行」にはさらに「結」をはじめとする煩悩の同義語やその他様々な下位カテゴリーがある等、幾つかの階層がある。そのうち、本書では、地、水、火、風だけでなく、その上位カテゴリーにあたる mahābhūta(大種)も取り上げる等、できる限り多くの用語を取り上げた。一方で、本書で取り上げることができなかった用語も少なくない。

そこでまず用語の取捨選択の基準を提示し、それを通して、『五位七十五法対応語』と合わせ、本書がどのような意味を持つ定義的用例集となっているのかを紹介しておこう。

取捨の基準は明快で「現代語訳の検討に資する定義が存在するかどうか」である。本シリーズの目的が定義的用例を収集し、それに基づいて現代語訳を検討することにあるからである。しかし『中観五蘊論』には現代語訳の検討に資する定義が存在しない用語もあり、そのような用語は本書では取り上げていない。では、ここで言う「現代語訳の検討に資する定義」とは何か。『中観五蘊論』に見られる用語の定義は、概ね以下の四つの形式に分類できる。(1) その本質に基づく定義、(2) 下位要素の列挙、(3) 実体の数の提示、(4) 語源解釈や比喩的な解説、の四つである。『五位七十五法対応語』では基本的に (1) の形式だけを定義的用例として扱ってきた。けれども、五位七十五法対応語以外の用語では、(1) の形の定義を持たないことも多い。しかし、(2) や (3) だけでは現代語訳を検討することは難しいとしても、(4) の形式であれば、現代語訳を検討できる可能性がある。そこで本書では、(1) の他に、(1) の形の定義がなくても (4) の形式があるものも検討に加え、現代語訳を検討している。具体的には、87. kuśala-mūla（善根）、88. akuśala-mūla（不善根）、89. avyākṛta-mūla（無記根）、90. saṃyojana（結）、104. bandhana（縛）、105. anuśaya（随眠）、106. upakleśa（随煩悩）、107. paryavasthāna（纒）、108. āsrava（漏）、109. ogha（瀑流）、110. yoga（軛）、111. upādāna（取）、112. grantha / kāya-grantha（身繫）、113. nivaraṇa（蓋）の十四がそれに当たる。その結果、本書では五十三の用語を検討できることになった。上記の「現代語訳の検討に資する定義」を欠き、検討できないまま残るものもかなりあるが、それでも『五位七十五法対応語』で扱った七十五の用語に五十三を加え、合計百二十八の用語を取り上げたことになる。今回扱ったものの中には瑜伽行派の五位百法の中にも含まれないものもあり、一定数の新たな用語検討ができたと言えよう。バウッダコーシャ・シリーズの既刊に対応がある場合は、『五位七十五法対応語』と同様に、見出し語の下に既刊への参照を記しているが、既刊に対応がないことも多く、その場合には関連研究があれば、それを参考として示すことにした。また、煩悩に関する用語は主に九十八随眠に十纒を加えたいわゆる百八煩悩との関係が説明される。これは直接現代語訳の検討に資するものではないが、ある種の定義でもあるため、百八煩悩との関係が分かりやすくなるように表にまとめたので、あわせてご覧頂きたい。

ところで、『五位七十五法対応語』出版以降ありがたいことに様々な意見や指摘を頂いたが、その中に『中観五蘊論』のチベット語訳テキストと和訳の対応が不明瞭な箇所があるという指摘があった。これはある面では『中観五蘊論』のチベット語訳テキストの問題と関わるため、本書にも関係し重要な点である。そこで、ここにもう一度その問題を取り上げ説明しておきたい。一般にチベット語訳は、漢訳と比較し、サンスクリット原文を想定しやすい逐語訳的な傾向があると言われる。しかし『中観五蘊論』は翻訳あるいは伝承に問題があり、その現存チベット語訳テキストは非常に難解で、安易にサンスクリット原文を想定するのを躊躇するほどである。そのため、『五位七十五法対応語』あるいは本書では、『牟尼意趣荘厳』や『入阿毘達磨論』、さらに『倶舎論』ならびにそのヤショーミトラ（称友）注等に平行句を求めつつ、慎重にテキストを検討している。特に平行句がサンスクリットで残る場合は貴重であり、それに基づいて『中観五蘊論』のサンスクリットも想定しつつ、『中観五蘊論』のチベット語訳テキストを適宜訂正しながら和訳を作成した。このような事情から『五位七十五法対応語』でも煩雑になるのを怖れず注を付したつもりであったが、これまでの指摘によれば、説明が不充分、ないし説明に不備があった箇所があったことになるだろう。本書では、さらに慎重に和訳の意図を説明するように心がけたが、それでもまだ不充分に見えることがあるかもしれない。その際には、『中観五蘊論』のチベット語訳テキストの性格と、上記の本書の翻訳の方針をふまえて、平行句もあわせて見て頂ければ幸甚である。

やや専門的になるが、どれ程チベット語訳テキストに問題があるかを示すために、二つの例を紹介しておこう。一つは、102. dṛṣṭi-parāmarśa（見取）に関わる一文である。その中に dman pa la dam par 'dzin pa'i lta ba ni mchog tu 'dzin pa'o // という一節がある。これをその通りに読めば、parāmarśa（取, mchog tu 'dzin pa）を説明しているように見える。しかし実際には「見取」の説明という文脈であるため、『倶舎論』の平行句を考えても、例えば、dman pa la dam par 'dzin pa ni lta ba('i) mchog tu 'dzin pa'o // といった方向に訂正して考える必要がある。似たようなサンスクリットの表現は幾つかあるが、例えば『倶舎論』には、hīne cāgragrāho dṛṣṭiparāmarśaḥ （AKBh ad V. 16cd, Pradhan ed. p. 289）とある。そういったサンスクリットの平行句も踏まえ、この項目ではチベット語訳テキストの注の中に訂正を簡単に記している。もう一つの例は、元の翻訳から混乱していたのか、それとも伝承の中で混乱が生じたのかその原因ははっきりしないが、サンスクリットでは別の二語が一文中に同じチベット語で訳されている例である。83. prāmodya（欣）の定義的用例を含む一文には、sems kyi rab tu dga' ba ni sems kyi mgu ba ste / yid bde ba las tha dad du gyur pa ni rab tu dga' ba'o // とあり、ここには rab tu dga' ba という語が二度出る。逐語訳的なチベット語訳の性格を考えれば、どちらも同じサンスクリットを想定するのが自然であろう。しかし、この一文をそのまま引用する『牟尼意趣荘厳』のサンスクリットは次の通りである。cittapraharṣaś cittautsukyaṃ saumanasyāt pṛthagbhūtaṃ prāmodyam // これを見ると、前者が praharṣa に、後者が prāmodya に当たることが分かるであろう。もちろん prāmodya の定義であるから、praharṣa の意味が遠いわけはないが、そのままのチベット語訳テキストでは prāmodya の定義として非常に読みにくい。このような例からも、『中観五蘊論』のチベット語訳テキストの扱いは、他のチベット語訳テキストと異なる注意が必要になることが分かるだろう。もっともここは『中観五蘊論』のチベット語訳テキストの問題を論じる場ではないので、この問題はこの程度で終えることにしよう。

最後にこの場を借りて、本研究を継続し今回再びその成果を出版する機会を与えて下さった斎藤明教授に改めて感謝の意を表したい。また共編著者の中でも特に横山剛が研究会の準備からこの成果出版まで常に中心となって尽力してくれたので、今回も出版までこぎつけることができた。そのことも特に記しておきたい。その他に、共編著者には名を連ねなかったが、京都大学大学院博士課程に在学中の木村整民が研究会に頻繁に出席し、貢献があったことを付しておく。

また、今回も本書の出版を快く引き受けて下さった山喜房佛書林の浅地康平氏のご厚意に心より感謝したい。

2019年2月14日
宮崎　泉

目次 Contents

略号一覧 Abbreviations

AA	*Abhidharmāvatāra*
AKBh	*Abhidharmakośabhāṣya*
AKVy	*Abhidharmakośavyākhyā*
AS	*Abhidharmasamuccaya*
ASBh	*Abhidharmasamuccayabhāṣya*
ASG	ABHIDHARMASAMUCCAYA STUDY GROUP
C	Co ne edition of the Tibetan Tripiṭaka
D	sDe dge edition of the Tibetan Tripiṭaka
G	dGa' ldan manuscript of the Tibetan Tripiṭaka
MMA	*Munimatālaṃkāra*
MPSk	*Madhyamakapañcaskandhaka*
N	sNar thaṅ edition of the Tibetan Tripiṭaka
P	Peking edition of the Tibetan Tripiṭaka
PSk	*Pañcaskandhaka*
PSkV	*Pañcaskandhakavibhāṣā*
RĀ	*Ratnāvalī*
T	*Taishō Shinshū Daizōkyō*『大正新脩大蔵経』
YBh	*Yogācārabhūmi*
Zh	Tibetan Tripiṭaka collected in the *Zhonghua Dazangjing*『中華大蔵経』
『甘露味論』	『阿毘曇甘露味論』
『集異門足論』	『阿毘達磨集異門足論』
『順正理論』	『阿毘達磨順正理論』
『大毘婆沙論』	『阿毘達磨大毘婆沙論』
『法蘊足論』	『阿毘達磨法蘊足論』
『発智論』	『阿毘達磨発智論』
『品類足論』	『阿毘達磨品類足論』

参考文献一覧 Bibliography

一次文献一覧 Primary Sources

Abhidharmāvatāra

（Tib.）C *ñu* 303a5–324a7, D（4098）*ñu* 302a7–323a7, G（3598）*thu* 490b1–522a6, N（3590）*thu* 403b2–429a4, P［119］（5599）*thu* 393a3–417a8; DHAMMAJOTI［2008］pp. 208–275, Zh［82］（3327）pp. 1549–1604.

（Ch.）T, vol. 28, No. 1554, pp. 980–989, translated by Xuanzang 玄奘.

（Eng.）DHAMMAJOTI［2008］pp. 71–208.

（Fr.）VELTHEM［1977］pp. 1–79.

（Jpn.）櫻部［1997c］.

Abhidharmakośabhāṣya

（Skt.）Chap. I: EJIMA［1989］, Other Chaps.: PRADHAN［1967］.

（Jpn.）Chap. I, II: 櫻部［1969］, Chap. V: 小谷・本庄［2007］, Chap. VI: 櫻部・小谷［1999］, Chap. VII: 櫻部ほか［2004］.

Abhidharmakośavyākhyā

（Skt.）WOGIHARA［1936］.

（Jpn.）Chap. I: 荻原［1933］, Chap. V: 小谷・本庄［2007］, Chap. VII: 櫻部ほか［2004］.

Abhidharmasamuccaya

（Skt.）GOKHALE［1947］, LI［2013］, ASG［2015］［2017］［2018］.

（Jpn.）ASG［2015］［2017］［2018］.

Abhidharmasamuccayabhāṣya

（Skt.）ASG［2015］［2017］.

（Jpn.）ASG［2015］［2017］.

Madhyamakapañcaskandhaka

（Tib.）C *ya* 236a7–263a7, D（3866）*ya* 239b1–266b7, G（3266）*ya* 326a–365b3, N（3258）*ya* 264a6–295a3, P［99］（5267）*ya* 273b6–305b5; LINDTNER［1979］pp. 95–145, Zh［60］（3095）pp. 1535–1605.

Munimatālaṃkāra

（Skt.）李・加納［2015］.
（Tib.）C *a* 73a2–291b4, D（3903）*a* 73b1–293a7, G（3298）*ha* 66b2–415a5, N（3290）*ha* 66b2–415a5, P［101］（5299）*ha* 71b3–398b3; AKAHANE and YOKOYAMA［2014］［2015］, ISODA［1984］［1987］［1991］, Zh［63］（3132）pp. 1055–1828.
（Jpn.）李ほか［2015］［2016］.

Pañcaskandhaka

（Skt.）LI and STEINKELLNER［2008］.
（Jpn.）師［2015］.

Pañcaskandhakavibhāṣā

（Skt.）KRAMER［2013］.

Ratnāvalī

（Skt.）普仓［2016］, HAHN［1982］.
（Tib.）D（4158）*ge* 107a1–126a4, P［129］（5658）*ṅe* 129a5–152b4.
（Jpn.）瓜生津［1974］.

Yogācārabhūmi

（Skt.）*Savitarkasavicārādibhūmi*: AHN［2003］, BHATTACHARYA［1957］.
（Tib.）*Pañcavijñānakāyasaṃprayuktamanobhūmiviniścaya*: D（4038）*źi* 1b2–107a4, P［110］（5539）*zi* 1b4–111b2.

『阿毘達磨集異門足論』

（Ch.）T, vol. 26, No. 1536, 367a1–453b19, translated by Xuanzang 玄奘.

『阿毘達磨順正理論』

（Ch.）T, vol. 29, No. 1562, 329a1–775c3, translated by Xuanzang 玄奘.

『阿毘達磨大毘婆沙論』

（Ch.）T, vol. 27, No. 1545, 1a1–1004a9, translated by Xuanzang 玄奘.

『阿毘達磨法蘊足論』

（Ch.）T, vol. 26, No. 1537, 453b20–514a10, translated by Xuanzang 玄奘.

『阿毘達磨発智論』

（Ch.）T, vol. 26, No. 1544, 918a1–1031c29, translated by Xuanzang 玄奘.

『阿毘達磨品類足論』

（Ch.）T, vol. 26, No. 1542, 692b15–770a20, translated by Xuanzang 玄奘.

『阿毘曇甘露味論』

（Ch.）T, vol. 28, No. 1553, 966a1–980b19, anonymous translation 失訳.

『顕揚聖教論』

（Ch.）T, vol. 31, No. 1602, 480b8–583b18, translated by Xuanzang 玄奘.

研究一覧 Modern Studies

ABE, Shinya　阿部真也

［2009］「四大種に関する一考察―『倶舎論』と『成実論』をめぐって―」，『印度學佛教學研究』57-2，pp. 194–199.

ABHIDHARMASAMUCCAYA STUDY GROUP　阿毘達磨集論研究会

［2015］「梵文和訳『阿毘達磨集論』(1)」，『インド学チベット学研究』19，pp. 57–96.

［2017］「梵文和訳『阿毘達磨集論』(2)」，『インド学チベット学研究』21，pp. 55–86.

［2018］「梵文和訳『阿毘達磨集論』(3)」，『インド学チベット学研究』22，近刊予定.

AHN, Sung-Doo

［2003］*Die Lehre von den Kleśas in der Yogācārabhūmi*, Alt- und Neu-Indische Studien 55, Franz Steiner Verlag, Stuttgart.

AKAHANE, Ritsu and YOKOYAMA, Takeshi　赤羽律，横山剛

［2014］"The Sarvadharma Section of the *Munimatālaṃkāra*, Critical Tibetan Text, Part I: with Special Reference to Candrakīrti's *Madhyamakapañcaskandhaka*", 『インド学チベット学研究』18，pp. 14–49.

［2015］"The Sarvadharma Section of the *Munimatālaṃkāra*, Critical Tibetan Text, Part II: with Special Reference to Candrakīrti's *Madhyamakapañcaskandhaka*", 『インド学チベット学研究』19，pp. 97–137.

BHATTACHARYA, Vidhushekhara

［1957］*The Yogācārabhumi of Ācārya Asaṅga*, University of Calcutta, Calcutta, 1957.

CHIBA, Kōji　千葉公慈

［2001］「無執着の意味について―『大乗荘厳経論』を中心に―」,『印度學佛教學研究』49-2, pp. 128–131.

CHUNG, Jin-il and FUKITA, Takanori　鄭鎮一, 吹田隆徳

［2017］*Sanskrit Fragment of the Pañcavastuka* 五事論梵文断簡, 山喜房佛書林, 東京.

DHAMMAJOTI, Kuala Lumpur　法光

［2008］*Entrance into the Supreme Doctrine*, *Skandhila's Abhidharmāvatāra*, The University of Hong Kong, 2nd ed., Hong Kong.（1st ed., Colombo, 1998）

EJIMA, Yasunori　江島恵教

［1989］*Abhidharmakośabhāṣya of Vasubandhu, Chapter I: dhātunirdeśa*, Bibliotheca Indologica et Buddhologica 1, 山喜房佛書林, 東京.

ENDŌ, Shinichi　遠藤信一

［1994］「『倶舎論』における外道観（1）―見随眠を中心に―」,『東洋大学大学院紀要』31, pp. 281–294.

［1995］「『倶舎論』における外道観（2）―戒禁取見を中心に―」,『東洋大学大学院紀要』32, pp. 212–199.

ENOMOTO, Fumio　榎本文雄

［1978］「āsrava について」,『印度學佛教學研究』27-1, pp. 158–159.

［1979］「āsrava（漏）の成立について」,『佛教史學研究』22-1, pp. 17–42.

［1983］「初期仏典における（漏）」,『南都仏教』50, pp. 17–28.

ENOMOTO, Fumio *et al.*　榎本文雄ほか

［2014］『ブッダゴーサの著作に至るパーリ文献の五位七十五法対応語—仏教用語の現代基準訳語集および定義的用例集—バウッダコーシャ III』，インド学仏教学叢書 17，山喜房佛書林，東京.

FUJITA, Kōtatsu　藤田宏達

［1976］「原始仏教における悪の観念」，『仏教思想 2 悪』，平楽寺書店，京都，pp. 115–156.

FUKUDA, Takumi　福田琢

［1990］「十四心不相応行法の確立と得・非得」，『印度學佛教學研究』39-1，pp. 14–16.

［1997］「説一切有部の断惑論と『倶舎論』」，『東海仏教』42，pp. 1–16.

GOKHALE, V. V.

［1947］ Fragments from the Abhidharmasamuccaya of Asaṅga, *Journal of the Bombay Branch of the Royal Asiatic Society* (New Series) 23，pp. 13–38.

HAHN, Michael

［1982］ *Nāgārjuna's Ratnāvalī*, Indica et Tibetica, Band 1, Bonn.

HAKAMAYA, Noriaki　袴谷憲昭

［2017］「二十種有身見考」，『駒澤大學禪研究所年報』29，pp. 81–109.

HŌJŌ, Zenkō　北條善光

［1982］「ogha, sota について」，『仏教学会報』8，pp. 30–39.

［1983］「ogha, sota について」，『印度學佛教學研究』32-1，pp. 170–171.

IKEDA, Renjō　池田練成

［1980］「〈百八煩悩〉説成立の意義」，『曹洞宗研究員研究生研究紀要』12, pp. 36–52.

ISODA, Hirofumi　磯田熙文

［1984］「Abhayākaragupta『Munimatālaṃkāra』（Text）（I）」，『東北大学文学部研究年報』34，pp. 1–70.

［1987］「Abhayākaragupta『Munimatālaṃkāra』（Text）（II）」，『東北大学文学部研究年報』37，pp. 1–39.

［1991］「Abhayākaragupta『Munimatālaṃkāra』（Text）（III）」，『東北大学文学部研究年報』41，pp. 1–42.

KAJI, Tetsuya　梶哲也

［2016］「説一切有部における二種随増について」，『印度學佛教學研究』64-2, pp. 170–173.

［2018］「説一切有部における煩悩群について—結・縛・随眠・随煩悩・纏—」，『印度學佛教學研究』66-2，pp. 104–107.

KARUNADASA, Y.

［2015］*The Buddhist Analysis of Matter*, Second Edition, Centre of Buddhist Studies, The University of Hong Kong, Hong Kong.

KATŌ, Junshō　加藤純章

［1982］「阿羅漢への道—説一切有部の解脱—」，『仏教思想 8 解脱』，平楽寺書店，京都，pp. 149–192.

KATŌ, Hiromichi　加藤宏道

［1979］「不善根と意不善業道」，『印度學佛教學研究』27-2，pp. 215–218.

［1981］「断惑論からみた九十八随眠」,『印度學佛教學研究』30-1，pp. 303–306.

［1982］「随眠のはたらき」,『佛教學研究』38，pp. 28–58.

KASHIWAHARA, Nobuyuki　柏原信行

［1978］「「漏」に就いて」,『印度學佛教學研究』26-2，pp. 146–147.

KIM, Kyonghee　金敬姫

［2011］「説一切有部における煩悩説」,『印度學佛教學研究』60-1，pp. 162–166.

KIMURA, Yukari　木村紫

［2014］「『倶舎論』における尽智と無生智—菩提への道と二つの慧—」,『印度學佛教學研究』63-1，pp. 162–165.

［2016］『『倶舎論』を中心とした有身見の研究—刹那的な諸行を常住な一個体（piṇḍa）と把握する想と聖者の諦—』，立正大学学位請求論文.

KRAMER, Jowita

［2013］*Sthiramati's Pañcaskandhakavibhāṣā, Part I: Critical edition*, Sanskrit Texts from the Tibetan Autonomous Region, No.16/1, China Tibetology Research Center and Austrian Academy of Sciences, Beijing-Vienna.

KUSUNOKI, Kōshō　楠宏生

［2007］「異生性と非得」,『大谷大学大学院研究紀要』24，pp. 1–27.

LI, Xuezhu　李学竹

［2013］“Diplomatic Transcription of Newly Available Leaves from Asaṅga's *Abhidharmasamuccaya*—Folios 1, 15, 18, 20, 23, 24—”,『創価大学国際仏教学高等研究所年報』16，pp. 241–253.

LI, Xuezhu and KANŌ, Kazuo　李学竹，加納和雄

［2015］「梵文校訂『牟尼意趣荘厳』第一章—『中観五蘊論』にもとづく一切法の解説（fol. 48r4–58v1）—」，『密教文化』234，pp. 7–44.

LI, Xuezhu, KANŌ, Kazuo and YOKOYAMA, Takeshi　李学竹，加納和雄，横山剛

［2015］「梵文和訳『牟尼意趣荘厳』—一切法解説前半部—」，『インド学チベット学研究』19，pp. 138–157.

［2016］「梵文和訳『牟尼意趣荘厳』—一切法解説後半部—」，『インド学チベット学研究』20，pp. 53–75.

LI, Xuezhu 李学竹 and STEINKELLNER, Ernst

［2008］*Vasubandhu's Pañcaskandhaka*, Sanskrit Texts from the Tibetan Autonomous Region, No. 4, China Tibetology Research Center and Austrian Academy of Sciences, Beijing-Vienna.

LINDTNER, Christian

［1979］"Candrakīrti's Pañcaskandhaprakaraṇa, I. Tibetan Text", *Acta Orientalia* XL, pp. 87–145.

MATSUNAMI, Yasuo　松濤泰雄

［1993a］「Tattvārthā（IV）—四大種について—」，『印度學佛教學研究』41-2, pp. 190–195.

［1993b］「Tattvārthā（V）—四大種について（2）—」，『仏教論叢』37，pp. 14–18.

MITOMO, Kenyō　三友健容

［1973］"Anuśaya as Conceived in Abhidharma-Buddhism",『印度學佛教學研究』22-1，pp. 32–36.

[1975]「Anuśaya の語義とその解釈」,『印度學佛教學研究』23-2, pp. 110–115.

MIYAZAKI, Izumi *et al.* 宮崎泉ほか

[2017]『『中観五蘊論』における五位七十五法対応語―仏教用語の現代基準訳語集および定義的用例集―バウッダコーシャ IV』, 山喜房佛書林, 東京.

MIZUNO, Kazuhiko 水野和彦

[2015]「satkāyadṛṣṭi 再考」,『印度學佛教學研究』63-2, pp. 130–133.

MIZUNO, Kōgen 水野弘元

[1951]「佛教における色（物質）の概念について」,『印度哲學と佛教の諸問題―宇井伯壽博士還暦記念論文集―』, 岩波書店, 東京, pp. 479–502.

[1964]『パーリ佛教を中心とした佛教の心識論』, 山喜房佛書林, 東京.

MORO, Shigeki 師茂樹

[2015]『『大乗五蘊論』を読む』, 春秋社, 東京.

MURAKAMI, Shinkan 村上真完

[2011]「色（rūpa）は物質ではない―仏典における原意と訳語の考察―」,『印度學佛教學研究』59-2, pp. 217–224.

MUROJI, Yoshihito *et al.* 室寺義仁ほか

[2017]『『瑜伽師地論』における五位百法対応語ならびに十二支縁起項目語―仏教用語の現代基準訳語集および定義的用例集―バウッダコーシャ V』, 山喜房佛書林, 東京.

NAITŌ, Shōbun 内藤昭文

[1985]「二十種の有身見について（試論）」,『龍谷大学大学院佛教学研究室年報』1, pp. 27–26.

NAKAMURA, Takatoshi　中村隆敏

［1983］「心所法としての厭と欣」,『大正大学綜合佛教研究所年報』5, pp. 23–32.

NAMIKAWA, Toshiaki　並川孝儀

［1975］「有部における無記根について」,『印度學佛教學研究』23-2, pp. 172–173.

NISHIMURA, Minori　西村実則

［1974a］「アビダルマにおける不善根」,『佛教論叢』18, pp. 170–175.

［1974b］「kleśa と anuśaya」,『印度學佛教學研究』23-1, pp. 150–151.

［1977］「倶舎論智品品名釈」,『印度學佛教學研究』26-1, pp. 343–345.

［1990］「『倶舎論』にみる「煩悩」「随眠」「随煩悩」」,『印度學佛教學研究』38-2, pp. 268–274.

［2013］『増補 アビダルマ教学 倶舎論の煩悩論』, 法藏館, 京都.

NISHIYAMA, Kōkō　西山康光

［2001］「随眠の相応と不相応について―『倶舎論』「随眠品」より―」,『駒澤大學佛教學部論集』32, pp. 468–456.

ODANI, Nobuchiyo and HONJŌ, Yoshifumi　小谷信千代, 本庄良文

［2007］『倶舎論の原典解明 随眠品』, 大蔵出版, 東京.

ŌMORI, Kazuki　大森一樹

［2007］「*Saṃyutta-Nikāya* に見られる滅智（khaye ñāṇa）について―世間縁起と出世間縁起―」,『印度學佛教學研究』56-1, pp. 186–189.

PRADHAN, Prahlad

［1967］*Abhidharmakośabhāṣya of Vasubandhu*, Tibetan Sanskrit Works Series 8, Kashi Prasad Jayaswal Research Institute, 1st ed., Patna.（2nd ed., 1975）

PUCANG 普仓

［2016］「龙树《宝鬘论颂》梵文写本的初步报告」，『西藏贝叶经研究』，pp. 26–36.

SAITŌ, Akira *et al*.　斎藤明ほか

［2011］『『倶舎論』を中心とした五位七十五法の定義的用例集―仏教用語の用例集（バウッダコーシャ）および現代基準訳語集 1―』，インド学仏教学叢書 14，山喜房佛書林，東京.

［2014］『瑜伽行派の五位百法―仏教用語の現代基準訳語集および定義的用例集―バウッダコーシャ II』，インド学仏教学叢書 16，山喜房佛書林，東京.

SAKURABE, Hajime　櫻部建

［1955］「九十八隨眠説の成立について」，『大谷学報』35-3，pp. 20–30.

［1966］“Anutpādajñāna and Anutpattikadharmakṣānti”，『印度學佛教學研究』14-2，pp. 108–113.

［1969］『倶舎論の研究　界・根品』，法藏館，京都.

［1997a］「特殊な心所法のいくつかについて」，『増補版　佛教語の研究』，文栄堂書店，京都，pp. 40–47.

［1997b］「無生智と無生法忍」，『増補版　佛教語の研究』，文栄堂書店，京都，pp. 54–59.

［1997c］「附篇『入阿毘達磨論』（チベット文よりの和訳）」，『増補版　佛教語の研究』，文栄堂書店，京都，pp. 184–241.

SAKURABE, Hajime and ODANI, Nobuchiyo　櫻部建，小谷信千代

［1999］『倶舎論の原典解明 賢聖品』，法藏館，京都.

SAKURABE, Hajime, ODANI, Nobuchiyo and HONJŌ, Yoshifumi　櫻部建，小谷信千代，本庄良文

［2004］『倶舎論の原典解明 智品・定品』，大蔵出版，東京.

SASAKI, Genjun　佐々木現順

［1957］「我慢の概念分析と思想史的意味」，『大谷学報』37-3，pp. 15–29.

SASAKI, Shizuka　佐々木閑

［2009］「有部の極微説」，『印度學佛教學研究』57-2，pp. 211–217.

TAKAHASHI, Sō　高橋壯

［1970］「『倶舎論』の二諦説」，『印度學佛教學研究』19-1，pp. 130–131.

［1972］「世俗智について」，『南都佛教』28，pp. 18–29.

TAKIGAWA, Ikuhisa　瀧川郁久

［2011］「瑜伽行派アビダルマ論書の五見の定義」，『久遠—研究論文集—』2，pp. 16–31.

TAN, Saw Chye　陳素彩

［2001a］「説一切有部における anuśaya・kleśa・paryavasthāna の関係—『倶舎論』「随眠品」を中心として—」，『インド哲学仏教学研究』8，pp. 57–72.

［2001b］「説一切有部における upakleśa・kleśa・paryavasthāna の関係—『倶舎論』「随眠品」を中心として—」，『仏教文化研究論集』5，pp. 74–98.

［2003］「説一切有部における邪見の概念—『倶舎論』「随眠品」を中心として—」，『仏教文化研究論集』7，pp. 58–84.

URYŪZU, Ryūshin　瓜生津隆真

［1974］「宝行王正論（一連の宝珠—王への教訓）」，『大乗仏典 14 龍樹論集』，中央公論社，東京，pp. 231–316.

［1978］「中観学派におけるアビダルマ—月称造『五蘊論』管見」，『國譯一切經印度撰述部月報 三藏集』第三輯，大東出版社，東京，pp. 185–192.（初出：『國譯一切經印度撰述部月報 三藏』116（毘曇部第二十四巻），大東出版社，東京，1976）

VELTHEM, Marcel van

［1977］*Le traité de la descente dans la profonde loi (Abhidharmāvatāraśāstra) de l'Arhat Skandhila*, Publications de l'Institut orientaliste de Louvain 16, Université catholique de Louvain, Institute orientaliste, Louvain-la-Neuve.

WOGIHARA, Unrai　荻原雲来

［1933］『和譯 稱友倶舍論疏（一）』，梵文倶舍論疏刊行會，東京.

［1936］*Sphuṭārthā Abhidharmakośavyākhyā by Yaśomitra*, 山喜房佛書林，東京.

YOKOYAMA, Takeshi　横山剛

［2016a］"An Analysis of the Textual Purpose of the *Madhyamakapañcaskandhaka*: with a Focus on its Role as a Primer on Abhidharma Categories for Buddhist Beginners",『印度學佛教學研究』64-3，pp. 164–168.

［2016b］「『中観五蘊論』の思想的背景について—『五蘊論』ならびに『入阿毘達磨論』との関係についての再考察—」，『真宗文化』25，pp. 23–42.

［2017］"An Analysis of the Conditioned Forces Dissociated from Thought in the *Madhyamakapañcaskandhaka*",『印度學佛教學研究』65-3，pp. 177–182.

YOSHIMOTO, Shingyō and TAMAI, Takeshi　吉元信行，玉井威

［1975］「梵文阿毘達磨集論における煩悩の諸定義」，『煩悩の研究』，清水弘文堂，東京，pp. 221–255.

凡例 Explanatory Notes

用例集の構成

本用例集では『中観五蘊論』に説かれる法体系の中から五位七十五法対応語を除く主要術語について、その定義的用例と現代日本語訳を検討する。主要術語の選定基準とその順序については本書の「はじめに」を参照されたい。各用語における分析の方法や構成は基本的には宮崎ほか［2017］において五位七十五法対応語の分析を行った際の方針を踏襲した。しかし、分析の対象が七十五法対応語からそれ以外の主要な術語へと変わったことで変更や訂正を加えた点もある。したがって、ここではそれらの点を含めて本用例集の凡例を示す。

各用語の分析における構成は、見出し語、先行研究への参照、使用する三つの文献における定義的用例の検討と現代日本語訳の提案からなる。本書で分析対象となる五十三の主要な術語の中から bhūta / mahābhūta の分析を例にこれらの項目の詳細について以下に述べる。

1. 見出し語

（例）

76. bhūta / mahābhūta

本書で分析対象となる五十三の主要な術語の原語については、その大半を『牟尼意趣荘厳』のサンスクリットから回収することができる。『牟尼意趣荘厳』から回収される原語は仏教文献においてその用語に対して広く使用されるサンスクリットであり、本書で検討する主要な術語については例外的なサンスクリットが回収される事例（七十五法対応語において見られたような spraṣṭavya に対して spṛśya が使用されるような例）は確認されない。したがって本書では『牟尼意趣荘厳』から回収される原語を見出し語として示し、同論から原語を回収することができない幾つかの用語については、想定される原語をアスタリスクを付して示した。そして本書では七十五法対応語に続いてこれらの主要な術語の分析を行うということで、五十三の用語に 76 から 128 の通し番号を付した。

2. 先行研究への参照

（例）

【参考】水野［1951］，松濤［1993a］［1993b］，阿部［2009］，佐々木［2009］，村上［2011］，KARUNADASA［2015］pp. 9–20，横山［2016a］p. 166.

本用例集では、各用語において、定義的用例と現代日本語訳の検討に資する先行研究を見出し語の下に示した。

3. 使用する三つの文献における定義的用例の編集方針

本用例集では『中観五蘊論』を主要な文献としてそれに『牟尼意趣荘厳』と『入阿毘達磨論』という二つの参考文献の情報を補うというかたちで各用語の分析を行う。『牟尼意趣荘厳』と『入阿毘達磨論』を参考文献とする理由については、宮崎ほか［2017］の「はじめに」を参照されたい。以上の三つの文献について各用語の訳語と定義的用例を示すが、主要な文献である『中観五蘊論』に限って定義的用例を和訳し、それに基づく用語の現代日本語訳を提案する。二つの参考文献はあくまでも『中観五蘊論』の情報の不足を補うために用いるものであるため、本用例集では定義的用例の和訳と用語の現代日本語訳を提示せずに、先行研究における翻訳と訳例を参考として挙げる。各文献における定義的用例の編集方針を以下に述べる。

3.1.『中観五蘊論』における定義的用例の編集方針

（例）

Madhyamakapañcaskandhaka

【訳例】元素 / 大元素
【チベット語訳】'byuṅ ba / 'byuṅ ba chen po

【定義的用例】

〔和訳〕

… また、それ（物質的な存在のグループ）は二種類であり、**元素**と元素に基づくもの（→ 81. bhautika / upādāya-rūpa）である。その中で四つの**大元素**とは、地の要素（→ 77. pṛthivī-dhātu）、水の要素（→ 78. ab-dhātu）、火の要素（→ 79. tejo-dhātu）、風の要素（→ 80. vāyu-dhātu）である [1)]。…

これらの**大元素**は、あるところにひとつが存在するとき、残りも存在し、あるところに残りが存在するとき、ひとつも存在するのであって、相互に不可分である。したがって、それらは相互に依拠せずには存在しないから、固有の本質として成立することはない。…

[1)]『中観五蘊論』のチベット語訳によれば、「種とは四大である。地の 要素、…」となるが、ここでは『牟尼意趣荘厳』の梵文を参考に訂正して和訳する。

…

〔チベット語訳〕

…de yaṅ rnam pa gñis su 'gyur te / **'byuṅ ba** daṅ / 'byuṅ ba las gyur pa'o // [a…]de la **'byuṅ ba** ni **chen po** bźi ste / sa'i khams daṅ chu'i khams daṅ /[1)] me'i khams daṅ / rluṅ gi khams źes bya ba'o //[…a] …

[b…]**'byuṅ ba chen po** 'di rnams ni gaṅ na gcig yod pa na[2)] lhag ma yaṅ yod [3)] la / gaṅ na lhag ma yod pa na gcig kyaṅ yod de phan tshun dbyer med do // de lta bas na de dag ni phan tshun ma bltos[4)] par med pas raṅ gi ṅo bor grub pa med do[…b] // …

[1)] om. CD [2)] *ni* C [3)] G inserts *pa.* [4)] *ltos* CD …

[a] AKBh ad I. 12ab: mahābhūtāny upādāya ity uktāni katamāni

bhūtāni pṛthivīdhātur aptejovāyudhātavaḥ / I. 12ab

（p. 12, *ll.* 4–5, cf. 櫻部［1969］p. 159）

…

（C 236b7, … D 239b7–240a1, … G 327a2–3, … N 264b7, … P 274a7–8, …; Lindtner［1979］p. 96, *ll.* 2–6, …, Zh, vol. 60, p. 1536, *ll.* 13–15, …）

『中観五蘊論』はチベット語訳でのみ現存する。【定義的用例】の〔チベット語訳〕は、北京版（P）を底本として、チョネ版（C）、デルゲ版（D）、金写本（G）、ナルタン版（N）と校合した批判校訂テキストである。以上のテキストにおいては、見出し語を太字で示した。また、二種類の注を付し、異読を 1) 等の注として挙げ、二つの参考文献以外の論書における並行箇所や参照すべき解説を a 等の注として挙げた。そして、その後にチベット語訳四版一本のロケーションを示し、LINDTNER 校訂本（北京版とナルタン版に基づく）と『中華大蔵経』「蔵文部」所収のテキスト（金写本以外の四版を参照するが、本文にはデルゲ版の読みを示し、異読を巻末に示す）の対応頁も併せて表記した。〔和訳〕は以上のチベット語テキストを翻訳したものである。和訳においては見出し語をゴシック体で表記した。また解説の中で七十五法対応語や本書で扱う七十五法対応語以外の主要な術語についての言及がある際には、その定義的用例を簡単に参照できるように、宮崎ほか［2017］ならびに本用例集における 1 から 128 の通し番号を示した。チベット語訳を訂正して翻訳するなど注記が必要な場合には、和訳の直後に訳注を付した。そして以上の【定義的用例】から導かれた各法の現代日本語訳を【訳例】として示し、チベット語訳を【チベット語訳】として併記した。

3.2.『牟尼意趣荘厳』における定義的用例の編集方針

（例）

参考文献（1）

Munimatālaṃkāra

【原語】bhūta / mahābhūta
【チベット語訳】'byuṅ ba / 'byuṅ ba chen po

【定義的用例】

〔原文〕

… sa ca dvidhā **bhūtāni** bhautikāni ca / tatra catvāri **mahābhūtāni** pṛthivyaptejovāyudhātavaḥ … eṣāṃ ca **mahābhūtānāṃ** yatraikaṃ tatra śiṣṭāni / …

（李・加納［2015］p. 13, *l.* 1–p. 15, *l.* 2）

〔チベット語訳〕

… de yaṅ rnam pa gñis te **'byuṅ ba** rnams daṅ 'byuṅ ba las gyur pa rnams so // de la **'byuṅ ba chen po** bźi rnams ni sa daṅ chu daṅ me daṅ rluṅ gi khams te … **'byuṅ ba chen po** 'di rnams kyi yaṅ gcig gaṅ na yod pa de na lhag ma rnams te / …

1) *ni mthun* N …

（C 126b5–6, …, D 127a2–3, …, G 198a6–b1, …, N 145a1–3, …, P 149b1–3, …; Akahane and Yokoyama［2015］p. 22, *ll.* 11–17, …, 磯田［1987］p. 26, *ll.* 1–3, …, Zh, vol. 63, p. 1186, *ll.* 17–19, …）

【先行研究における翻訳】

〔原文からの和訳〕

そして、それ（十の色蘊）は二種からなる。**大種**と大種所造である。その中で、四**大種**とは、地水火風界であり、… そして、それら**大種**のうちのひとつがある場合には、残りのもの（他の大種）もある。…

（李ほか［2015］pp. 145–147）

『牟尼意趣荘厳』にはサンスクリット原典とチベット語訳が現存する。【定義的用例】の〔原文〕は、李・加納［2015］による。〔チベット語訳〕は、北京版を底本として、チョネ版、デルゲ版、金写本、ナルタン版と校合した批判校訂テキストである。金写本、ナルタン版、北京版の三版には割注が挿入されるが、煩雑になるのを避けるために省略した。チベット文の直後には、異読に関する注とロケーションを示し、磯田校訂本（金写本以外の四版を対照、割注を省略）と『中華大蔵経』「蔵文部」所収のテキスト（編集方針は『中観五蘊論』の場合と同じ）の対応頁を併せて表記した。以上のサンスクリットとチベット語訳のテキストにおいては、見出し語を太字で表記した。なお、『牟尼意趣荘厳』の一切法解説のチベット語訳については、四版一本を対照し、割注を含めて校訂を行った Akahane and Yokoyama［2014］［2015］が刊行されており、これらの研究の対応頁も表記した。本用例集において省略したチベット語訳の割注については、以上の研究を参照されたい。また、同論の一切法解説については、サンスクリットからの和訳が李ほか［2015］［2016］として刊行されており、これらの研究が提示する和訳を【先行研究における翻訳】として挙げた。和訳においては見出し語をゴシック体で示した。そして、以上の【定義的用例】から原語とチベット語訳を回収し、【原語】と【チベット語訳】として示した。

3.3.『入阿毘達磨論』における定義的用例の編集方針

（例）

参考文献（2）

Abhidharmāvatāra

【チベット語訳】'byuṅ ba / 'byuṅ ba chen po
【漢訳】大種

【定義的用例】

〔チベット語訳〕

… gzugs ni rnam pa gñis te **'byuṅ ba** daṅ [1)] 'byuṅ ba las gyur pa'i gzugs so // **'byuṅ ba** dag ni bźi ste sa daṅ chu daṅ me daṅ rluṅ gi khams rnams so // …

[1)] N inserts /.

（C 303b4, …, D 302b5–6, …, G 491a1–2, …, N 404a2, …, P 393b1–2, …; DHAMMAJOTI［2008］p. 211, *ll*. 8–10, …, Zh, vol. 82, p. 1550, *ll*. 9–10, …）

〔漢訳〕

色有二種。謂**大種**及所造色。**大種**有四。謂地水火風界。…

（T, vol. 28, 980c9–16）

【先行研究における翻訳と訳例】

〔チベット語訳からの和訳〕

… 色 rupa は二種あって、〔大〕**種**〔mahā-〕bhūta と〔大〕種所造の色 bhau-tikarūpa とである。〔大〕**種**は四であって、地 pṛthivī・水 ap・火 tejas・風 vāyu 界である。…

（櫻部［1997b］p. 193）

〔漢訳からの英訳〕Great Element

Matter is of two kinds: The **Great Elements** (*mahābhūta*) and the derived matter (*upādāyarūpa* / *bhautika*). There are four **Great Elements**, i.e. Earth (*pṛthivī*), Water (*ap*), Fire (*tejas*) and Air (*vāyu*) spheres (*dhātu*). …

（DHAMMAJOTI［2008］p. 73）

〔漢訳からの仏訳〕grand élément

Il y a deux sortes de matières : les **grands éléments** *(mahābhūta)* et les matières dérivées (*bhautikarūpa*). Les **grands éléments** sont quatre : la terre (*pṛthivī*), l'eau (*ap*), le feu (*tejaḥ*) et le vent (*vāyu*). …

（VELTHEM［1977］pp. 2–3）

『入阿毘達磨論』にはチベット語訳と漢訳が現存し、翻訳研究としてはチベット語訳からの和訳と、漢訳からの英訳、仏訳が存在する。【定義的用例】における〔チベット語訳〕は、北京版を底本として、チョネ版、デルゲ版、金写本、ナルタン版と校合した批判校訂テキストである。チベット文の直後には、異読に関する注とロケーションを示し、DHAMMAJOTI校訂本（デルゲ版を底本として、『中華大蔵経』が示す異読等を参考にしながら、北京版とデルゲ版を対照）と『中華大蔵経』「蔵文部」所収のテキスト（編集方針は『中観五蘊論』の場合と同じ）の対応箇所を併せて表記した。〔漢訳〕は『大正新脩大蔵経』所収のテキストに基づくものであり、直後にロケーションを示した。『大正蔵』のテキストには句点が打たれているが、筆者の読みに従って句点を打ち直し、文中の区切りには新たに読点を打った。また、その他の訂正を加える場合には、注として示した。以上のチベット語訳と漢訳テキストにおいては、見出し語をそれぞれ太字とゴシック体で示した。さらに『入阿毘達磨論』では、【先行研究における翻訳と訳例】として、〔チベット語訳からの和訳〕として櫻部［1997］の和訳を、〔漢訳からの英訳〕としてDHAMMAJOTI［2008］の英訳を、〔漢訳からの仏訳〕としてVELTHEM［1977］の仏訳を示し、各研究の該当頁を示した。和訳では見出し語をゴシック体で示し、英訳と仏訳では太字で示した。そして、以上の【定義的用例】から訳語を回収し、【チベット語訳】と【漢訳】として示した。

4. 本用例集で使用する表記、記号

ある語の原語や漢訳などを示す場合、あるいは、指示語の対象を示す場合などには（ ）を用い、本文に補足の語句や解説を挿入する場合には〔 〕を用いる。

例：それらは〔大（mahā）でもあり〕元素（bhūta）でもあるから、…

右肩に付した 1）などの注番号は、付された一語、一記号に対するものである。注が複数の語や記号に及ぶ場合には、注の始まりを左肩に付して、その範囲を示した。また『中観五蘊論』のチベット語訳において、他の論書における並行する解説や参照すべき解説を a 等の注として挙げる場合も、該当箇所の始まりを左肩に示した。

例：… sa'i khams daṅ chu'i khams daṅ /[1)] me'i khams daṅ / …

[1)] om. CD

例：… 'dus ma byas pa ñid kyis [(1]na thun[1)] moṅ daṅ thun moṅ ma yin pa'i …

[1)] *ni mthun* N

例：[a…]de la 'byuṅ ba ni chen po bźi ste / sa'i khams daṅ … rluṅ gi khams źes bya ba'o //[…a]

[a] AKBh ad I. 12ab: mahābhūtāny upādāya ity uktāni katamāni …

文を省略する場合には、省略箇所を … で示した。

原語が確認できず、チベット語訳に基づいて推定した語を提示する場合には、左肩にアスタリスクを付した。

例：*sthāna-pratilābha

『中観五蘊論』の法体系における
五位七十五法対応語を除く主要術語の位置

Position of the Significant Terms Except Those Corresponding to the Seventy-Five Elements in the System of the Elements as Presented in the *Madhyamakapañcaskandhaka*

以下に提示するのは、本研究で検討の対象となる『中観五蘊論』の法体系における五位七十五法対応語を除く主要な術語について、法体系におけるその位置を示した一覧である。左端に『中観五蘊論』の法体系を示し、各法について現代語の検討に資する定義的用例の有無を記した。検討の対象となる用語については、通し番号と検討の状況を記した。一覧においては、七十五法対応語以外の主要な術語については、定義的用例の有無、通し番号、検討の状況も含め、太字で表記した。また、宮崎ほか［2017］ですでに検討を終えた七十五法対応語についてはイタリックで表記した。

『中観五蘊論』の法体系	定義的用例の有無	通し番号	備考
pañca-skandha	×	——	——————
rūpa-skandha	×	——	——————
bhūta / mahābhūta	**○**	**No. 76**	**本書で検討**
pṛthivī-dhātu	**○**	**No. 77**	**本書で検討**
ab-dhātu	**○**	**No. 78**	**本書で検討**
tejo-dhātu	**○**	**No. 79**	**本書で検討**
vāyu-dhātu	**○**	**No. 80**	**本書で検討**
bhautika / upādāya-rūpa	**○**	**No. 81**	**本書で検討**
cakṣus / cakṣur-indriya	○	No. 1	既刊本を参照
śrotra / śrotra-i°	○	No. 2	既刊本を参照
ghrāṇa / ghrāṇa-i°	○	No. 3	既刊本を参照
jihvā / jihvā-i°	○	No. 4	既刊本を参照

kāya / *kāya-i°*	○	No. 5	既刊本を参照
rūpa	○	No. 6	既刊本を参照
śabda	○	No. 7	既刊本を参照
gandha	○	No. 8	既刊本を参照
rasa	○	No. 9	既刊本を参照
spraṣṭavya	○	No. 10	既刊本を参照
avijñapti	○	No. 11	既刊本を参照
vedanā-skandha	○	No. 13	既刊本を参照
saṃjñā-skandha	○	No. 14	既刊本を参照
saṃskāra-skandha	×	——	——————
cittasaṃprayukta-saṃskāra	×	——	——————
cetanā	○	No. 15	既刊本を参照
sparśa	○	No. 17	既刊本を参照
manaskāra	○	No. 20	既刊本を参照
chanda	○	No. 16	既刊本を参照
adhimokṣa	○	No. 21	既刊本を参照
śraddhā	○	No. 23	既刊本を参照
vīrya	○	No. 24	既刊本を参照
smṛti	○	No. 19	既刊本を参照
samādhi	○	No. 22	既刊本を参照
prajñā	○	No. 18	既刊本を参照
vitarka	○	No. 53	既刊本を参照
vicāra	○	No. 54	既刊本を参照
pramāda	○	No. 34	既刊本を参照
apramāda	○	No. 32	既刊本を参照
nirvid	**○**	**No. 82**	**本書で検討**
prāmodya	**○**	**No. 83**	**本書で検討**
praśrabdhi	○	No. 31	既刊本を参照
apraśrabdhi	**○**	**No. 84**	**本書で検討**
vihiṃsā	○	No. 46	既刊本を参照
avihiṃsā	○	No. 30	既刊本を参照
hrī	○	No. 26	既刊本を参照
apatrāpya	○	No. 27	既刊本を参照
upekṣā	○	No. 25	既刊本を参照
vimukti	○	**No. 85**	**本書で検討**

kuśala-mūla	**○**	**No. 87**	**本書で検討**
alobha	○	No. 28	既刊本を参照
adveṣa	○	No. 29	既刊本を参照
amoha	**○**	**No. 86**	**本書で検討**
akuśala-mūla	**○**	**No. 88**	**本書で検討**
lobha	×	——	No. 28 参照
dveṣa	×	——	No. 29 参照
moha	×	——	No. 86 参照
avyākṛta-mūla	**○**	**No. 89**	**本書で検討**
tṛṣṇā	×	——	No. 33, No. 91 参照
avidyā	×	——	No. 33 参照
mati	×	——	
saṃyojana	**○**	**No. 90**	**本書で検討**
anunaya	**○**	**No. 91**	**本書で検討**
pratigha	○	No. 56	既刊本を参照
māna	**○**	No. 57, **No. 92**	**本書に補訂再録**
māna	**○**	No. 57, **No. 92**	**本書に補訂再録**
atimāna	**○**	**No. 93**	**本書で検討**
māna-atimāna	**○**	**No. 94**	**本書で検討**
asmi-māna	**○**	**No. 95**	**本書で検討**
abhimāna	**○**	**No. 96**	**本書で検討**
mithyā-māna	**○**	**No. 97**	**本書で検討**
ūna-māna	**○**	**No. 98**	**本書で検討**
avidyā	○	No. 33	既刊本を参照
dṛṣṭi	×	——	
satkāya-d°	**○**	**No. 99**	**本書で検討**
antagrāha-d°	**○**	**No. 100**	**本書で検討**
mithyā-d°	**○**	**No. 101**	**本書で検討**
parāmarśa	×	——	
dṛṣṭi-p°	**○**	**No. 102**	**本書で検討**
śīlavrata-p°	**○**	**No. 103**	**本書で検討**
vicikitsā	○	No. 58	既刊本を参照
īrṣyā	○	No. 44	既刊本を参照
mātsarya	○	No. 43	既刊本を参照
bandhana	**○**	**No. 104**	**本書で検討**

rāga	○	No. 55	既刊本を参照
dveṣa	×	——	No. 29 参照
moha	×	——	No. 86 参照
anuśaya	**○**	**No. 105**	**本書で検討**
rāga	×	——	No. 55 参照
pratigha	×	——	No. 56 参照
māna	×	——	No. 57, No. 92–98 参照
avidyā	×	——	No. 33 参照
dṛṣṭi	×	——	No. 99–103 参照
viciktsā	×	——	No. 58 参照
upakleśa	**○**	**No. 106**	**本書で検討**
māyā	○	No. 47	既刊本を参照
mada	○	No. 49	既刊本を参照
vihiṃsā	○	No. 46	既刊本を参照
pradāśa	○	No. 45	既刊本を参照
upanāha	○	No. 50	既刊本を参照
śāṭhya	○	No. 48	既刊本を参照
paryavasthāna	**○**	**No. 107**	**本書で検討**
styāna	○	No. 37	既刊本を参照
middha	○	No. 52	既刊本を参照
auddhatya	○	No. 38	既刊本を参照
kaukṛtya	○	No. 51	既刊本を参照
īrṣyā	×	——	No. 44 参照
mātsarya	×	——	No. 43 参照
āhrīkya	○	No. 39	既刊本を参照
anapatrāpya	○	No. 40	既刊本を参照
krodha	○	No. 41	既刊本を参照
mrakṣa	○	No. 42	既刊本を参照
āsrava	**○**	**No. 108**	**本書で検討**
kāma-ā°	×	——	
bhava-ā°	×	——	
avidyā-ā°	×	——	No. 33 参照
ogha	**○**	**No. 109**	**本書で検討**
kāma-o°	×	——	
bhava-o°	×	——	

dṛṣṭi-o°	×	——	No. 99–103 参照
avidyā-o°	×	——	No. 33 参照
yoga	○	**No. 110**	本書で検討
kāma-y°	×	——	
bhava-y°	×	——	
dṛṣṭi-y°	×	——	No. 99–103 参照
avidyā-y°	×	——	No. 33 参照
upādāna	○	**No. 111**	本書で検討
kāma-u°	×	——	
dṛṣṭi-u°	×	——	No. 99–102 参照
śīlavrata-u°	×	——	No. 103 参照
ātmavāda-u°	×	——	
grantha / kāya-grantha	○	**No. 112**	本書で検討
abhidhyā-k°	×	——	
vyāpāda-k°	×	——	No. 41, No. 56 参照
śīlavrataparāmarśa-k°	×	——	No. 103 参照
dṛṣṭiparāmarśa-k°	×	——	No. 102 参照
nivaraṇa	○	**No. 113**	本書で検討
kāmacchanda	×	——	
vyāpāda	×	——	No. 41, No. 56 参照
styāna-middha	×	——	No. 37, No. 52 参照
auddhatya-kaukṛtya	×	——	No. 38, No. 51 参照
vicikitsā	×	——	No. 58 参照
jñāna	×	——	
dharma-j°	○	**No. 114**	本書で検討
anvaya-j°	○	**No. 115**	本書で検討
paracitta-j°	○	**No. 116**	本書で検討
saṃvṛti-j°	○	**No. 117**	本書で検討
duḥkha-j°	○	**No. 118**	本書で検討
samudaya-j°	○	**No. 119**	本書で検討
nirodha-j°	○	**No. 120**	本書で検討
mārga-j°	○	**No. 121**	本書で検討
kṣaya-j°	○	**No. 122**	本書で検討
anutpāda-j°	○	**No. 123**	本書で検討
kṣānti	×	——	

cittaviprayukta-saṃskāra	×	——	
prāpti	○	No. 59	既刊本を参照
aprāpti	○	No. 60	既刊本を参照
asaṃjñi-samāpatti	○	No. 63	既刊本を参照
nirodha-samāpatti	○	No. 64	既刊本を参照
āsaṃjñika	○	No. 62	既刊本を参照
jīvitendriya	○	No. 65	既刊本を参照
sabhāgatā	○	No. 61	既刊本を参照
***sthāna-pratilābha**	**○**	**No. 124**	**本書で検討**
***vastu-pratilābha**	**○**	**No. 125**	**本書で検討**
***āyatana-pratilābha**	**○**	**No. 126**	**本書で検討**
jāti	○	No. 66	既刊本を参照
jarā	○	No. 68	既刊本を参照
sthiti	○	No. 67	既刊本を参照
anityatā	○	No. 69	既刊本を参照
nāma-kāya	○	No. 70	既刊本を参照
pada-kāya	○	No. 71	既刊本を参照
vyañjana-kāya	○	No. 72	既刊本を参照
***pratyaya-asāmagrī**	**○**	**No. 127**	**本書で検討**
***pratyaya-sāmagrī**	**○**	**No. 128**	**本書で検討**
vijñāna-skandha	○	No. 12	既刊本を参照
dvādaśa-āyatana	×	——	
daśa-ā°	×	——	
mana-ā°	×	——	
dharma-ā°	×	——	
vedanā-skandha	×	——	No. 13 参照
saṃjñā-s°	×	——	No. 14 参照
saṃskāra-s°	×	——	
avijñapti	×	——	No. 11 参照
asaṃskṛta	×	——	
ākāśa	○	No. 73	既刊本を参照
apratisaṃkhyā-nirodha	○	No. 75	既刊本を参照
pratisaṃkhyā-nirodha	○	No. 74	既刊本を参照
aṣṭādaśa-dhātu	×	——	

『中観五蘊論』の法体系における七十五法対応語を除く主要術語のサンスクリット、チベット語訳、漢訳、訳例の対照一覧

Comparative Table of the Significant Terms Except Those Corresponding to the Seventy-Five Elements in the System of the Elements as Presented in the *Madhyamakapañcaskandhaka*: Sanskrit and its Tibetan, Chinese, and Japanese Translations

本用例集で分析の対象となる『中観五蘊論』の法体系における七十五法対応語を除く主要な術語について、サンスクリット（見出し語）、『中観五蘊論』におけるチベット語訳、『入阿毘達磨論』の漢訳における対応する漢訳語、『中観五蘊論』の定義的用例に基づく訳例、本用例集の頁数を一覧にして示す。

サンスクリット	チベット語訳	漢訳	訳例	頁
76. bhūta / mahā-bhūta	'byuṅ ba / 'byuṅ ba chen po	種 / 大種	元素 / 大元素	2
77. pṛthivī-dhātu	sa'i khams	地	地の要素	8
78. ab-dhātu	chu'i khams	水	水の要素	12
79. tejo-dhātu	me'i khams	火	火の要素	16
80. vāyu-dhātu	rluṅ gi khams	風	風の要素	20
81. bautika / upādāya-rūpa	'byuṅ ba las gyur pa / ñe bar gzuṅ ba'i gzugs	所造色	元素に基づくもの / 依拠する物質的な存在	25
82. nirvid	ṅes par skyo ba	厭	嫌悪、厭世	30
83. prāmodya	rab tu dga' ba	欣	歓喜、欣悦	34
84. apraśrabdhi	śin tu ma sbyaṅs pa	——	軽快でないこと	38
85. vimukti	rnam par grol ba	——	解脱	40
86. amoha	gti mug med pa	無癡	愚かさがないこと	43
87. kuśala-mūla	dge ba'i rtsa ba	善根	善なる根	47
88. akuśala-mūla	mi dge ba'i rtsa ba	不善根	不善なる根	52

89. avyākṛta-mūla	luṅ du ma bstan pa'i rtsa ba	無記根	どちらとも言えない根	57
90. saṃyojana	kun tu sbyor ba	結	拘束	65
91. anunaya	rjes su chags pa	愛	愛着	70
92. māna	ṅa rgyal	慢	慢心	74
93. atimāna	lhag pa'i ṅa rgyal	過慢	過度な慢心	83
94. māna-atimāna	ṅa rgyal las kyaṅ ṅa rgyal	慢過慢	慢心と過度な慢心を超えた慢心	87
95. asmi-māna	ṅa'o sñam pa'i ṅa rgyal	我慢	「私である」という慢心	90
96. abhimāna	mṅon pa'i ṅa rgyal	増上慢	極度の慢心	95
97. mithyā-māna	log pa'i ṅa rgyal	邪慢	邪な慢心	99
98. ūna-māna	cuṅ zad sñam pa'i ṅa rgyal	卑慢	卑下する慢心	103
99. satkāya-dṛṣṭi	'jig tshogs la lta ba	有身見	壊れる集まりに対する見解	107
100. antagrāha-dṛṣṭi	mthar 'dzin par lta ba	邊執見	極端を捉える見解	113
101. mithyā-dṛṣṭi	log par lta ba	邪見	邪な見解	117
102. dṛṣṭi-parāmarśa	lta ba mchog tu 'dzin pa	見取	見解に対するこだわり	121
103. śīlavrata-parāmarśa	tshul khrims daṅ brtul źugs mchog tu 'dzin pa	戒禁取	戒めと誓いに対するこだわり	125
104. bandhana	ṅes par 'chiṅ ba	縛	束縛	130
105. anuśaya	phra rgyas	隨眠	悪の気質	134
106. upakleśa	ñe ba'i ñon moṅs pa	隨煩惱	広義の煩悩	150
107. paryavasthāna	kun nas dkris pa	纏	纏わりつくもの	156
108. āsrava	zag pa	漏	漏れ	160
109. ogha	chu bo	瀑流	激流	169
110. yoga	sbyor ba	軛	くびき	175
111. upādāna	ñe bar len pa	取	取り込み	180
112. grantha / kāya-grantha	mdud pa / lus kyi mdud pa	身繫	繫ぎ止めるもの / 身体を繫ぎ止めるもの	190

113. nivaraṇa	sgrib pa	蓋	蓋い	196
114. dharma-jñāna	chos śes pa	法智	理法に関する知識	203
115. anvaya-jñāna	rjes su śes pa	類智	後続の知識	207
116. paracitta-jñāna	gźan gyi sems śes pa / pha rol gyi sems śes pa	他心智	他者の心に関する知識	211
117. saṃvṛti-jñāna	kun rdzob śes pa	世俗智	世俗に関する知識	216
118. duḥkha-jñāna	sdug bsṅal śes pa	苦智	苦に関する知識	221
119. samudaya-jñāna	kun 'byuṅ ba śes pa	集智	起源に関する知識	224
120. nirodha-jñāna	'gog pa śes pa	滅智	抑止に関する知識	227
121. mārga-jñāna	lam śes pa	道智	道に関する知識	230
122. kṣaya-jñāna	zad pa śes pa	盡智	尽きたことに関する知識	233
123. anutpāda-jñāna	mi skye ba śes pa	無生智	生じないことに関する知識	236
124. *sthāna-pratilābha	gnas so sor thob pa	——	場の取得	240
125. *vastu-pratilābha	dṅos po so sor thob pa	——	事物の取得	242
126. *āyatana-pratilābha	skye mched so sor thob pa	——	領域の取得	244
127. *pratyaya-asāmagrī	rkyen ma tshogs pa	——	因縁の不備	246
128. *pratyaya-sāmagrī	rkyen tshogs pa	——	因縁の完備	248

『中観五蘊論』の法体系における
五位七十五法対応語を除く主要術語の定義的用例集

Definitions of the Significant Terms Except Those Corresponding to the Seventy-Five Elements in the System of the Elements as Presented in the *Madhyamakapañcaskandhaka*

76. bhūta / mahābhūta

【参考】水野［1951］，松濤［1993a］［1993b］，阿部［2009］，佐々木［2009］，村上［2011］，KARUNADASA［2015］pp. 9–20，横山［2016a］p. 166.

Madhyamakapañcaskandhaka

【訳例】元素 / 大元素
【チベット語訳】'byuṅ ba / 'byuṅ ba chen po

【定義的用例】

〔和訳〕

… また、それ（物質的な存在のグループ）は二種類であり、**元素**と元素に基づくもの（→ 81. bhautika / upādāya-rūpa）である。その中で四つの**大元素**とは、地の要素（→ 77. pṛthivī-dhātu）、水の要素（→ 78. ab-dhātu）、火の要素（→ 79. tejo-dhātu）、風の要素（→ 80. vāyu-dhātu）である[1]。…

これらの**大元素**は、あるところにひとつが存在するとき、残りも存在し、あるところに残りが存在するとき、ひとつも存在するのであって、相互に不可分である。したがって、それらは相互に依拠せずには存在しないから、固有の本質として成立することはない。それらに基づくある物質的な存在（色）が実際に存在することはそれ自身の感覚器官（根）の認識（→ 12. vijñāna）によって理解される。あるもの（物質的な存在）は結果を見ることによって推測される。

それらは〔大（mahā）でもあり〕元素（bhūta）でもあるから[2]、**大元素**（mahā-bhūta）である。広大な空間（→ 73. ākāśa）を満たしているから、これらそのものが大である。共通する、あるいは共通しない特殊な作用から生じる（√ bhū）から、**元素**（bhūta）なのである。そういうわけで空間は、一切の物質的な存在が生じる間隙を作るから大であるが、無為（縁起的な存在を離れたもの）であるから、**元素**ではない。したがって、空間は**大元素**ではない。

1) 『中観五蘊論』のチベット語訳によれば、「元素とは四大である。地の要素、…」となるが、ここでは『牟尼意趣荘厳』の梵文を参考に訂正して和訳する。

[2]『入阿毘達磨論』の解説を参考にカルマダーラヤ複合語解釈とみなし、一部を補って和訳する。

〔チベット語訳〕

…de yaṅ rnam pa gñis su 'gyur te / **'byuṅ ba** daṅ / 'byuṅ ba las gyur pa'o // [a…]de la **'byuṅ ba** ni **chen po** bźi ste / sa'i khams daṅ chu'i khams daṅ /[1] me'i khams daṅ / rluṅ gi khams źes bya ba'o //[…a] …

[b…]**'byuṅ ba chen po** 'di rnams ni gaṅ na gcig yod pa na[2] lhag ma yaṅ yod [3] la / gaṅ na lhag ma yod pa na gcig kyaṅ yod de phan tshun dbyer med do // de lta bas na de dag ni phan tshun ma bltos[4] par med pas raṅ gi ṅo bor grub pa med do //[…b] de dag las gzugs kha cig ni dṅos su yod pa ñid du raṅ gi dbaṅ po'i rnam par śes pas rtogs so // kha cig ni 'bras bu mthoṅ bas[5] rjes su dpag go //

de dag ni 'byuṅ ba yaṅ yin pas **'byuṅ ba chen po** ste / [c…]rgya che ba'i nam mkha' khyab par gnas pas[6] na [7] 'di dag ñid chen po'o //[…c] thun moṅ daṅ thun moṅ ma yin pa'i[8] las kyi[9] khyad par las 'byuṅ ba ñid kyis **'byuṅ ba**'o // de lta bas na nam mkha' ni gzugs thams cad 'byuṅ ba'i skabs 'byed pas chen po yin yaṅ **'byuṅ ba** ni ma yin te / 'dus ma byas pa ñid kyi phyir ro // de bas na nam mkha' ni **'byuṅ ba chen po** ma yin no //

[1] om. CD [2] *ni* C [3] G inserts *pa*. [4] *ltos* CD [5] emended. *ba* CDGNP [6] emended. *pa* CDGNP [7] G inserts /. [8] *pa de* CD [9] *kyis* G

[a] AKBh ad I. 12ab: mahābhūtāny upādāya ity uktāni katamāni
bhūtāni pṛthivīdhātur aptejovāyudhātavaḥ / I. 12ab
(p. 12, *ll*. 4–5, cf. 櫻部〔1969〕p. 159)

AS: rūpaskandhavyavasthānaṃ katamat / yat kiñcid rūpan tat sarvañ catvāri mahābhūtāni catvāri ca mahābhūtāny upādāya /（ASG〔2015〕p. 73, *ll*. 21–22, cf. ibid. p. 74）

AS: catvāri mahābhūtāni katamāni / pṛthivīdhātur abdhātus tejodhātur vāyudhātuḥ /（ASG〔2015〕p. 76, *l*. 4, cf. ibid. p. 77）

PSk: rūpaṃ katamat / yat kiñcid rūpaṃ sarvaṃ tac catvāri mahābhūtāni catvāri ca mahābhūtāny upādāya // catvāri mahābhūtāni katamāni / pṛthivīdhātur abdhātus tejodhātur vāyudhātuś ca //（p. 1, *ll*. 6–9, cf. 師〔2015〕pp. 62–73）

[b] RĀ: bhūr na bhūtatrayaṃ nāsyān neyaṃ tatra na tair vinā /
ekaikam evam ity asmāt bhūtāny abhūtāny[1] apy ātmavan mṛṣā // I. 83

[1] emended. *abhutāny* in 普仓［2016］. See RĀ (Tib.) D 110a2, P 133a1: *'byuṅ ba rnams kyaṅ bdag bźin brdzun*.

pṛthivyagnyambuvāyūnām ekaikaṃ na svabhāvataḥ /
ekaikaṃ yad vinā nāsti tribhir ekena ca trayam // I. 84
ekaikaṃ yad vinā nāsti tribhir ekena ca trayam /
pratisvam asatām eṣāṃ samasto jāyate katham // I. 85
atha pratisvaṃ vidyante kin nāsty agnir vinendhanam /
calapratighasaṃghātais toyavāyubhuvas tathā // I. 86
atha agnir apratisvo 'yaṃ pratisvaṃ tat katham trayam /
pratītyotpādavaidharmyas trayāṇāṃ tu na yujyate // I. 87
pratisvaṃ vidyamānānāṃ kiṃ sattaiṣāṃ parasparāt /
pratisvam asatāṃ caiṣāṃ kathaṃ sattā parasparāt // I. 88
yatraikaṃ tatra śiṣṭāni pratisvaṃ santi naiva cet /
naikasthatvam amiśrāṇāṃ miśrāṇāṃ na pratisvatā // I. 89
bhūtānām apratisvānāṃ pratisvaṃ lakṣaṇaṃ kutaḥ /
nāneko 'py apratisvānāṃ saṃvṛttyoktan tu lakṣaṇam // I. 90
（普仓［2016］pp. 31–33, cf. HAHN［1982］pp. 34–35, 瓜生津［1974］pp. 247–248）

AKBh ad II. 50bcd:

sahabhūr ye mithaḥphalāḥ / II. 50b

mithaḥ pāraṃparyeṇa ye dharmāḥ parasparaphalās te parasparaḥ sahabhūhetur yathā / katham /

bhūtavac cittacittānuvartilakṣaṇalakṣyavat // II. 50cd

catvāri mahābhūtāny anyonyaṃ sahabhūhetuḥ / cittaṃ cittānuvarttināṃ dharmāṇām, te 'pi tasya / saṃskṛtalakṣaṇāni lakṣyasya, so 'pi teṣām / evaṃ ca kṛtvā sarvam eva saṃskṛtaṃ sahabhūhetur yathāyogam / vināpi cānyonyaphalatvena dharmo 'nulakṣaṇānāṃ sahabhūhetur na tāni tasyety upasaṃkhyātavyam //（p. 83, *ll.* 16–21, cf. 櫻部［1969］p. 355）

[c] AKBh ad I. 12ab: ... catvāri mahābhūtāny ucyante / mahattvam eṣāṃ sarvānyarūpāśrayatvenaudārikatvāt / atha vā tadudbhūtavṛttiṣu pṛthivyaptejovāyuskandheṣv eṣāṃ mahāsaṃniveśatvāt /（p. 12, *ll.* 6–8, cf. 櫻部［1969］p. 159）

（C 236b7, 237a5–b1, D 239b7–240a1, 240a5–b1, G 327a2–3, 327b2–6, N 264b7, 265a5–b2, P 274a7–8, 274b6–275a2; LINDTNER［1979］p. 96, *ll.* 2–6, p. 96, *l.* 26–p. 97, *l.* 5, Zh, vol. 60, p. 1536, *ll.* 13–15, p. 1537, *ll.* 11–21）

参考文献（1）

Munimatālaṃkāra

【原語】bhūta / mahābhūta
【チベット語訳】'byuṅ ba / 'byuṅ ba chen po

【定義的用例】

〔原文〕

… sa ca dvidhā **bhūtāni** bhautikāni ca / tatra catvāri **mahābhūtāni** pṛthivyaptejovāyudhātavaḥ … eṣāṃ ca **mahābhūtānāṃ** yatraikaṃ tatra śiṣṭāni / … ākāśasyāsti mahatvaṃ na tu bhūtatvam asaṃskṛtatayā sādhāraṇāsādhāraṇakarmaviśeṣajatvābhāvād iti na **mahābhūtaṃ** nabhaḥ //

（李・加納［2015］p. 13, *ll.* 1–3, p. 14, *l.* 14, p. 15, *ll.* 1–2）

〔チベット語訳〕

… de yaṅ rnam pa gñis te **'byuṅ ba** rnams daṅ 'byuṅ ba las gyur pa rnams so // de la **'byuṅ ba chen po** bźi rnams ni sa daṅ chu daṅ me daṅ rluṅ gi khams te … **'byuṅ ba chen po** 'di rnams kyi yaṅ gcig gaṅ na yod pa de na lhag ma rnams te / … nam mkha' ni chen po ñid du yod mod 'byuṅ ba ñid ni ma yin te 'dus ma byas pa ñid kyis (1na thun1) moṅ daṅ thun moṅ ma yin pa'i las kyi khyad par bskyed pa ñid med pa'i phyir ro 2) źes pas nam mkha' **'byuṅ ba chen po** ma yin no //

1) *ni mthun* N　2) GNP insert //.

（C 126b5–6, 127b1, 127b3, D 127a2–3, 127b5, 127b7, G 198a6–b1, 199b4–5, 200a1–2, N 145a1–3, 146a2–3, 146a5–6, P 149b1–3, 150b3–4, 150b6–7; Akahane and Yokoyama［2015］p. 22, *ll.* 11–17, p. 24, *l.* 23–p. 25, *l.* 1, p. 25, *ll.* 9–11, 磯田［1987］p. 26, *ll.* 1–3, p. 27, *ll.* 1–2, p. 27, *ll.* 8–11, Zh, vol. 63, p. 1186, *ll.* 17–19, p. 1188, *ll.* 12–13, p. 1188, *l.* 19–p. 1189, *l.* 1）

【先行研究における翻訳】

〔原文からの和訳〕

… そして、それ（十の色蘊）は二種からなる。**大種**と大種所造である。

その中で、四**大種**とは、地水火風界であり、… そして、それら**大種**のうちのひとつがある場合には、残りのもの（他の大種）もある。… 虚空には大性（mahatva）があるけれど、大種性（bhūtatva）はない。〔大種とは違って虚空は〕無為なので、〔大種の生起をもたらすような〕特殊な共業と不共業から生じることがないからである。だから、虚空は**大種**ではない。

（李ほか［2015］pp. 145–147）

参考文献（2）

Abhidharmāvatāra

【チベット語訳】'byuṅ ba / 'byuṅ ba chen po
【漢訳】大種

【定義的用例】

〔チベット語訳〕

… gzugs ni rnam pa gñis te **'byuṅ ba** daṅ [1)] 'byuṅ ba las gyur pa'i gzugs so // **'byuṅ ba** dag ni bźi ste sa daṅ chu daṅ me daṅ rluṅ gi khams rnams so // … de dag ni chen po yaṅ yin la 'byuṅ bar 'gyur bas na **'byuṅ ba chen po** dag ste / nam mkha' ni **'byuṅ ba chen po** ma yin no // de dag ni rgyur byas pa'i gzugs la khyab pa'i phyir ro // mi dgos pa daṅ mi nus pa'i phyir bźi kho na ste khri'i rkaṅ pa bźin no //

[1)] N inserts /.

（C 303b4, 303b5–6, D 302b5–6, 302b7–303a1, G 491a1–2, 491a3–5, N 404a2, 404a4–5, P 393b1–2, 393b3–4; Dhammajoti［2008］p. 211, *ll*. 8–10, *ll*. 17–20, Zh, vol. 82, p. 1550, *ll*. 9–10, *ll*. 15–19）

〔漢訳〕

色有二種。謂**大種**及所造色。**大種**有四。謂地水火風界。… 大而是種故名**大種**。由此虚空非**大種**攝。能生自果是種義故。遍所造色故名為大。如是**大種**唯有四者更無用故、無堪能故。如床座足。

（巻上, T, vol. 28, 980c9–12, 13–16）

【先行研究における翻訳と訳例】

〔チベット語訳からの和訳〕

… 色 rūpa は二種あって、〔大〕**種**〔mahā-〕bhūta と〔大〕種所造の色 bhautikarūpa とである。〔大〕**種**は四であって、地 pṛthivī・水 ap・火 tejas・風 vāyu 界である。… これら〔四〕は大 mahat であって且つ種 bhūta（？）であるから**大種** mahābhūta である。〔したがって、〕虚空 ākāśa は**大種**ではない。これら〔四〕は〔すべての〕所造色に遍満しているから〔大である〕。椅子の脚が〔五本は必要でなく、三本では危険である〕ように〔大種も、五は〕無用であり〔三では〕無能であるから、まさしく四である。

（櫻部［1997c］p. 193）

〔漢訳からの英訳〕Great Element

Matter is of two kinds: The **Great Elements** (*mahābhūta*) and the derived matter (*upādāyarūpa* / *bhautika*). There are four **Great Elements**, i.e. Earth (*pṛthivī*), Water (*ap*), Fire (*tejas*) and Air (*vāyu*) spheres (*dhātu*). … They are called the **Great Elements** because of their being both great and having the nature of an Element (*bhūta*). Thus space [though great], is not included among the **Great Elements**, as by "Element" is meant the ability to produce its own fruit (*svaphala*). They are said to be "great" as they are found in all secondary matter. Thus, there are only four **Great Elements** because (i) there is no use for [any] more, and (ii) there will be inaptitude [with regard to the fulfilment of the four functions if anyone of them is lacking]; as in the case of a couch [which has four and only four] legs. （DHAMMAJOTI［2008］p. 73）

〔漢訳からの仏訳〕grand élément

Il y a deux sortes de matières : les **grands éléments** *(mahābhūta)* et les matières dérivées (*bhautikarūpa*). Les **grands éléments** sont quatre : la terre (*pṛthivī*), l'eau (*ap*), le feu (*tejaḥ*) et le vent (*vāyu*). … Ces éléments étant grands, on les appelle **grands éléments** (*mahābhūta*). Si l'espace (*ākāśa*) n'en est pas un, c'est que le sens du mot «élément» est : «Capacité de produire un propre fruit (*svaphala*)». D'autre part, la qualification «grand» est due au fait que (les grands éléments) englobent les matières dérivées (*upādāyarūpa*). Ces éléments ne sont que quatre parce que plus n'aurait ni utilité (*niṣprayojanaṃ syāt*, *vaiyarthyaṃ syāt*), ni pouvoir, tout comme il en va des pieds d'un siège (*āsanapāda*).

（VELTHEM［1977］pp. 2–3）

77. pṛthivī-dhātu

【参考】水野［1951］，松濤［1993a］［1993b］，阿部［2009］，佐々木［2009］，村上［2011］，KARUNADASA［2015］pp. 21–36.

Madhyamakapañcaskandhaka

【訳例】地の要素
【チベット語訳】sa'i khams

【定義的用例】

〔和訳〕

… 四つの元素（→ 76. bhūta / mahābhūta）とは、**地の要素**、水の要素（→ 78. ab-dhātu）、火の要素（→ 79. tejo-dhātu）、風の要素（→ 80. vāyu-dhātu）である[1]。すべての依拠する物質的な存在（→ 81. bhautika / upādāya-rūpa）を保持する（√ dhṛ）から、あるいは固有の特徴を保持する（√ dhṛ）から、要素（dhātu）である[2]。それらは触覚対象（→ 10. spraṣṭavya）の領域の中に含まれる。残りの触覚対象は滑らかさなどである。… **地の要素**とは、固体性、堅固性、硬質性であり、その働きは保持である。

[1]『中観五蘊論』のチベット語訳によれば、「元素とは四大である。地の要素、…」となるが、ここでは『牟尼意趣荘厳』の梵文を参考に訂正して和訳する。

〔チベット語訳〕

… 'byuṅ ba ni chen po bźi ste / **sa'i khams** daṅ chu'i khams daṅ / me'i khams daṅ / rluṅ gi khams źes bya ba'o // [a…]ñe bar bzuṅ [1] ba'i gzugs thams cad 'dzin pa'am / raṅ gi mtshan ñid 'dzin pas ni khams te /[…a] de dag ni reg bya'i skye mched kyi khoṅs su 'dus so // reg bya'i skye mched lhag ma ni[2] 'jam pa ñid la sogs pa'o // … [b…]**sa'i khams** ni 'thas[3] pa ñid daṅ / mkhraṅ ba ñid daṅ / sra ba ñid de de'i las ni 'dzin pa'o //[…b]

[1] N inserts /.　[2] *ne* P　[3] *'thad* G

[a] AKBh ad I. 12: … ete catvāraḥ svalakṣaṇopādāyarūpadhāraṇād dhātavaś catvāri mahābhūtāny ucyante /（p. 12, *ll.* 6–7, cf. 櫻部［1969］p. 159）

[b] AKBh ad I. 12cd: te punar ete dhātavaḥ kasmin karmaṇi saṃsiddhāḥ kiṃsvabhāvāś cety āha /

dhṛtyādikarmasaṃsiddhāḥ I. 12c

dhṛtisaṃgrahapaktivyūhanakarmasv ete yathākramaṃ saṃsiddhāḥ pṛthivyaptejovāyudhātavaḥ / … idam eṣāṃ karma // svabhāvas tu yathākramaṃ

kharasnehoṣṇateraṇāḥ // I. 12d

kharaḥ pṛthivīdhātuḥ / …（p. 12, *ll*. 9–17, cf. 櫻部［1969］pp. 159–160）

AS: pṛthivīdhātuḥ katamaḥ / kakkhaṭatvam /（ASG［2015］p. 76, *ll*. 4–5, cf. ibid. pp. 76–77）

PSk: … pṛthivīdhātuḥ katamaḥ / khakkhaṭatvam /（p. 1, *l*. 10, cf. 師［2015］pp. 65–68）

（C 236b7–237a1, 237a3, D 239b7–240a2, 240a3, G 327a2–4, 327a5–6, N 264b7–265a1, 265a3, P 274a7–b1, 274b3; Lindtner［1979］p. 96, *ll*. 5–10, *ll*. 17–18, Zh, vol. 60, p. 1356, *ll*. 14–18, p. 1537, *ll*. 3–4）

参考文献（1）

Munimatālaṃkāra

【原語】pṛthivī-dhātu / pṛthvī
【チベット語訳】sa'i khams / sa

【定義的用例】

〔原文〕

… catvāri mahābhūtāni **pṛthivy**aptejovāyu**dhātavaḥ** spraṣṭavyāntargatāni / śeṣaṃ tu spraṣṭavyaṃ ślakṣṇatvādi / … **pṛthvī** kharatvaṃ kakkhaṭatvaṃ kaṭhinatā dhāraṇakarmā //

（李・加納［2015］p. 13, *ll*. 2–4, p. 14, *l*. 10）

〔チベット語訳〕

… 'byuṅ ba chen po bźi rnams ni **sa** daṅ chu daṅ me daṅ rluṅ **gi khams** te reg bya'i naṅ du 'dus so // lhag ma'i reg bya ni 'jam pa ñid la [1)] sogs pa'o // … **sa** ni mkhraṅ ba ñid daṅ mkhregs pa ñid daṅ sra ba ñid de 'dzin pa'i las can no //

[1] P inserts *la*.

（C 126b5–6, 127a7, D 127a3, 127b4, G 198b1–2, 199b2, N 145a2–3, 145b7, P 149b2–3, 150a8–b1; Akahane and Yokoyama［2014］p. 22, *ll*. 16–18, p. 24, *ll*. 14–15, 磯田［1987］p. 26, *ll*. 2–4, *ll*. 30–31, Zh, vol. 63, p. 1186, *ll*. 18–20, p. 1188, *ll*. 7–8）

【先行研究における翻訳】

〔原文からの和訳〕

… 四大種とは、**地**水火風**界**であり、所触に包括される。一方、〔その他の〕残りの所触は、滑らかさなどである。… **地**とは、堅さ、丈夫さ、堅牢さであり、〔状態を〕保持する働きをもつ。

（李ほか［2015］pp. 145–146）

参考文献（2）

Abhidharmāvatāra

【チベット語訳】sa'i khams
【漢訳】地

【定義的用例】

〔チベット語訳〕

'byuṅ ba dag ni bźi ste **sa** daṅ chu daṅ me daṅ rluṅ **gi khams** rnams so // khams dag ni raṅ daṅ spyi'i mtshan [1] 'dzin pa daṅ / rgyur byas pa'i gzugs thams cad 'dzin pa'i phyir ro // de dag gi[2] raṅ bźin ni sra ba daṅ gśer ba daṅ tsha ba daṅ g-yo ba ñid dag go // las ni brten[3] pa daṅ sbyor ba daṅ smin par byed pa daṅ bskyod[4] pa dag ste / graṅs ji lta ba bźin no //

[1] G inserts *ñid*. [2] om. G [3] *rten* CD [4] *spyod* P

（C 303b4–5, D 302b6–7, G 491a2–3, N 404a2–3, P 393b2–3, Dhammajoti［2008］p. 211, *ll*. 10–14, Zh, vol. 82, p. 1550, *ll*. 11–15）

77. pṛthivī-dhātu

〔漢訳〕

大種有四。謂**地**水火風。界能持自共相或諸所造色。故名為界。此四大種如其次第以堅濕煖動為自性、以持攝熟長為業。

（巻上, T, vol. 28, 980c10–13）

【先行研究における翻訳と訳例】

〔チベット語訳からの和訳〕

〔大〕種は四であって、**地** pṛthivī・水 ap・火 tejas・風 vāyu **界**である。諸界は自〔相〕と共相 svasāmānyalakṣana とを保持し、およびすべての所造色 upādāyarūpa を保持する dharati から〔界 dhātu と呼ばれる〕。これらの自性 svabhāva は順次に yathāsaṃkhyam 堅 khala・湿 sneha・煖 uṣṇatā・動性 īraṇatva であり、業 karman は、持 dhṛti・摂 saṃgraha・熟 pakta・長 vyūha である。

（櫻部〔1997c〕p. 193）

〔漢訳からの英訳〕earth sphere

There are four Great Elements, i.e. **Earth** (*pṛthivī*), Water (*ap*), Fire (*tejas*) and Air (*vāyu*) **spheres** (*dhātu*). They are called spheres (*dhātu*-s) as they sustain (*dhṛ*) their specifically-common characteristic (*sva-sāmānya-lakṣaṇa*) and the secondary matter. These four Great Elements have respectively (*grangs ji lta ba bzhin*, *yathā-saṃkhyam*), solidity (*khara*, *kāṭhinya*), humidity (*sneha*), heat (*uṣṇatā*) and mobility (*īraṇā*) as their specific nature (*svabhāva*); and perform respectively, the functions of supporting (*dhṛti*), cohesion (*saṃgraha*), maturation (*pakti*) and extension (*vyūha*).

（Dhammajoti〔2008〕p. 73）

〔漢訳からの仏訳〕terre

Les grands éléments sont quatre : la **terre** (*pṛthivī*), l'eau (*ap*) , le feu (*tejaḥ*) et le vent (*vāyu*). Parce qu'ils soutiennent des caractères spécifiques et des caractères communs ainsi que les matières dérivées (*svasāmānyalakṣaṇopādāyarūpadhāraṇāt*), ils sont nommés éléments (*dhātu*). En tant que tels, les quatre éléments ont respectivement (*yathākramam*) la solidité (*khara*), l'humidité (*sneha*), la chaleur (*uṣṇatā*) et le mouvement (*īraṇā*) pour nature propre (*svabhāva*). Pour action (*karman*), ils ont le support (*dhṛti*), la cohésion (*saṃgraha*), la cuisson (*pakti*) et l'expansion (*vyūhana*).

（Velthem〔1977〕pp. 2–3）

78. ab-dhātu

【参考】水野［1951］，松濤［1993a］［1993b］，阿部［2009］，佐々木［2009］，村上［2011］，KARUNADASA［2015］pp. 21–36.

Madhyamakapañcaskandhaka

【訳例】水の要素
【チベット語訳】chu'i khams

【定義的用例】

〔和訳〕

… 四つの元素（→ 76. bhūta / mahābhūta）とは、地の要素（→ 77. pṛthivī-dhātu）、**水の要素**、火の要素（→ 79. tejo-dhātu）、風の要素（→ 80. vāyu-dhātu）である[1)]。すべての依拠する物質的な存在（→ 81. bhautika / upādāya-rūpa）を保持する（√ dhṛ）から、あるいは固有の特徴を保持する（√ dhṛ）から、要素（dhātu）である。それらは触覚対象（→ 10. spraṣṭavya）の領域の中に含まれる。残りの触覚対象は滑らかさなどである。… **水の要素**とは、流体性、粘性、融解性であり、その働きは凝集である。

[1)]『中観五蘊論』のチベット語訳によれば、「元素とは四大である。地の要素、…」となるが、ここでは『牟尼意趣荘厳』の梵文を参考に訂正して和訳する。

〔チベット語訳〕

… 'byuṅ ba ni chen po bźi ste / sa'i khams daṅ **chu'i khams** daṅ / me'i khams daṅ / rluṅ gi khams źes bya ba'o // [a…]ñe bar bzuṅ [1)] ba'i gzugs thams cad 'dzin pa'am / raṅ gi mtshan ñid 'dzin pas ni khams te /[…a] de dag ni reg bya'i skye mched kyi khoṅs su 'dus so // reg bya'i skye mched lhag ma ni[2)] 'jam pa ñid la sogs pa'o // … [b…]**chu'i khams** ni gśer ba ñid daṅ / snum pa ñid daṅ / źu ba ñid de / de'i las ni sdud pa'o //[…b]

[1)] N inserts /.　[2)] *ne* P

[a] AKBh ad I. 12: … ete catvāraḥ svalakṣaṇopādāyarūpadhāraṇād dhātavaś catvāri mahābhūtāny ucyante /（p. 12, *ll.* 6–7, cf. 櫻部［1969］p. 159）

[b] AKBh ad I. 12cd: te punar ete dhātavaḥ kasmin karmaṇi saṃsiddhāḥ kiṃsvabhāvāś cety āha /

dhṛtyādikarmasaṃsiddhāḥ I. 12c

dhṛtisaṃgrahapaktivyūhanakarmasv ete yathākramaṃ saṃsiddhāḥ pṛthivyaptejovāyudhātavaḥ / … idam eṣāṃ karma // svabhāvas tu yathākramaṃ

kharasnehoṣṇateraṇāḥ // I. 12d

… sneho 'bdhātuḥ / …（p. 12, *ll*. 9–17, cf. 櫻部［1969］pp. 159–160）

AS: abdhātuḥ katamaḥ / dravatvam /（ASG［2015］p. 76, *l*. 5, cf. ibid. p. 77）

PSk: abdhātuḥ katamaḥ / snehaḥ /（p. 1, *l*. 11, cf. 師［2015］pp. 65–68）

（C 236b7–237a1, 237a3, D 239b7–240a2, 240a4, G 327a2–4, 327a6, N 264b7–265a1, 265a3–4, P 274a7–b1, 274b3; Lindtner［1979］p. 96, *ll*. 5–10, *ll*. 18–19, Zh, vol. 60, p. 1356, *ll*. 14–18, p. 1537, *ll*. 4–5）

参考文献（1）

Munimatālaṃkāra

【原語】ab-dhātu
【チベット語訳】chu'i khams

【定義的用例】

〔原文〕

… catvāri mahābhūtāni pṛthivy**ap**tejovāyu**dhātavaḥ** spraṣṭavyāntagatāni / śeṣaṃ tu spraṣṭavyaṃ ślakṣṇatvādi / … **abdhātur** dravatvaṃ snehatā saṃgrahakarmā //

（李・加納［2015］p. 13, *ll*. 2–4, p. 14, *ll*. 10–11）

〔チベット語訳〕

… 'byuṅ ba chen po bźi rnams ni sa daṅ **chu** daṅ me daṅ rluṅ **gi khams** te reg bya'i naṅ du 'dus so // lhag ma'i reg bya ni 'jam pa ñid la [1)] sogs pa'o // … **chu'i khams** ni gśer ba ñid daṅ snum pa ñid de sdud pa'i las can no //

1) P inserts *la*.

（C 126b5–6, 127a7, D 127a3, 127b4, G 198b1–2, 199b2–3, N 145a2–3, 145b7–146a1, P 149b2–3, 150b1; Akahane and Yokoyama［2014］p. 22, *ll*. 16–18, p. 24, *ll*. 15–16, 磯田［1987］p. 26, *ll*. 2–4, *ll*. 31–32, Zh, vol. 63, p. 1186, *ll*. 18–20, p. 1188, *ll*. 8–9）

【先行研究における翻訳】

〔原文からの和訳〕

… 四大種とは、地**水**火風**界**であり、所触に包括される。一方、〔その他の〕残りの所触は、滑らかさなどである。… **水界**とは、流動性と潤いであり、包摂する働きをもつ。

（李ほか［2015］pp. 145–146）

参考文献（2）

Abhidharmāvatāra

【チベット語訳】chu'i khams
【漢訳】水

【定義的用例】

〔チベット語訳〕

'byuṅ ba dag ni bźi ste sa daṅ **chu** daṅ me daṅ rluṅ **gi khams** rnams so // khams dag ni raṅ daṅ spyi'i mtshan [1] 'dzin pa daṅ / rgyur byas pa'i gzugs thams cad 'dzin pa'i phyir ro // de dag gi[2] raṅ bźin ni sra ba daṅ gśer ba daṅ tsha ba daṅ g-yo ba ñid dag go // las ni brten[3] pa daṅ sbyor ba daṅ smin par byed pa daṅ bskyod[4] pa dag ste / graṅs ji lta ba bźin no //

1) G inserts *ñid*.　2) om. G　3) *rten* CD　4) *spyod* P

（C 303b4–5, D 302b6–7, G 491a2–3, N 404a2–3, P 393b2–3, Dhammajoti［2008］p. 211, *ll*. 10–14, Zh, vol. 82, p. 1550, *ll*. 11–15）

78. ab-dhātu

〔漢訳〕

大種有四。謂地**水**火風。界能持自共相或諸所造色。故名為界。此四大種如其次第以堅濕煖動為自性、以持攝熟長為業。

（巻上, T, vol. 28, 980c10–13）

【先行研究における翻訳と訳例】

〔チベット語訳からの和訳〕

〔大〕種は四であって、地 pṛthivī・**水** ap・火 tejas・風 vāyu **界**である。諸界は自〔相〕と共相 svasāmānyalakṣana とを保持し、およびすべての所造色 upādāyarūpa を保持する dharati から〔界 dhātu と呼ばれる〕。これらの自性 svabhāva は順次に yathāsaṃkhyam 堅 khala・湿 sneha・煗 uṣṇatā・動性 īraṇatva であり、業 karman は、持 dhṛti・摂 saṃgraha・熟 pakta・長 vyūha である。

（櫻部［1997c］p. 193）

〔漢訳からの英訳〕water sphere

There are four Great Elements, i.e. Earth (*pṛthivī*), **Water** (*ap*), Fire (*tejas*) and Air (*vāyu*) **spheres** (*dhātu*). They are called spheres (*dhātu*-s) as they sustain (*dhṛ*) their specifically-common characteristic (*sva-sāmānya-lakṣaṇa*) and the secondary matter. These four Great Elements have respectively (*grangs ji lta ba bzhin*, *yathā-saṃkhyam*), solidity (*khara*, *kāṭhinya*), humidity (*sneha*), heat (*uṣṇatā*) and mobility (*īraṇā*) as their specific nature (*svabhāva*); and perform respectively, the functions of supporting (*dhṛti*), cohesion (*saṃgraha*), maturation (*pakti*) and extension (*vyūha*).

（Dhammajoti［2008］p. 73）

〔漢訳からの仏訳〕eau

Les grands éléments sont quatre : la terre (*pṛthivī*), l'**eau** (*ap*), le feu (*tejaḥ*) et le vent (*vāyu*). Parce qu'ils soutiennent des caractères spécifiques et des caractères communs ainsi que les matières dérivées (*svasāmānyalakṣaṇopādāyarūpadhāraṇāt*), ils sont nommés éléments (*dhātu*). En tant que tels, les quatre éléments ont respectivement (*yathākramam*) la solidité (*khara*), l'humidité (*sneha*), la chaleur (*uṣṇatā*) et le mouvement (*īraṇā*) pour nature propre (*svabhāva*). Pour action (*karman*), ils ont le support (*dhṛti*), la cohésion (*saṃgraha*), la cuisson (*pakti*) et l'expansion (*vyūhana*).

（Velthem［1977］pp. 2–3）

79. tejo-dhātu

【参考】水野［1951］，松濤［1993a］［1993b］，阿部［2009］，佐々木［2009］，村上［2011］，KARUNADASA［2015］pp. 21–36.

Madhyamakapañcaskandhaka

【訳例】火の要素
【チベット語訳】me'i khams

【定義的用例】

〔和訳〕

… 四つの元素（→ 76. bhūta / mahābhūta）とは、地の要素（→ 77. pṛthivī-dhātu）、水の要素（→ 78. ab-dhātu）、**火の要素**、風の要素（→ 80. vāyu-dhātu）である[1)]。すべての依拠する物質的な存在（→ 81. bhautika / upādāya-rūpa）を保持する（√ dhṛ）から、あるいは固有の特徴を保持する（√ dhṛ）から、要素（dhātu）である。それらは触覚対象（→ 10. spraṣṭavya）の領域の中に含まれる。残りの触覚対象は滑らかさなどである。… **火の要素**とは、熱性であり、その働きは熟成と乾燥である。

[1)]『中観五蘊論』のチベット語訳によれば、「元素とは四大である。地の要素、…」となるが、ここでは『牟尼意趣荘厳』の梵文を参考に訂正して和訳する。

〔チベット語訳〕

… 'byuṅ ba ni chen po bźi ste / sa'i khams daṅ chu'i khams daṅ / **me'i khams** daṅ / rluṅ gi khams źes bya ba'o // [a…]ñe bar bzuṅ [1)] ba'i gzugs thams cad 'dzin pa'am / raṅ gi mtshan ñid 'dzin pas ni khams te /[…a] de dag ni reg bya'i skye mched kyi khoṅs su 'dus so // reg bya'i skye mched lhag ma ni[2)] 'jam pa ñid la sogs pa'o // … [b…]**me'i khams** ni dro ba ñid de / de'i[3)] las ni tshos pa daṅ skems pa'o //[…b]

[1)] N inserts /.　[2)] *ne* P　[3)] *de yis* G, *de yi* NP

[a] AKBh ad I. 12: … ete catvāraḥ svalakṣaṇopādāyarūpadhāraṇād dhātavaś catvāri mahābhūtāny ucyante /（p. 12, *ll.* 6–7, cf. 櫻部［1969］p. 159）

[b] AKBh ad I. 12cd: te punar ete dhātavaḥ kasmin karmaṇi saṃsiddhāḥ kiṃsvabhāvāś cety āha /

dhṛtyādikarmasaṃsiddhāḥ I. 12c

dhṛtisaṃgrahapaktivyūhanakarmasv ete yathākramaṃ saṃsiddhāḥ pṛthivyaptejovāyudhātavaḥ / … idam eṣāṃ karma // svabhāvas tu yathākramaṃ

kharasnehoṣṇateraṇāḥ // I. 12d

… uṣṇatā tejodhātuḥ / …（p. 12, *ll*. 9–17, cf. 櫻部［1969］pp. 159–160）

AS: tejodhātuḥ katamaḥ / uṣṇatvam /（ASG［2015］p. 76, *l*. 5, cf. ibid. p. 77）

PSk: tejodhātuḥ katamaḥ / uṣmā /（p. 2, *l*. 1, cf. 師［2015］pp. 65–68）

（C 236b7–237a1, 237a3–4, D 239b7–240a2, 240a4, G 327a2–4, 327a6–b1, N 264b7–265a1, 265a4, P 274a7–b1, 274b4; Lindtner［1979］p. 96, *ll*. 5–10, *ll*. 19–20, Zh, vol. 60, p. 1356, *ll*. 14–18, p. 1537, *ll*. 5–6）

参考文献（1）

Munimatālaṃkāra

【原語】tejo-dhātu / tejas
【チベット語訳】me'i khams / me

【定義的用例】

〔原文〕

… catvāri mahābhūtāni pṛthivyap**tejo**vāyu**dhātavaḥ** spraṣṭavyāntagatāni / śeṣaṃ tu spraṣṭavyaṃ ślakṣṇatvādi / … **teja** uṣṇatvaṃ paktiśoṣaṇakarmā //

（李・加納［2015］p. 13, *ll*. 2–4, p. 14, *l*. 11）

〔チベット語訳〕

… 'byuṅ ba chen po bźi rnams ni sa daṅ chu daṅ **me** daṅ rluṅ **gi khams** te reg bya'i naṅ du 'dus so // lhag ma'i reg bya ni 'jam pa ñid la [1)] sogs pa'o // … **me** ni dro ba ñid de smin pa ñid daṅ skems[2)] pa'i las can no //

[1] P inserts *la*. [2] *skem* N

（C 126b5–6, 127a7, D 127a3, 127b4, G 198b1–2, 199b3, N 145a2–3, 146a1, P 149b2–3, 150b1–2; Akahane and Yokoyama［2014］p. 22, *ll*. 16–18, p. 24, *ll*. 16–17, 磯田［1987］p. 26, *ll*. 2–4, p. 26, *l*. 32–p. 27, *l*. 1, Zh, vol. 63, p. 1186, *ll*. 18–20, p. 1188, *ll*. 9–10）

【先行研究における翻訳】

〔原文からの和訳〕

… 四大種とは、地水**火**風**界**であり、所触に包括される。一方、〔その他の〕残りの所触は、滑らかさなどである。… **火**とは、暖かさであり、熟成（pakti）と乾燥の働きをもつ。

（李ほか［2015］pp. 145–146）

参考文献（2）

Abhidharmāvatāra

【チベット語訳】me'i khams
【漢訳】火

【定義的用例】

〔チベット語訳〕

'byuṅ ba dag ni bźi ste sa daṅ chu daṅ **me** daṅ rluṅ **gi khams** rnams so // khams dag ni raṅ daṅ spyi'i mtshan [1] 'dzin pa daṅ / rgyur byas pa'i gzugs thams cad 'dzin pa'i phyir ro // de dag gi[2] raṅ bźin ni sra ba daṅ gśer ba daṅ tsha ba daṅ g-yo ba ñid dag go // las ni brten[3] pa daṅ sbyor ba daṅ smin par byed pa daṅ bskyod[4] pa dag ste / graṅs ji lta ba bźin no //

[1] G inserts *ñid*. [2] om. G [3] *rten* CD [4] *spyod* P

（C 303b4–5, D 302b6–7, G 491a2–3, N 404a2–3, P 393b2–3, Dhammajoti［2008］p. 211, *ll*. 10–14, Zh, vol. 82, p. 1550, *ll*. 11–15）

79. tejo-dhātu

〔漢訳〕

大種有四。謂地水**火**風。界能持自共相或諸所造色。故名為界。此四大種如其次第以堅濕煖動為自性、以持攝熟長為業。

（巻上, T, vol. 28, 980c10–13）

【先行研究における翻訳と訳例】

〔チベット語訳からの和訳〕

〔大〕種は四であって、地 pṛthivī・水 ap・**火** tejas・風 vāyu **界**である。諸界は自〔相〕と共相 svasāmānyalakṣana とを保持し、およびすべての所造色 upādāyarūpa を保持する dharati から〔界 dhātu と呼ばれる〕。これらの自性 svabhāva は順次に yathāsaṃkhyam 堅 khala・湿 sneha・煖 uṣṇatā・動性 īraṇatva であり、業 karman は、持 dhṛti・摂 saṃgraha・熟 pakta・長 vyūha である。

（櫻部［1997c］p. 193）

〔漢訳からの英訳〕fire sphere

There are four Great Elements, i.e. Earth (*pṛthivī*), Water (*ap*), **Fire** (*tejas*) and Air (*vāyu*) spheres (*dhātu*). They are called spheres (*dhātu*-s) as they sustain (*dhṛ*) their specifically-common characteristic (*sva-sāmānya-lakṣaṇa*) and the secondary matter. These four Great Elements have respectively (*grangs ji lta ba bzhin*, *yathā-saṃkhyam*), solidity (*khara*, *kāṭhinya*), humidity (*sneha*), heat (*uṣṇatā*) and mobility (*īraṇā*) as their specific nature (*svabhāva*); and perform respectively, the functions of supporting (*dhṛti*), cohesion (*saṃgraha*), maturation (*pakti*) and extension (*vyūha*).

（DHAMMAJOTI［2008］p. 73）

〔漢訳からの仏訳〕feu

Les grands éléments sont quatre : la terre (*pṛthivī*), l'eau (*ap*), le **feu** (*tejaḥ*) et le vent (*vāyu*). Parce qu'ils soutiennent des caractères spécifiques et des caractères communs ainsi que les matières dérivées (*svasāmānyalakṣaṇopādāyarūpadhāraṇāt*), ils sont nommés éléments (*dhātu*). En tant que tels, les quatre éléments ont respectivement (*yathākramam*) la solidité (*khara*), l'humidité (*sneha*), la chaleur (*uṣṇatā*) et le mouvement (*īraṇā*) pour nature propre (*svabhāva*). Pour action (*karman*), ils ont le support (*dhṛti*), la cohésion (*saṃgraha*), la cuisson (*pakti*) et l'expansion (*vyūhana*).

（VELTHEM［1977］pp. 2–3）

80. vāyu-dhātu

【参考】水野［1951］，松濤［1993a］［1993b］，阿部［2009］，佐々木［2009］，村上［2011］，KARUNADASA［2015］pp. 21–36.

Madhyamakapañcaskandhaka

【訳例】風の要素
【チベット語訳】rluṅ gi khams

【定義的用例】

〔和訳〕

… 四つの元素（→ 76. bhūta / mahābhūta）とは、地の要素（→ 77. pṛthivī-dhātu）、水の要素（→ 78. ab-dhātu）、火の要素（→ 79. tejo-dhātu）、**風の要素**である [1)]。すべての依拠する物質的な存在（→ 81. bhautika / upādāya-rūpa）を保持する（√ dhṛ）から、あるいは固有の特徴を保持する（√ dhṛ）から、要素（dhātu）である。それらは触覚対象（→ 10. spraṣṭavya）の領域の中に含まれる。残りの触覚対象は滑らかさなどである。… **風の要素**とは、軽さと動性であり、その働きは成長と移動である。その中で、成長とは、自らの場所と付加的に結びつくものとして〔例えば、芽などの部分を〕その上に生み出すことである。移動とは、他の場所に連続して生じることで他の場所を獲得させることである。この移動させることだけが進展と説かれたのである。

[1)]『中観五蘊論』のチベット語訳によれば、「元素とは四大である。地の要素、…」となるが、ここでは『牟尼意趣荘厳』の梵文を参考に訂正して和訳する。

〔チベット語訳〕

… 'byuṅ ba ni chen po bźi ste / sa'i khams daṅ chu'i khams daṅ / me'i khams daṅ / **rluṅ gi khams** źes bya ba'o // [a…]ñe bar bzuṅ [1)] ba'i gzugs thams cad 'dzin pa'am / raṅ gi mtshan ñid 'dzin pas ni khams te /[…a] de dag ni reg bya'i skye mched kyi khoṅs su 'dus so // reg bya'i skye mched lhag ma ni[2)] 'jam pa ñid la sogs pa'o // … [b…]**rluṅ gi khams** ni yaṅ źiṅ g-yo ba ste / de'i las ni bskyed pa daṅ 'phel ba'o // de [(3]la bskyed[3)] pa ni raṅ gi yul daṅ mṅon[4)] par 'brel[5)] pa lhag par de'i steṅ du 'byuṅ bar byed pa'o // 'phel ba ni yul gźan du bar ma chad par 'byuṅ bas yul gźan 'thob par byed pa'o // 'phel bar byed pa 'di ñid la rgyas pa źes gsuṅs so //…[b]

[1)] N inserts /. [2)] *ne* P [3)] *las skyed* CD [4)] *mdon* CD [5)] *'bral* C

[a] AKBh ad I. 12: … ete catvāraḥ svalakṣaṇopādāyarūpadhāraṇād dhātavaś catvāri mahābhūtāny ucyante /（p. 12, *ll.* 6–7, cf. 櫻部［1969］p. 159）

[b] AKBh ad I. 12cd: te punar ete dhātavaḥ kasmin karmaṇi saṃsiddhāḥ kiṃsvabhāvāś cety āha /

dhṛtyādikarmasaṃsiddhāḥ I. 12c

dhṛtisaṃgrahapaktivyūhanakarmasv ete yathākramaṃ saṃsiddhāḥ pṛthivyaptejovāyudhātavaḥ / vyūhanaṃ punar vṛddhiḥ prasarpaṇaṃ ca veditavyam / idam eṣāṃ karma // svabhāvas tu yathākramaṃ

kharasnehoṣṇateraṇāḥ // I. 12d

… īraṇā vāyudhātuḥ / īryate 'nayā bhūtasroto deśāntarotpādanāt pradīperaṇavad itīraṇā / "vāyudhātuḥ katamo laghusamudīraṇatvam /" iti *Prakaraṇeṣu* nirddiṣṭaṃ sūtrānte ca / tat tu laghutvam upādāyarūpam apy uktaṃ *Prakaraṇeṣu* / ato ya īraṇāsvabhāvo dharmaḥ sa vāyudhātur iti karmaṇāsya svabhāvo 'bhivyaktaḥ //（p. 12, *l.* 9–p. 13, *l.* 5, cf. 櫻部［1969］pp. 159–160）

AKVy: *vyūhanaṃ punar vṛddhiḥ prasarpaṇaṃ ve*ti / *vṛddhiḥ* sambandhādhikaśarīrāṃkurādyavayavotpattiḥ / *prasarpaṇaṃ* śarīrādīnāṃ prabandhena deśāntarotpattiḥ /（p. 33, *ll.* 15–17, 荻原［1933］p. 55）

AS: vāyudhātuḥ katamaḥ / laghusamudīraṇatvam /（ASG［2015］p. 76, *l.* 6, cf. ibid. p. 77）

PSk: vāyudhātuḥ katamaḥ / laghusamudīraṇatvam /（p. 2, *l.* 2, cf. 師［2015］pp. 65–68）

（C 236b7–237a1, 237a4–5, D 239b7–240a2, 240a4–5, G 327a2–4, 327b1–2, N 264b7–265a1, 265a4–5, P 274a7–b1, 274b4–6; Lindtner［1979］p. 96, *ll.* 5–10, *ll.* 21–25, Zh, vol. 60, p. 1356, *ll.* 14–18, p. 1537, *ll.* 6–11）

参考文献（1）

Munimatālaṃkāra

【原語】vāyu-dhātu / vāyu
【チベット語訳】rluṅ gi khams / rluṅ

80. vāyu-dhātu

【定義的用例】

〔原文〕

… catvāri mahābhūtāni pṛthivyaptejo**vāyudhātavaḥ** spraṣṭavyāntagatāni / śeṣaṃ tu spraṣṭavyaṃ ślakṣṇatvādi / … **vāyur** laghutvam īraṇatvaṃ vṛddhi-prasarpaṇakarmā / atra vṛddhir adhikāvayavotpādaḥ //

（李・加納［2015］p. 13, *ll.* 2–4, p. 14, *ll.* 12–13）

〔チベット語訳〕

… 'byuṅ ba chen po bźi rnams ni sa daṅ chu daṅ me daṅ **rluṅ gi khams** te reg bya'i naṅ du 'dus so // lhag ma'i reg bya ni 'jam pa ñid la [1)] sogs pa'o // … **rluṅ** ni yaṅ źiṅ g-yo ba ñid de 'phel ba daṅ 'gro bar byed pa'i las can no // 'di ltar 'phel ba ni cha śas lhag po bskyed pa'o //

[1)] P inserts *la*.

（C 126b5–6, 127a7–b1, D 127a3, 127b4–5, G 198b1–2, 199b3, N 145a2–3, 146a1–2, P 149b2–3, 150b2–3; Akahane and Yokoyama［2014］p. 22, *ll.* 16–18, p. 24, *ll.* 17–22, 磯田［1987］p. 26, *ll.* 2–4, p. 27, *ll.* 1–2, Zh, vol. 63, p. 1186, *ll.* 18–20, p. 1188, *ll.* 10–12）

【先行研究における翻訳】

〔原文からの和訳〕

… 四大種とは、地水火**風界**であり、所触に包括される。一方、〔その他の〕残りの所触は、滑らかさなどである。 … **風**とは、軽さと動きであり、増大と前進の働きをもつ。この中で増大（vṛddhi）とは、追加の部分を生み出すことである。

（李ほか［2015］pp. 145–146）

参考文献（2）

Abhidharmāvatāra

【チベット語訳】rluṅ gi khams
【漢訳】風

80. vāyu-dhātu

【定義的用例】

〔チベット語訳〕

'byuṅ ba dag ni bźi ste sa daṅ chu daṅ me daṅ **rluṅ gi khams** rnams so // khams dag ni raṅ daṅ spyi'i mtshan [1] 'dzin pa daṅ / rgyur byas pa'i gzugs thams cad 'dzin pa'i phyir ro // de dag gi[2] raṅ bźin ni sra ba daṅ gśer ba daṅ tsha ba daṅ g-yo ba ñid dag go // las ni brten[3] pa daṅ sbyor ba daṅ smin par byed pa daṅ bskyod[4] pa dag ste / graṅs ji lta ba bźin no //

[1] G inserts *ñid*. [2] om. G [3] *rten* CD [4] *spyod* P

（C 303b4–5, D 302b6–7, G 491a2–3, N 404a2–3, P 393b2–3, Dhammajoti［2008］p. 211, *ll.* 10–14, Zh, vol. 82, p. 1550, *ll.* 11–15）

〔漢訳〕

大種有四。謂地水火**風**。界能持自共相或諸所造色。故名為界。此四大種如其次第以堅濕煖動為自性、以持攝熟長為業。

（巻上, T, vol. 28, 980c10–13）

【先行研究における翻訳と訳例】

〔チベット語訳からの和訳〕

〔大〕種は四であって、地 pṛthivī・水 ap・火 tejas・**風** vāyu **界**である。諸界は自〔相〕と共相 svasāmānyalakṣana とを保持し、およびすべての所造色 upādāyarūpa を保持する dharati から〔界 dhātu と呼ばれる〕。これらの自性 svabhāva は順次に yathāsaṃkhyam 堅 khala・湿 sneha・煖 uṣṇatā・動性 īraṇatva であり、業 karman は、持 dhṛti・摂 saṃgraha・熟 pakta・長 vyūha である。

（櫻部［1997c］p. 193）

〔漢訳からの英訳〕air sphere

There are four Great Elements, i.e. Earth (*pṛthivī*), Water (*ap*), Fire (*tejas*) and **Air** (*vāyu*) **spheres** (*dhātu*). They are called spheres (*dhātu*-s) as they sustain (*dhṛ*) their specifically-common characteristic (*sva-sāmānya-lakṣaṇa*) and the secondary matter. These four Great Elements have respectively (*grangs ji lta ba bzhin*, *yathā-saṃkhyam*), solidity (*khara*, *kāṭhinya*), humidity (*sneha*), heat (*uṣṇatā*) and mobility (*īraṇā*) as their specific nature (*svabhāva*); and perform respectively, the functions of supporting (*dhṛti*), cohesion (*saṃgraha*), maturation (*pakti*) and extension (*vyūha*).

（Dhammajoti［2008］p. 73）

〔漢訳からの仏訳〕vent

Les grands éléments sont quatre : la terre (*pṛthivī*), l'eau (*ap*), le feu (*tejaḥ*) et le **vent** (*vāyu*). Parce qu'ils soutiennent des caractères spécifiques et des caractères communs ainsi que les matières dérivées (*svasāmānyalakṣaṇopādāyarūpadhāraṇāt*), ils sont nommés éléments (*dhātu*). En tant que tels, les quatre éléments ont respectivement (*yathākramam*) la solidité (*khara*), l'humidité (*sneha*), la chaleur (*uṣṇat*ā) et le mouvement (*īraṇā*) pour nature propre (*svabhāva*). Pour action (*karman*), ils ont le support (*dhṛti*), la cohésion (*saṃgraha*), la cuisson (*pakti*) et l'expansion (*vyūhana*).

（Velthem［1977］pp. 2–3）

81. bhautika / upādāya-rūpa

【参考】水野［1951］，佐々木［2009］，村上［2011］，KARUNADASA［2015］pp. 9–20.

Madhyamakapañcaskandhaka

【訳例】元素に基づくもの / 依拠する物質的な存在
【チベット語訳】'byuṅ ba las gyur pa / ñe bar gzuṅ ba'i gzugs

【定義的用例】

〔和訳〕

… また、それ（物質的な存在のグループ）は二種類であり、元素（→ 76. bhūta / mahābhūta）と**元素に基づくもの**である。… 眼（→ 1. cakṣus / cakṣurindriya）などの十（五つの感官器官と五つの対象）が**元素に基づくもの**である。なぜなら元素から生じたものであるからである。壁面に依拠する絵、干し草や木に依拠する家、鏡に依拠する鏡像、薪に依拠する火のように、大元素に依拠して眼などが生じるから、**依拠する物質的な存在**と言われる。

〔チベット語訳〕

… de yaṅ rnam pa gñis su 'gyur te / 'byuṅ ba daṅ / **'byuṅ ba las gyur pa**'o // … mig la sogs pa bcu po rnams ni **'byuṅ ba las gyur pa** ste / [a…]'byuṅ ba las byuṅ ba'i phyir ro // ji ltar rtsig pa la brten nas ri mo daṅ / rtswa[1)] daṅ śiṅ la brten nas khyim daṅ / me [2)] loṅ la brten nas gzugs brñan daṅ / śiṅ mag la la brten nas me ltar 'byuṅ ba chen po la brten nas mig la sogs pa kun tu[3)] 'byuṅ ba'i phyir **ñe bar gzuṅ ba'i gzugs** źes brjod do //[…a]

[1)] *rtsa* GNP [2)] G inserts *ma*. [3)] *du* CDNP

[a] AKBh ad I. 35a: bhautikaṃ ślakṣṇatvādi saptavidham / bhūteṣu bhavatvāt /（p. 36, *ll*. 15–16, cf. 櫻部［1969］p. 202）

AKBh ad II. 65b:

bhautikasya tu pañcadhā II. 65b

bhautikasya tu bhūtāni pañcaprakāro hetuḥ / katham / jananān niḥśrayāt sthānād upastambhopavṛṃhaṇāt so 'yaṃ kāraṇahetur eva punaḥ pañcadhā bhinnaḥ / jananahetus tebhya utpatteḥ / niśrayahetur jātasya bhūtānuvidhāyitvāt [1] ācāryādiniḥśrayavat / pratiṣṭhāhetur ādhārabhāvāt / citrakuḍyavat[2] / upastambhahetur anucchedahetutvāt / [3] evam eṣāṃ janmavikārādhārasthitivṛddhihetutvam ākhyātaṃ bhavati / [1] PRADHAN 本は、初版、第二版ともに、ここに puruṣakāraphalāt という句を入れるが、櫻部［1969］p. 405, 注 1 の指摘に従い、これを除く。[2] PRADHAN 本は、初版、第二版ともに、citrakṛtyavat とするが、チベット語訳（ri mo'i rtsig pa）と漢訳（如壁持畫）を参考に、citrakuḍyavat と訂正する。[3] PRADHAN 本は、初版、第二版ともに、五番目の因である「養因」を欠く。（p. 102, *l.* 21–p. 103, *l.* 1, cf. 櫻部［1969］p. 404）

ASBh: catvāri ca mahābhūtāny upādāyeti katham upādāyarūpaṃ catvāri mahābhūtāny upādāya / jananasaṃniśrayapratiṣṭhopastaṃbhopabṛṃhaṇahetutvena / jananādihetutvaṃ punar bhūtānām upādāyarūpe pañcavidhaṃ hetutvam adhikṛtya / (i) utpattihetutvaṃ tair vinā tadanutpatteḥ / (ii) vṛttihetutvaṃ bhūtāni pratyākhyāyopādāyarūpasya pṛthagdeśāvaṣṭambhasāmarthyābhāvāt / (iii) anuvṛttihetutvaṃ bhūtavikāreṇa tatpratiṣṭhitopādāyarūpavikriyāgamanāt / (iv) sthitihetutvaṃ sadṛśotpattikāle bhūtair upādāyarūpasaṃtānasyānupacchedayogena saṃdhāraṇāt / (v) upacayahetutvaṃ vṛddhikālabhūtair upādāyarūpāpyāyanād iti /（ASG［2015］p. 74, *ll.* 4–11, cf. ibid. pp. 74–75）

AS: upādāyarūpaṃ katamat / cakṣurindriyaṃ śrotrendriyaṃ ghrāṇendriyaṃ jihvendriyaṃ kāyendriyaṃ rūpaṃ śabdo gandho rasaḥ spraṣṭavyaikadeśo dharmāyatanādikañ ca rūpam /（ASG［2015］p. 78, *ll.* 5–6, cf. ibid. p. 79）

PSk: upādāyarūpaṃ katamat / cakṣurindriyaṃ śrotrendriyaṃ ghrāṇendriyaṃ jihvendriyaṃ kāyendriyaṃ rūpaṃ śabdo gandho rasaḥ spraṣṭavyaikadeśo 'vijñaptiś ca //（p. 2, *ll.* 3–5, cf. 師［2015］pp. 68–73）

（C 236b7, 237a1–3, D 239b7, 240a2–3, G 327a2, 327a4–5, N 264b7, 265a1–3, P 274a7, 274b1–3; LINDTNER［1979］p. 96, *ll.* 2–3, *ll.* 11–16, Zh, vol. 60, p. 1536, *ll.* 13–14, p. 1536, *l.* 18–p. 1537, *l.* 3）

参考文献（1）

Munimatālaṃkāra

【原語】bhautika / upādāya-rūpa
【チベット語訳】'byuṅ ba las gyur pa / rgyur byas pa'i gzugs

81. bhautika / upādāya-rūpa

【定義的用例】

〔原文〕

… sa ca dvidhā bhūtāni **bhautikāni** ca / … cakṣurādīni ca daśa **bhautikāny** eva bhūteṣu bhavatvāt / yathā tṛṇakāṣṭhādikam upādāyāsti gṛham / indhanam upādāyāgniḥ / evaṃ mahābhūtāny āśritya cakṣurādikam upajāyamānam **upādā-yarūpam** ity ucyate //

（李・加納［2015］p. 13, *ll.* 1–2, *ll.* 4–7）

〔チベット語訳〕

… de yaṅ rnam pa gñis te 'byuṅ ba rnams daṅ **'byuṅ ba las gyur pa** rnams so // … mig la sogs pa bcu rnams **'byuṅ ba las gyur pa** kho na ste 'byuṅ ba rnams la yod pa'i phyir ro // dper na rtswa[1] daṅ śiṅ la sogs pa rgyur byas nas yod pa khyim daṅ bud śiṅ rgyur byas nas me bźin te / de bźin du 'byuṅ ba rnams la brten nas mig la sogs pa ñe bar skye ba ni **rgyur byas pa'i gzugs** źes[2] brjod do //

[1] *rtsa* C　[2] *śes* GNP

（C 126b4–5, 126b6–7, D 127a2–3, 127a3–4, G 198a6–b1, 198b2–3, N 145a1–2, 145a3–4, P 149b1–2, 149b3–5; Akahane and Yokoyama［2015］p. 22, *ll.* 11–12, *ll.* 21–25, 磯田［1987］p. 26, *ll.* 1–2, *ll.* 4–8, Zh, vol. 63, p. 1186, *ll.* 17–16, p. 1186, *l.* 20–p. 1187, *l.* 3）

【先行研究における翻訳】

〔原文からの和訳〕

… そして、それ（十の色蘊）は二種からなる。大種と**大種所造**である。… 眼などの十は、**大種所造**に他ならない。大種の上に存在するからである。たとえば草や木材などに依って（upādāya）家屋があり、薪木に依って火があるように、大種に依拠して眼などのものが生じるので、**所造色**（upādāya-rūpam）といわれる。

（李ほか［2016］p. 145）

参考文献（2）

Abhidharmāvatāra

【チベット語訳】'byuṅ ba las gyur pa / 'byuṅ ba las gyur pa'i gzugs
【漢訳】所造色

【定義的用例】

〔チベット語訳〕

… gzugs ni rnam pa gñis te 'byuṅ ba daṅ [1] **'byuṅ ba las gyur pa'i gzugs** so // … **'byuṅ ba las gyur pa** ni mig daṅ rna ba daṅ [(2]sna daṅ[2)] lce daṅ lus daṅ / gzugs daṅ sgra daṅ dri daṅ ro daṅ reg bya'i phyogs gcig daṅ rnam par rig byed ma yin pa'o // 'byuṅ ba dag las 'byuṅ bas na **'byuṅ ba las gyur pa** ste 'byuṅ ba la brten pa'i don gaṅ yin ba'o //

[1] N inserts /. [2] om. P

（C 303b4–7, D 302b5–303a2, G 491a1–6, N 404a2–6, P 393b1–6; Dhammajoti［2008］p. 211, *ll.* 8–26, Zh, vol. 82, p. 1550, *l.* 9–p. 1551, *l.* 1）

〔漢訳〕

色有二種。謂大種及**所造色**。… **所造色**有十一種。一眼、二耳、三鼻、四舌、五身、六色、七聲、八香、九味、十觸一分、十一無表色。於大種有故名所造。即是依止大種起義。

（巻上, T, vol. 28, 980c9–19）

【先行研究における翻訳と訳例】

〔チベット語訳からの和訳〕

… 色 rūpa は二種あって、〔大〕種〔mahā-〕bhūta と〔大〕**種所造の色** bhautikarūpa とである。… **大種所造**は眼・耳・鼻・舌・身・色・声・香・味・所触の一部分・無表である。諸大種より生ずるから**大種所造**であって、大種に依拠するという意味である。

（櫻部［1997c］p. 193）

〔漢訳からの英訳〕 derived matter

Matter is of two kinds: The Great Elements (*mahābhūta*) and the **derived matter** (*upādāyarūpa / bhautika*). … The **derived matter** are of eleven kinds: (1) eye (*cakṣuḥ*), (2) ear (*śrotra*), (3) nose (*ghrāṇa*), (4) tongue (*jihvā*), (5) body (*kāya*), (6) the visible (*rūpa*), (7) sound (*śabda*), (8) smell (*gandha*), (9) taste (*rasa*), (10) a part of the tangibles (*spraṣṭavyaikadeśa*), and (11) non-information matter (*avijñaptirūpa*). They are called **derived matter** because they exist in relation to the Great Elements; that is to say, they arise in dependence on the Great Elements (*mahābhūtāni upādāya*)

(DHAMMAJOTI［2008］p. 73)

〔漢訳からの仏訳〕 matière dérivée

Il y a deux sortes de matières : les grands éléments *(mahābhūta)* et les **matières dérivées** (*bhautikarūpa*). Les **matières dérivées** (*bhautika*) sont au nombre de onze: l'oeil (*cakṣuḥ*), l'oreille (*śrotra*), le nez (*ghrāṇa*), la langue (*jihvā*), le corps (*kāya*), le visible (*rūpa*), le son (*śabda*), l'odeur (*gandha*), la saveur (*rasa*), une partie du tangible (*spraṣṭavyaikadeśa*) et la matière de non-information (*avijñaptirūpa*). On les appelle matières dérivées parce qu'elles existent dans les grands éléments (*mahābhūta*), ce qui signifie qu'elles, naissent en s'appuyant sur eux (*tāny āsrityotpadyante*).

(VELTHEM［1977］pp. 2–3)

82. nirvid

【参考】水野［1964］pp. 742–744，中村［1983］，櫻部［1997a］pp. 46–47，千葉［2001］.

Madhyamakapañcaskandhaka

【訳例】嫌悪、厭世
【チベット語訳】ṅes par skyo ba

行蘊冒頭の心相応行の列挙の中では skyo ba（D 245a7, P 280b7)

【定義的用例】

〔和訳〕

それと結びつくことで輪廻の過失を見ることにより心が輪廻を厭う心所法は、煩悩を断じることに(1 随順するから、**嫌悪**と言う 1)。

1) 原文は『牟尼意趣荘厳』と同じであったが、-anukūlaḥ saṃvego に相当する部分が何らかの混乱から … rjes su mthun pas ṅes par … と訳された可能性も考えられる。また -prahāṇānukūlaḥ のチベット語訳は、『牟尼意趣荘厳』のチベット語訳がそうであるように、通常は spoṅ ba daṅ rjes su mthun pa であるが、『中観五蘊論』のチベット語訳では、daṅ が la となっている。ここでは『牟尼意趣荘厳』の解説を参考に訂正して和訳する。

〔チベット語訳〕

[a…]sems las byuṅ ba'i chos gaṅ daṅ[1] mtshuṅs par ldan pas 'khor ba'i skyon mthoṅ ba ñid kyis sems 'khor ba las skyo[2] ba ñid de[3] / de ni ñon moṅs pa spoṅ ba daṅ[4] rjes su mthun[5] pas **ṅes par skyo ba** źes brjod do //[…a]

1) *dag* GNP　2) *skye* GNP　3) *do* C　4) emended. *la* CDGNP　5) *'thun* NP

a『大毘婆沙論』巻二十八：有別法名厭。非慧非無貪。是心所法與心相應。（T, vol. 27, 146c4–5）

a『順正理論』巻十一：説二及言兼攝欣厭。厭謂善心。審觀無量過患法性。此增上力所起順無貪心厭背性。與此相應名厭作意。（T, vol. 29, 391b14–16）

（C 252a7, D 255b1–2, G 349a6–b1, N 282a3–4, P 293a2–3; Lindtner［1979］p. 123, *ll*. 21–24, Zh, vol. 60, p. 1573, *ll*. 16–18）

参考文献（1）

Munimatālaṃkāra

【原語】nirvid
【チベット語訳】yid 'byuṅ ba

【定義的用例】

〔原文〕

yena dharmeṇa saṃyogāc cittaṃ saṃsāradoṣadarśitvāt saṃsārān nirvidyate sa saṃkleśaprahāṇānukūlaḥ saṃvego **nirvit** //

（李・加納［2015］p. 23, *ll*. 3–4）

〔チベット語訳〕

yid 'byuṅ ba ni chos gaṅ daṅ ldan pa las sems 'khor ba'i skyon mthoṅ ba ñid las 'khor ba las yid 'byuṅ ba ste de ni ñon moṅs pa spoṅ ba daṅ rjes su mthun pa'i yaṅ dag pa'i śugs so //

（C 130a6–7, D 130b5, G 205a4–5, N 150a5–6, P 155a4–6; Akahane and Yokoyama［2014］p. 36, *ll*. 14–19, 磯田［1991］p. 2, *ll*. 34–36, Zh, vol. 63, p. 1196, *ll*. 1–3）

【先行研究における翻訳】

〔原文からの和訳〕

それと結びつくことで、輪廻の過失をみるゆえに、心が輪廻から厭離するその〔心所〕法、それが**厭**であり、雑染の排除に随順するものであり、厭離（saṃvega）である。

（李ほか［2015］p. 153）

参考文献（2）

Abhidharmāvatāra

【チベット語訳】skyo ba
【漢訳】厭

【定義的用例】

〔チベット語訳〕

skyo ba ni 'khor ba'i ñes pa la rtog[1)] pas 'dod chags daṅ bral ba daṅ [2)] mthun pa'i chos yid 'byuṅ ba'i mtshan ñid de / sems las byuṅ ba'i chos gaṅ byuṅ na 'khor ba la sems skyo bar 'gyur ba daṅ / gaṅ daṅ ldan pas yid 'byuṅ bas[3)] yid la byed pa źes bya'o //

[1)] *rtogs* NP [2)] CDGN insert /. [3)] *ba* GNP

（C 307b5–6, D 306b4–5, G 497a3–4, N 408b7–409a1, P 398a5–6, DHAMMAJOTI［2008］p. 222, *ll*. 4–7, Zh, vol. 82, p. 1560, *ll*. 6–10）

〔漢訳〕

厭謂厭患。於流轉品見過失已令心厭離隨順離染。心有此故厭惡生死。與此相應名**厭**作意。

（巻上, T, vol. 28, 982b18–20）

【先行研究における翻訳と訳例】

〔チベット語訳からの和訳〕

厭 nirveda は、輪廻の過害 doṣa を考える故に〔生ずる〕離貪と共なる法であって、遠離を相とする。この心所法が生ずる時心は輪廻を遠離し、こ〔の心所法〕と相伴うによって，遠離〔と相伴う〕作意ありという。

（櫻部［1997c］p. 205）

〔漢訳からの英訳〕disgust

Disgust (**nirveda*? **arati*?) is repulsion (*udvega*). Seeing the faults in what conduces to the centripetal process (*pravṛtti-bhāgīya*) one's thought becomes averse to it, and accords with detachment (*vairāgya*). Because of the presence of this *dharma*, one is disgusted with *saṃsāra*. [The thought-concomitant] conjoined with this is named "mental application of **disgust**".

(DHAMMAJOTI［2008］p. 85)

〔漢訳からの仏訳〕dégoût

Le **dégoût** (*nirvid*) est une répulsion (*saṃvega*) à l'endroit des dharma favorables au devenir (*saṃsāradoṣāpalakṣaṇāt*). La vision de leurs défauts détermine la pensée à s'en dégoûter. Le dégoût favorise le détachement (*vairāgyānukula*) et la pensée qui le possède ressent de l'horreur pour la transmigration (*cittam saṃtsāra nirvidyate*). La réflexion qui lui est associée est dite réflexion de **dégoût** (*yadyogāc ca nirvin manasikāra ity ucyate*).

(VELTHEM［1977］p. 18)

83. prāmodya

【参考】水野［1964］pp. 658–663，櫻部［1997a］pp. 46–47，中村［1983］.

Madhyamakapañcaskandhaka

【訳例】歓喜、欣悦
【チベット語訳】rab tu dga' ba

【定義的用例】

〔和訳〕

(1 **歓喜**とは、〔涅槃に対する〕心の喜悦（praharṣa）、心の憧憬（autsukya）である 1)。〔一般的な〕喜び（saumanasya）とは別なものである。

1)『中観五蘊論』のチベット語訳に従って和訳すれば、「心の歓喜とは、心の憧憬である。〔一般的な〕喜びとは別なものが、歓喜である」となるが、原文は『牟尼意趣荘厳』と同じであると考えられるので、ここでは同論の梵文を参考に和訳する。

〔チベット語訳〕

a…sems kyi rab tu dga' ba ni sems kyi mgu ba ste /[1] yid bde ba las tha dad du[2] gyur pa ni **rab tu dga' ba**'o //…a

1) om. GNP 2) *tu* NP

a『大毘婆沙論』巻八十一：有餘師説。此喜無量欣為自性。欣體非受。別有心所與心相應。（T, vol. 27, 420c1–2）

『順正理論』巻十一：欣謂善心。希求過患出離對治。此增上力所起順證修心欣尚性。此於離喜未至等地亦有現行故非喜受。與此相應名欣作意。（T, vol. 29, 391b16–19）

（C 252a7–b1, D 255b2, G 349b1, N 282a4–5, P 293a3–4; Lindtner［1979］p. 123, *ll*. 25–26, Zh, vol. 60, p. 1573, *ll*. 19–20）

参考文献（1）

Munimatālaṃkāra

【原語】prāmodya
【チベット語訳】mchog tu dga' ba

【定義的用例】

〔原文〕

cittapraharṣaś cittautsukyaṃ saumanasyāt pṛthagbhūtaṃ **prāmodyam** //

（李・加納［2015］p. 23, *l.* 6）

〔チベット語訳〕

mchog tu dga' ba ni sems rab tu dga' ba daṅ chags pa ste yid bde ba las tha dad du gyur pa'o //

（C 130a7, D 130b5–6, G 205a5–6, N 150a6–7, P 155a6; Akahane and Yokoyama［2014］p. 36, *l.* 21–p. 37, *l.* 1, 磯田［1991］p. 2, *ll.* 37–38, Zh, vol. 63, p. 1196, *ll.* 3–4）

【先行研究における翻訳】

〔原文からの和訳〕

欣とは、〔仏教的な〕心の歓び、心の歓喜であり、〔一般的な〕喜び（saumanasya）とは別のものである。

（李ほか［2015］pp. 153–154）

参考文献（2）

Abhidharmāvatāra

【チベット語訳】mchog tu dga' ba
【漢訳】欣

83. prāmodya

【定義的用例】

〔チベット語訳〕

mchog tu dga' ba ni mgu ba daṅ [1] rab tu dga' ba ste / dge ba'i sems la gnod pa las 'byuṅ bar gñen po 'tshol[2] ba can no // de rñed nas de la yid tshim[3] pa de gaṅ yin pa de ni **mchog tu dga' ba**'o //

1) CD insert /. 2) *tshol* CD 3) *tshom* P

（C 307b6, D 306b5–6, G 497a4–5, N 409a1–2, P 398a6–7, DHAMMAJOTI［2008］p. 222, *ll.* 10–12, Zh, vol. 82, p. 1560, *ll.* 10–12）

〔漢訳〕

欣謂欣尚。於還滅品見功徳已令心欣慕隨順修善。心有此故欣樂涅槃。與此相應名**欣**作意。

（巻上, T, vol. 28, 982b15–17）

【先行研究における翻訳と訳例】

〔チベット語訳からの和訳〕

欣 prāmodya とは〔涅槃に対する〕喜悦、歓喜である。すなわち、善心の上に、害より生じた〔る捨を因として〕対治〔道〕pratipakṣa〔-mārga〕の希求があることである。こ〔の対治道〕を得て、そこにおいて意が満足するのが**欣**である。

（櫻部［1997c］p. 205）

〔漢訳からの英訳〕delight

Delight (**prāmodya*?, **rati*?) is gladness and inclination. Seeing the virtue in what conduces to centrifugal process (*nivṛtti-bhāgīya*) one's thought aspires for it, and accords with the cultivation of the wholesome. Because of the presence of this *dharma*, one's thought rejoices in *nirvāṇa*. [The thought-concomitant] conjoined with this is named "mental application to **delight**".

（DHAMMAJOTI［2008］p. 85）

83. prāmodya

〔漢訳からの仏訳〕joie

La **joie** (*praharṣa*) est un bonheur (*autsukhya*) (éprouvé dans) les auxiliaires de la Félicité (*nivṛttipākṣika*). La vue de leurs qualités (*guṇa*) suscite la réjouissance de la pensée (*prāmādya*). (En outre) elle favorise la pratique du bien *(kuśalabhāvanā*). La pensée qui la possède éprouve un sentiment de béatitude (*prāmodya*) à l'endroit du Nirvāṇa. La réflexion qui lui est associée est appelée réflexion de **joie** (*praharṣamanaskāra*).

（VELTHEM［1977］p. 18）

84. apraśrabdhi

【参考】横山［2016b］pp. 27–29.

Madhyamakapañcaskandhaka

【訳例】軽快でないこと
【チベット語訳】śin tu ma sbyaṅs pa

【定義的用例】

〔和訳〕

軽快（→ 31. praśrabdhi）とは、身心が活動に適していることである。(1 **軽快でないこと**とは、身心が重いことであり [1]、重ければ晴れ晴れとしないから、それは沈鬱と倦怠（→ 37. styāna）を本体とする。それ（軽快でないこと）を離れており、精神集中（→ 22. samādhi）を生じさせる心所法が軽快である。

[1]『中観五蘊論』のチベット語訳には「軽快でない身心は…」（śin tu ma sbyaṅs pa'i lus daṅ sems）とある。しかし、行蘊の冒頭で心相応行が列挙される際には、praśrabdhi と apraśrabdhi が挙げられており、以上の解説については、チベット語訳を śin tu ma sbyaṅs pa ni … と訂正し、apraśrabdhi の定義として理解する。

〔チベット語訳〕

śin tu sbyaṅs pa ni lus daṅ sems dag las su ruṅ ba ñid do // **śin tu**[1] **ma**[2] **sbyaṅs pa**'i[3] lus daṅ sems lci ba ñid de / lci na ni mi gsal ba'i phyir de ni byiṅ ba daṅ rmugs pa'i bdag ñid do // sems las byuṅ ba'i chos gaṅ de daṅ bral ba tiṅ ṅe 'dzin 'byuṅ bar byed pa de ni śin tu sbyaṅs pa'o //

[1] *du* C [2] om. GNP [3] sic read *pa ni*.

（C 252b1–2, D 255b2–3, G 349b1–3, N 282a5–6, P 293a4–5; Lindtner［1979］p. 123, *ll*. 27–31, Zh, vol. 60, p. 1573, *l*. 21–p. 1574, *l*. 3）

参考文献（1）

Munimatālaṃkāra

【原語】apraśrabdhi
【チベット語訳】śin tu sbyaṅs pa ma yin pa

【定義的用例】

〔原文〕

praśrabdhiḥ kāyacittayoḥ karmaṇyatā // **apraśrabdhiḥ** kāyacittayor gurutvaṃ styānamiddhātmakam //

（李・加納［2015］p. 23, *ll.* 8–9）

〔チベット語訳〕

śin tu sbyaṅs pa ni lus daṅ sems dag las su ruṅ ba'o // **śin tu sbyaṅs pa ma yin pa** ni lus daṅ sems dag gi lci ba ñid daṅ rmugs pa daṅ gñid[1] kyi bdag ñid do //

[1] *gñis* P

（C 130a7–b1, D 130b6, G 205a6–b1, N 150a7–b1, P 155a7–8; Akahane and Yokoyama［2014］p. 37, *ll.* 3–7, 磯田［1991］p. 2, *ll.* 39–41, Zh, vol. 63, p. 1196, *ll.* 4–7）

【先行研究における翻訳】

〔原文からの和訳〕

軽安とは、身心の軽やかさのことである。**不軽安**とは、身心の重さであり、惛沈と睡眠を本質とする。

（李ほか［2015］p. 154）

参考文献（2）

Abhidharmāvatāra

『入阿毘達磨論』では apraśrabdhi は説かれない。

85. vimukti

【参考】瓜生津［1978］p. 190，加藤［1982］，横山［2016b］pp. 29–30.

Madhyamakapañcaskandhaka

【訳例】解脱
【チベット語訳】rnam par grol ba

【定義的用例】

〔和訳〕

解脱とは、心が汚れを離れていることである。煩悩を断じることで**解脱**という心所法が生じる。それによって心が汚れを離れているものが**解脱**である。

〔チベット語訳〕

[a]…**rnam par grol ba** ni sems kyi dri ma daṅ bral ba ste / ñon moṅs pa rab tu spaṅs pas **rnam par grol ba** źes bya ba'i sems las byuṅ (1ba'i chos 'byuṅ1) ba gaṅ gis sems dri ma daṅ bral bar gyur pa de **rnam par grol ba**'o //…[a]

1) om. C

[a] AKBh ad VI. 75d–76c: keyaṃ vimuktir nāma /

sā punar dvidhā // VI. 75d

saṃskṛtā cāsaṃskṛtā ca / tatra

asaṃskṛtā kleśahānam adhimuktis tu saṃskṛtā / VI. 76ab

kleśaprahāṇam asaṃskṛtā vimuktiḥ / aśaikṣādhimokṣaḥ saṃskṛtā vimuktiḥ /

sāṅgaḥ VI. 76c

saiva saṃskṛtā vimuktir aśaikṣāṅgam uktā / aṅgānāṃ saṃskṛtatvāt /

saiva vimuktī dve VI. 76c

saiva saṃskṛtā vimuktir dve vimuktī sūtra ukte / cetovimuktiḥ prajñāvimuktiś ca / vimukti-skandho 'pi sa eva draṣṭavyaḥ / yat tarhi sūtra uktam katamac ca vyāghrabodhyāyanā vimukti-pariśuddhipradhānam / iha bhikṣo rāgāc cittaṃ viraktaṃ bhavati vimuktaṃ dveṣān mohāc cittaṃ viraktaṃ bhavati vimuktam / ity aparipūrṇasya vā vimuktiskandhasya paripūraye paripūrṇasya vānugrahāya cchando vīryam iti vistaraḥ / tasmān nādhimokṣa eva vimuktiḥ / kiṃ tarhi / tattvajñānāpanīteṣu rāgādiṣu cetaso vaimalyaṃ vimuktir ity apare / （p. 388, *ll.* 1–14, cf. 櫻部・小谷［1999］pp. 452–453）

（C 253a1–2, D 256a2–3, G 350a4–5, N 282b5–6, P 293b5–6; Lindtner［1979］p. 124, *ll.* 24–27, Zh, vol. 60, p. 1575, *ll.* 5–7）

参考文献（1）

Munimatālaṃkāra

【原語】vimukti
【チベット語訳】rnam par grol ba

【定義的用例】

〔原文〕

vimuktiś cetaso vaimalyaṃ kleśādiprahāṇe sati **vimuktir** nirvāṇaṃ nāma caitasiko dharma utpadyate // tatra kṣemārthaḥ kuśalārthaḥ / **vimuktiś** ca sakalopadravanivṛttirūpatvān niṣparyāyeṇa kuśalam ārogyavat / mārgasatyaṃ tu tatprāptihetutvāt kuśalam / tadanyat tu satyadvayaṃ sāsravam iṣṭavipākatvena sarūpabimbābhinirvartanāt //

（李・加納［2015］p. 24, *ll.* 3–7）

〔チベット語訳〕

rnam par grol ba ni sems dri ma med pa ñid de ñon moṅs pa la sogs pa spaṅs pa yod na **rnam par grol ba** mya ṅan las 'das pa źes bya ba sems las byuṅ ba'i chos (1skye'o1) 2) de la dge legs kyi don ni dge ba'i don te **rnam par grol** (3**ba**'aṅ3) ñe bar 'tshe ba mtha' dag las log pa'i ṅo bo4) ñid 5) kyi phyir phyin ci log med pa'i dge ba ste nad med pa ñid bźin no // lam gyi bden pa ni de thob pa'i rgyu ñid kyi phyir dge ba'o // de las gźan pa'i bden pa gñis ni zag pa daṅ bcas pa ste rnam par smin pa 'dod pa ñid kyis rjes su mthun pa'i gzugs brñan mṅon par 'grub par byed pa'i phyir ro //

1) *skye bo* CD　2) sic insert //.　3) *ba yaṅ* CD　4) om. P　5) CD insert *yin pa ñid*.

（C 130b4–6, D 131a2–4, G 205b5–206a2 N 150b4–6, P 155b4–7, Akahane and Yokoyama［2014］p. 38, *ll.* 7–15, 磯田［1991］p. 3, *ll.* 12–19, Zh, vol. 63, p. 1196, *l.* 17–p. 1197, *l.* 3）

【先行研究における翻訳】

〔原文からの和訳〕

解脱とは、心が垢れを離れた状態である。煩悩などが排除されたときに、**解脱**—すなわち涅槃—という名の心所法が生じる。〔以下で述べる〕中で、善（kuśala）とは安穏（kṣema）の意味である。そして**解脱**（つまり滅諦）とは、あらゆる災厄の停止を本質とするので、絶対的に善である。無病のように。一方で、道諦はそれ（解脱）を得る原因であるので、善である。他方、それ以外の二諦（苦諦と集諦）は有漏である。なぜなら〔苦諦と集諦は、凡夫にとって〕望ましい異熟をもたらすゆえに、〔現世の自分と〕類似した似姿を〔来世に〕生じさせるからである。

（李ほか［2015］p. 154）

参考文献（2）

Abhidharmāvatāra

『入阿毘達磨論』では vimukti は説かれない。

86. amoha

【参考】斎藤ほか［2014］pp. 74–76.

『中観五蘊論』、『牟尼意趣荘厳』、『入阿毘達磨論』の三論書では amoha は三つの善なる根（善根）の一つとして説かれる。他の二つの善なる根については、宮崎ほか［2017］の 28. alobha、29. adveṣa、あるいは本用例集の 87. kuśala-mūla を参照。

Madhyamakapañcaskandhaka

【訳例】愚かさがないこと
【チベット語訳】gti mug med pa

【定義的用例】

〔和訳〕

… **愚かさがないこと**とは、無知（→ 33. avidyā）と対立する法であり、知（→ 18. prajñā）を本性とする。これら（貪りがないこと、憎しみがないこと、愚かさがないこと）は、それ自体善でもあり、他の善にとっての根でもあり、〔したがって〕善なる根（→ 87. kuśala-mūla）である。木の根が葉などの発生、存続、成長の因であるように、これらの三つの善なる根が一切の善い事柄の根であると知るべきである。

〔チベット語訳〕

… [a…]**gti mug med pa** ni ma rig pa'i gñen po'i chos śes rab kyi ṅo bo'o //[…a] 'di dag ni[1)] raṅ gi[2)] bdag ñid kyaṅ dge ba yin la / dge ba gźan rnams kyi yaṅ rtsa bar gyur par dge ba'i rtsa ba ste / 'di ltar śiṅ rnams kyi rtsa ba 'dab ma la sogs pa skye ba daṅ gnas pa daṅ 'phel ba'i rgyur gyur pa ltar / de bźin du dge ba'i chos thams cad kyi rtsa bar dge ba'i [(3]rtsa ba[3)] gsum po 'di dag ñid śes par bya'o //

[1)] *źi* P　[2)] *gis* G　[3)] om. GNP

[a] AS: amohaḥ katamaḥ / vipākato vāgamato vādhigamato vā jñānaṃ pratisaṃkhyā / duścaritāpravṛttisaṃniśrayadānakarmakaḥ /（ASG［2017］p. 74, *ll*. 3–4, cf. ibid. p. 75）

ASBh: upapattiprātilambhikaṃ śrutacintāmayaṃ bhāvanāmayaṃ ca yathākramaṃ vipākāgamādhigamajñānaṃ veditavyam / pratisaṃkhyā prajñā dhairyasahitā /（ASG［2017］p. 74, *ll*. 6–7, cf. ibid. p. 75）

PSk: amohaḥ katamaḥ / mohapratipakṣo yathābhūtasamprattiḥ /（p. 6, *ll*. 13–14, cf. 師［2015］pp. 152–153）

（C 253a3–4, D 256a4–5, G 350b1–2, N 283a1–2, P 293b8–294a1; Lindtner［1979］p. 125, *ll*. 3–9, Zh, vol. 60, p. 1575, *ll*. 12–16）

参考文献（1）

Munimatālaṃkāra

【原語】amoha
【チベット語訳】gti mug med pa

【定義的用例】

〔原文〕

... **amoho** 'vidyāvirodhī dharmaḥ prajñāsvabhāvaḥ / ete svayaṃ kuśalā anyakuśalānāṃ mūlabhūtā vṛkṣamūlavad utpattisthitivṛddhihetavaḥ //

（李・加納［2015］p. 24, *ll*. 11–13）

〔チベット語訳〕

... **gti mug med pa** ni ma rig pa daṅ 'gal ba'i chos te śes rab kyi raṅ bźin no // 'di rnams ni raṅ ñid dge ba dge ba gźan rnams kyi rtsa bar gyur pa śiṅ gi rtsa ba bźin bskyed pa daṅ gnas pa daṅ 'phel ba'i rgyu'o //

（C 130b7–131a1, D 131a5–6, G 206a3–4, N 151a1–2, P 156a1–2; Akahane and Yokoyama［2015］p. 38, *l*. 21–p. 39, *l*. 1, 磯田［1991］p. 3, *ll*. 24–26, Zh, vol. 63, p. 1197, *ll*. 8–11）

【先行研究における翻訳】

〔原文からの和訳〕

… 無痴とは、無明に対立する法であり、智慧を本質とする。それらは自ずから善であり、他の諸善にとっての根本であり、樹木の根っこの如く、生起、存続、成長の原因である。

（李ほか［2015］pp. 154–155）

参考文献（2）

Abhidharmāvatāra

【チベット語訳】gti mug med pa
【漢訳】無癡

【定義的用例】

〔チベット語訳〕

… **gti mug med pa** ni śes rab kyi raṅ bźin te mi śes pa daṅ mi mthun pa'i chos so //[1] de dag ni bdag ñid kyis kyaṅ dge la / dge ba gźan rnams kyi rtsa bar yaṅ gyur pas na / de'i phyir dge ba'i rtsa ba rnams te / srid pa yid du 'oṅ ba daṅ thar pa'i myu gu mṅon par sgrub par byed pas [2] bde ba'i don ni dge ba'i don to //[3] yaṅ na gzugs bzaṅ po mṅon par grub par byed pas legs par lobs pa'i don te / ri mo mkhan legs par lobs pa bźin no //

[1] / N [2] CD insert /. [3] / G, om. N

（C 308a3–5, D 307a3–5, G 497b4–498a1, N 409a7–b2, P 398b5–7; Dhammajoti［2008］p. 223, *ll*. 6–12, Zh, vol. 82, p. 1561, *ll*. 6–12）

〔漢訳〕

… 三**無癡**。是違癡法。即前所説慧為自性。如是三法是善自性、亦能爲根生餘善法。故名善根。安隱義是善義。能引可愛有及解脱牙 [1] 故。或已習學成巧便義是善義。由此能辨妙色像故。如彩畫師造妙色像世稱爲善。

[1] sic read 芽. 大正蔵は「牙」とするが、チベット語訳を参考に、大正蔵の脚注に挙げられる宋元明本と宮内省本の異読を採り、「芽」と読む。

（巻上, T, vol. 28, 982b26–c1）

86. amoha

【先行研究における翻訳と訳例】

〔チベット語訳からの和訳〕

… **無癡** amoha とは慧 prajñā を自性とし、無智 ajñāna と相伴わぬ法である。これら〔三〕は自性としても善であり、他の善〔を生ずる〕根本ともなるから、この故に善根である。可意なる manojñā（心にかなう）有 bhava（生存）と解脱との芽を生起せしめるから、楽 sukha の義が善 kuśala の義である。また、美しい色を生起せしめるから、〔善とは〕巧みになすの義である。絵師が〔美しい絵を〕巧みになすが如くである。

（櫻部〔1997c〕p. 206）

〔漢訳からの英訳〕non-delusion

… **non-delusion** (*amoha*), a *dharma* opposed to delusion (*moha*) and having the aforementioned understanding (*prajñā*) as its specific nature (*svabhāva*). These three *dharma*-s are named the roots of wholesomeness, because they are wholesome in their specific nature, and are also productive of other wholesome *dharma*-s. "Wholesome" means "secure" (*kṣema*), as [what is *kuśala*] can bring about the germs of desirable (*iṣṭa*) existence and of liberation. Or again, "wholesome" means being skilful through training (*śikṣita*), by reason of which one can, [for example], produce beautiful images. Thus, in the world people call an artist *kuśala* for producing beautiful images.

（DHAMMAJOTI〔2008〕p. 85）

〔漢訳からの仏訳〕absence de sottise

… et l'**absence de sottise** (*amoha*), contraire de la sottise (*moha*). Elles ont pour nature propre (*svabhāva*) la sagesse (*prajñā*), déjà évoquée. Comme elles ont le bien pour nature propre et qu'elles sont des racines (*mūla*) produisant d'autres bons dharma on les nomme racines de bien (*kuśalamūla*). Le bonheur (*kṣema*) est synonyme de bien (*kuśala*). Celui-ci produit des existences agréables (*iṣṭabhava*) et des germes de délivrance. L'habileté (*kauśalya*) suscitée par une étude accomplie signifie également le bien (*kuśala*). (En effet), c'est grâce à l'habileté qu'on est à même de composer de belles images et que l'on proclame (l'artiste) bon en tant que maître de dessin (*citrakara*) réalisateur de belles images.

（VELTHEM〔1977〕p. 19）

87. kuśala-mūla

【参考】なし

Madhyamakapañcaskandhaka

【訳例】善なる根
【チベット語訳】dge ba'i rtsa ba

【定義的用例】

〔和訳〕

善なる根は三〔種類〕である。貪りがないこと（→ 28. alobha）、憎しみがないこと（→ 29. adveṣa）、愚かさがないこと（→ 86. amoha）である。

その中で、貪りがないこととは、渇愛と対になる法であり、ものに (1 執着しないこと 1) を特徴とする。憎しみがないこととは、憎しみ（dveṣa, → 56. pratigha）と対立する法であり、有情に荒々しい心を持たないことを特徴とする。愚かさがないこととは、無知（→ 33. avidyā）と対立する法であり、知（→ 18. prajñā）を本性とする。

これらはそれ自体善でもあり、他の善にとっての根でもあり、〔したがって〕**善なる根**である。木の根が葉などの発生、存続、成長の因であるように、これらの三つの**善なる根**が一切の善い事柄の根であると知るべきである。

1)『中観五蘊論』のチベット語訳には źen pa'i とあるが、『牟尼意趣荘厳』の解説を参考に źen pa med pa'i と訂正して和訳する。

〔チベット語訳〕

dge ba'i rtsa ba ni gsum ste / ma chags pa daṅ / źe sdaṅ med pa daṅ / gti mug med pa'o //

de la ma chags pa ni sred pa'i gñen por gyur pa'i chos dṅos po'i don la (1 źen pa med pa'i 1) mtshan ñid do // źe sdaṅ 2) med pa ni khoṅ khro ba'i gñen po'i chos sems can rnams la sems rtsub pa med pa'i mtshan ñid do // gti mug med pa ni ma rig pa'i gñen po'i chos śes rab kyi ṅo bo'o //

'di dag ni[3] raṅ gi[4] bdag ñid kyaṅ dge ba yin la / dge ba gźan rnams kyi yaṅ rtsa bar gyur par **dge ba'i rtsa ba** ste / 'di ltar śiṅ rnams kyi rtsa ba 'dab ma la sogs pa skye ba daṅ gnas pa daṅ 'phel ba'i rgyur gyur pa ltar / de bźin du dge ba'i chos thams cad kyi rtsa bar **dge ba'i** (5**rtsa ba**5) gsum po 'di dag ñid śes par bya'o //

1) emended. *źen pa'i* CDGNP　2) C inserts /.　3) *źi* P　4) *gis* G　5) om. GNP

（C 253a2–4, D 256a3–5, G 350a5–b2, N 282b7–283a2, P 293b6–294a1; Lindtner［1979］p. 124, *l*. 28–p. 125, *l*. 9, Zh, vol. 60, p. 1575, *ll*. 8–16）

参考文献（1）

Munimatālaṃkāra

【原語】kuśala-mūla
【チベット語訳】dge ba'i rtsa ba

【定義的用例】

〔原文〕

trīṇi **kuśalamūlāni** / alobho 'dveṣo 'mohaś ca / tatrālobhas tṛṣṇāpratidvaṃdvibhūto dharmaḥ padārthānabhiniveśalakṣaṇaḥ / adveṣaḥ pratighavirodhī dharmaḥ sattveṣv arūkṣatālakṣaṇaḥ / amoho 'vidyāvirodhī dharmaḥ prajñāsvabhāvaḥ / ete svayaṃ kuśalā anyakuśalānāṃ mūlabhūtā vṛkṣamūlavad utpattisthitivṛddhihetavaḥ /

（李・加納［2015］p. 24, *ll*. 9–13）

〔チベット語訳〕

dge ba'i rtsa ba rnams ni gsum ste 'dod chags med pa daṅ /[1] źe sdaṅ med pa daṅ /[2] gti mug med pa'o // de la 'dod chags med pa ni sred pa daṅ 'gal ba'i chos te dṅos po rnams la mṅon par źen pa med pa'i mtshan ñid do // źe sdaṅ med pa ni khoṅ khro daṅ 'gal ba'i chos te sems can rnams la mnar sems med pa ñid kyi[3] mtshan ñid can no // gti mug med pa ni ma rig pa daṅ 'gal ba'i chos te śes rab kyi raṅ bźin no // 'di rnams ni raṅ ñid dge ba dge ba gźan rnams kyi rtsa bar gyur pa śiṅ gi rtsa ba bźin bskyed pa daṅ gnas pa daṅ 'phel ba'i rgyu'o //

1) 2) om. GNP 3) D omits *kyi* with an X mark below.

（C 130b6–131a1, D 131a4–6, G 206a2–4, N 150b6–151a2, P 155b7–156a2; AKAHANE and YOKOYAMA［2015］p. 38, *l*. 17–p. 39, *l*. 1, 磯田［1991］p. 3, *ll*. 20–26, Zh, vol. 63, p. 1197, *ll*. 3–11）

【先行研究における翻訳】

〔原文からの和訳〕

善根は三種である。無貪（alobha）、無瞋（adveṣa）、無痴（amoha）である。その中で、無貪とは、渇愛に敵対する法であり、対象に執着しないことを定義とする。無瞋とは、敵愾心（pratigha）に対立する法であり、衆生たちに対して荒々しさがないことを定義とする。無痴とは、無明に対立する法であり、智慧を本質とする。それらは自ずから善であり、他の諸善にとっての根本であり、樹木の根っこの如く、生起、存続、成長の原因である。

（李ほか［2016］pp. 154–155）

参考文献（2）

Abhidharmāvatāra

【チベット語訳】dge ba'i rtsa ba
【漢訳】善根

【定義的用例】

〔チベット語訳〕

dge ba'i rtsa ba ni gsum ste / ma chags pa daṅ źe[1] sdaṅ med pa daṅ gti mug med pa'o // de la[2] ma chags pa ni chags par gyur pa'i gñen[3] po'i chos so // źe sdaṅ med pa ni khoṅ khro ba daṅ mi mthun pa'i chos so // gti mug med pa ni śes rab kyi raṅ bźin te mi śes pa daṅ mi mthun pa'i chos so // de dag ni bdag ñid kyis kyaṅ dge la / dge ba gźan rnams kyi rtsa bar yaṅ gyur pas na / de'i phyir **dge ba'i**

rtsa ba rnams te / srid pa yid du 'oṅ ba daṅ thar pa'i myu gu mṅon par sgrub8par byed pas [4] bde ba'i don ni dge ba'i don to //[5] yaṅ na gzugs bzaṅ po mṅon par grub par byed pas legs par lobs pa'i don te / ri mo mkhan legs par lobs pa bźin no //

[1] *źes* P [2] *pa* D [3] *mñen* P [4] CD insert /. [5] / G, om. N

（C 308a2–5, D 307a2–5, G 497b4–498a1, N 409a6–b2, P 398b4–7; DHAMMAJOTI［2008］p. 223, *ll.* 4–12, Zh, vol. 82, p. 1561, *ll.* 4–12）

〔漢訳〕

善根有三種。一無貪是違貪法。二無瞋是違瞋法。三無癡是違癡法。即前所説慧為自性。如是三法是善自性、亦能為根生餘善法。故名**善根**。安隱義是善義。能引可愛有及解脱牙故。或已習學成巧便義是善義。由此能辨妙色像故。如彩畫師造妙色像世稱為善。

（巻上, T, vol. 28, 982b25–c1）

【先行研究における翻訳と訳例】

〔チベット語訳からの和訳〕

善根は三であって、無貪と無瞋と無癡とである。その中、(1) 無貪 alobha とは貪の対治なる法である。(2) 無瞋 adveṣa は瞋恚 pratigha と相伴わぬ法である。(3) 無癡 amoha とは慧 prajñā を自性とし、無智 ajñāna と相伴わぬ法である。これら〔三〕は自性としても善であり、他の善〔を生ずる〕根本ともなるから、この故に**善根**である。可意なる manojñā（心にかなう）有 bhava（生存）と解脱との芽を生起せしめるから、楽 sukha の義が善 kuśala の義である。また、美しい色を生起せしめるから、〔善とは〕巧みになすの義である。絵師が〔美しい絵を〕巧みになすが如くである。

（櫻部［1997c］p. 206）

〔漢訳からの英訳〕root of wholesomeness

There are three **roots of wholesomeness** (*kuśala-mūla*): (i) non-greed (*alobha*), a *dharma* opposed to greed (*lobha*); (ii) non-hatred (*adveṣa*), a *dharma* opposed to hatred (*dveṣa*); and (iii) non-delusion (*amoha*), a *dharma* opposed to delusion (*moha*) and having the aforementioned understanding (*prajnā*) as its specific nature (*svabhāva*). These three *dharma*-s are named the **roots of wholesomeness**, because they are wholesome in their specific nature, and are also productive of other wholesome *dharma*-s. "Wholesome" means "secure" (*kṣema*), as [what is *kuśala*] can bring about the germs of desirable (*iṣṭa*) existence and of liberation. Or again, "wholesome" means being skilful through training (*śikṣita*), by reason of which one can, [for example], produce beautiful images. Thus, in the world people call an artist *kuśala* for producing beautiful images.

(DHAMMAJOTI［2008］p. 85)

〔漢訳からの仏訳〕 racine de bien

Les **racines de bien** (*kuśalamūla*) sont trois : l'absence de convoitise (*alobha*), contraire de la convoitise (*lobha*), l'absence de haine (*adveṣa*), contraire de la haine (*dveṣa*) et l'absence de sottise (*amoha*), contraire de la sottise (*moha*). Elles ont pour nature propre (*svabhāva*) la sagesse (*prajñā*), déjà évoquée. Comme elles ont le bien pour nature propre et qu'elles sont des racines (*mūla*) produisant d'autres bons dharma on les nomme **racines de bien** (*kuśalamūla*).

Le bonheur (*kṣema*) est synonyme de bien (*kuśala*). Celui-ci produit des existences agréables (*iṣṭabhava*) et des germes de délivrance. L'habileté (*kauśalya*) suscitée par une étude accomplie signifie également le bien (*kuśala*). (En effet), c'est grâce à l'habileté qu'on est à même de composer de belles images et que l'on proclame (l'artiste) bon en tant que maître de dessin (*citrakara*) réalisateur de belles images.

(VELTHEM［1977］p. 19)

88. akuśala-mūla

【参考】西村［1974a］，藤田［1976］pp. 136–140，加藤［1979］．

Madhyamakapañcaskandhaka

【訳例】不善なる根
【チベット語訳】mi dge ba'i rtsa ba

【定義的用例】

〔和訳〕

これらの三つの善なる根（→ 87. kuśala-mūla）と反対の三つが**不善なる根**である。貪り（lobha, → 28. alobha）、憎しみ（dveṣa, → 56. pratigha）、愚かさ（moha, → 86. amoha）である。

その中で、欲〔界〕に属するすべての貪欲（→ 55. rāga）が貪りという**不善なる根**である。なぜならば、それは一様に不善なる根であるからである。すべての憎しみが憎しみという**不善なる根**である。壊れる集まりに対する見解（→ 99. satkāya-dṛṣṭi）と極端を捉える見解（→ 100. antagrāha-dṛṣṭi）と結びつく愚かさを除いた、欲〔界〕に属するすべての無知（→ 33. avidyā）が愚かさという**不善なる根**である。

〔チベット語訳〕

[a…]dge ba'i rtsa ba gsum po 'di dag las bzlog pa gsum ni **mi dge ba'i rtsa ba** ste / chags pa daṅ / źe sdaṅ daṅ / gti mug go //

de la 'dod par gtogs pa'i 'dod chags thams cad ni chags pa **mi dge ba'i rtsa ba** ste / de ni gcig tu mi dge ba'i rtsa ba ñid kyi phyir ro // źe sdaṅ thams cad ni źe sdaṅ ste **mi dge ba'i rtsa ba**'o //[1)] 'jig[2)] tshogs la lta ba daṅ / mthar 'dzin par lta ba daṅ / mtshuṅs par ldan pa'i gti mug ma gtogs pa 'dod pa na spyod pa'i ma rig pa thams cad ni gti mug ste [3)] **mi dge ba'i rtsa ba**'o //[…a]

[1)] / C [2)] *'jigs* G [3)] G inserts /.

[a] AKBh ad V. 20ab: katy akuśalamūlāni kati na /

kāme 'kuśalamūlāni rāgapratighamūḍhayaḥ / V. 20ab

kāmadhātau sarvarāgaḥ sarvapratighaḥ sarvamoho 'nyatra satkāyāntagrāhadṛṣṭisaṃprayuktād yathākramam (1trīṇy akuśalamūlāni1) lobho 'kuśalamūlaṃ dveṣo moho 'kuśalamūlam / yad dhy akuśalaṃ cākuśalasya ca mūlaṃ tad evākuśalamūlam iṣṭam / śeṣā anuśayā nākuśalamūlānīti siddham / 1) PRADHAN本は、初版、第二版ともに trīṇy akuśalamūlāni を韻文と見なすが、小谷・本庄［2007］p. 91, 注 1 の指摘に従い、散文とする。（p. 291, *ll.* 3–9, cf. 小谷・本庄［2007］p. 90）

（C 253a4–6, D 256a5–7, G 350b2–5, N 283a2–5, P 294a2–4; LINDTNER［1979］p. 125, *ll.* 10–17, Zh, vol. 60, p. 1575, *l.* 17–p. 1576, *l.* 2）

参考文献（1）

Munimatālaṃkāra

【原語】akuśala-mūla
【チベット語訳】mi dge ba'i rtsa ba

【定義的用例】

〔原文〕

etadviparyayeṇa trīṇy **akuśalamūlāni** / lobho dveṣo mohaś ca / tatra kāmāptaḥ sarvo rāgo lobho **'kuśalamūlam** / sarvo dveṣaś ca / satkāyāntagrāhadṛṣṭitatsaṃprayuktamohavarjā kāmāvacarī sarvaivāvidyā moho **'kuśalamūlam** //

（李・加納［2015］p. 24, *ll.* 15–18）

〔チベット語訳〕

'di las bzlog pas na gsum ni **mi dge ba'i rtsa ba** rnams te 'dod[1] chags [2] daṅ /[3] źe sdaṅ daṅ /[4] gti mug go // de la 'dod par gtogs[5] pa'i 'dod[6] chags thams cad ni chags pa **mi dge ba'i rtsa ba**'o // źe sdaṅ thams cad kyaṅ ṅo // 'jig tshogs daṅ mthar 'dzin par lta ba daṅ de daṅ mtshuṅs par ldan pa'i gti mug ma gtogs[7] pa 'dod pa na spyod pa'i ma rig pa thams cad ni gti mug **mi dge ba'i rtsa ba**'o //

1) om. GNP 2) GNP insert *pa.* 3) om. GNP 4) om. CGNP 5) *rtogs* GNP 6) *'bod* P 7) *rtogs* GNP

（C 131a1–2, D 131a6–b1, G 206a4–b1, N 151a2–4, P 156a2–5; Akahane and Yokoyama［2015］p. 39, *ll*. 3–9, 磯田［1991］p. 3, *ll*. 27–31, Zh, vol. 63, p. 1197, *ll*. 11–16）

【先行研究における翻訳】

〔原文からの和訳〕

三種の**不善根**はそれと反対である。貪（lobha）、瞋（dveṣa）、痴（moha）である。その中で、貪という**不善根**は、欲界に属するすべての貪欲（rāga）である。そして、〔瞋という不善根は〕、すべての瞋である。痴という**不善根**は、有身見と辺執見に結び付いた痴を除外した、欲界所属のすべての無明である。

（李ほか［2016］p. 155）

参考文献（2）

Abhidharmāvatāra

【チベット語訳】mi dge ba'i rtsa ba
【漢訳】不善根

【定義的用例】

〔チベット語訳〕

mi dge ba'i rtsa ba ni gsum ste / de dag ñid kyi mi mthun pa'i phyogs su gyur pa / chags pa daṅ źe sdaṅ daṅ gti mug go // de la 'dod par gtogs pa'i sred[1)] pa rnam pa lṅa ni chags pa'o // khoṅ khro ba lṅa ni źe sdaṅ ṅo // 'jig tshogs daṅ mthar 'dzin pa daṅ ldan[2)] pa'i gti mug ma gtogs pa gźan 'dod par gtogs pa'i[3)] ma rig pa[4)] rnam pa sum cu rtsa bźi po gaṅ yin pa de ni gti mug go // de dag ni bdag ñid kyis kyaṅ mi[5)] dge la / mi dge ba gźan rnams kyi rtsa bar yaṅ gyur pas na de'i phyir **mi dge ba'i rtsa ba** rnams te / srid pa yid du mi 'oṅ ba'i myu gu mṅon par 'grub par byed pas mi bde ba'i don ni mi dge ba'i don to // yaṅ na[6)] gzugs bzaṅ po ma yin pa mṅon par 'grub par byed pas /[7)] ma[8)] lobs pa'i don de sṅa ma las bzlog pa'o //

[1)] *srid* CD [2)] *lan* P [3)] *pa* GNP [4)] *pa'i* GNP [5)] *ma* P [6)] om. GNP [7)] // N [8)] *mi* G

（C 308a5–7, D 307a5–7, G 498a1–4, N 409b2–5, P 398b7–399a3; DHAMMAJOTI［2008］p. 223, *ll.* 17–26, Zh, vol. 82, p. 1561, *l.* 12–p. 1562, *l.* 1）

〔漢訳〕

不善根有三種。即前所治貪瞋癡三。貪謂欲界五部貪。瞋謂五部瞋。癡謂欲界三十四無明。除有身見及邊執見相應無明。如是三法是不善自性、亦能為根生餘不善。故名不善根。不安隱義是不善義。能引非愛諸有牙故。或未習學非巧便義是不善義。由此能辦惡色像故。如彩畫師所造不妙世稱不善。

（巻上, T, vol. 28, 982c1–8）

【先行研究における翻訳と訳例】

〔チベット語訳からの和訳〕

不善根は三であって、か〔の三善根〕そのものの逆なる pratikūla もの、すなわち、貪と瞋と癡とである。その中、(1) 欲〔界〕繋の五種の愛 tṛṣṇā が貪である。(2) 五つの瞋恚 pratigha が瞋である。(3) 有身〔見〕と辺執〔見〕とに相応する癡（無明）を除いた他の欲〔界〕繋の三十四の無明なるものが癡である。これら〔貪・瞋・癡〕は自性としても不善であり、他の不善〔を生ずる〕根本ともなる故に、**不善根**である。不可意なる有の芽を生起せしめるから、不楽 asukha の義が不善の義である。また、美しくない色を生起せしめるから、〔不善とは〕巧みになさぬの義であって、先〔の善〕の逆である。

（櫻部［1997c］p. 206）

〔漢訳からの英訳〕root of unwholesomeness

There are three **roots of unwholesomeness** (*akuśala-mūla*): greed (*lobha*), hatred (*dveṣa*) and delusion (*moha*), which are counteracted by the previous three [roots of wholesomeness]. i.e. the greed belonging to the five classes (*pañca nikāya*) [of abandonables] in the sense-sphere; the hatred belonging to the five classes [of abandonables]; and the thirty-four forms of ignorance (*avidyā*) in the sense-sphere, excluding those conjoined with *satkāyadṛṣṭi* and *antagrāhadṛṣṭi*.

These three *dharma*-s are named the **roots of unwholesomeness** because they are unwholesome [*dharma*-s]. The word "unwholesome" means "insecure (*akṣema*)", as [what is unwholesome] can bring about the germs of an undesirable (*aniṣṭa*) existence. Or again, "unwholesome" means "insecure (*akṣema*)", as [what is unwholesome] can bring about the germs of an undesirable (*aniṣṭa*) existence. Or again, "unwholesome" means "unskilful through lack of training (*aśikṣita*)" by reason by of which one [for example] produces bad images. Thus, in the world, people call an artist *akuśala* for producing unattractive images.

（DHAMMAJOTI ［2008］ p. 86）

〔漢訳からの仏訳〕 racine de mal

Les **racines de mal** (*akuśalamūla*), à guérir par les précédentes, sont trois : la convoitise (*lobha*), la haine (*dveṣa*) et la sottise (*moha*). La convoitise désigne les cinq classes de convoitise relevant du monde du désir (*kāmadhātu*). La haine (*dveṣa*) désigne les cinq classes de haine et la sottise (*moha*) les trente-quatre nesciences dudit monde (*kāmadhātvavidyā*), les nesciences associées à la croyance à la personnalité (*satkāyadṛṣṭi*) et à la croyance aux extrêmes (*antagrāhadṛṣṭi*) ayant été exceptées. Ces trois dharma ayant le mal (*akuśala*) pour nature propre (*svabhāva*) et pouvant, en tant que racines (*mūla*), produire d'autres maux, sont appelés **racines de mal** (*akuśalamūla*).

Le mal (*akuśala*) a pour synonyme le malheur (*akṣema*). Il est le germe (*bīja*) des existences désagréables (*aniṣṭabhava*). Il a encore pour synonyme la malhabileté (*akauśalya*) due au manque de pratique. (En effet), c'est à cause de la malhabileté qu'on compose de mauvais dessins et qu'on proclame (l'artiste) mauvais en tant que dessinateur (*citrakara*) réalisant de mauvais dessins.

（VELTHEM ［1977］ p. 19）

89. avyākṛta-mūla

【参考】並川［1975］.

Madhyamakapañcaskandhaka

【訳例】どちらとも言えない根
【チベット語訳】**luṅ du ma bstan pa'i rtsa ba**

【定義的用例】

〔和訳〕

〔善とも不善とも〕**どちらとも言えない根**は三〔種類〕である。渇愛、無知（→ 33. avidyā）、思考力である。

その中で、壊れる集まりに対する見解（→ 99. satkāya-dṛṣṭi）、極端を捉える見解（→ 100. antagrāha-dṛṣṭi）、それらの見解と結びつく愚かさ（moha, → 86. amoha）を除いた、欲〔界〕に属する煩悩と広義の煩悩（→106. upakleśa）のすべては不善である。望まない結果をもたらすからである。色〔界〕と無色〔界〕に属する煩悩と広義の煩悩のすべて、欲界の壊れる集まり対する見解と極端を捉える見解などの三つ、それらすべてが〔善とも不善とも〕どちらとも言えないものである。その中で、あるものは〔善とも不善とも〕どちらとも言えない渇愛から、あるものは〔善とも不善とも〕どちらとも言えない無知から、あるものは〔善とも不善とも〕どちらとも言えない知から〔生じる〕。したがって、〔この三つ〕すべてが〔善とも不善とも〕**どちらとも言えない根**と言われる。なぜならば、それ自体〔善とも不善とも〕どちらとも言えないものであり、それ以外の〔善とも不善とも〕どちらとも言えないものの根でもあるからである。他のものは堅固でなく、上に向かって働くので、〔植物の〕根と性質が異なるから、〔善とも不善とも〕**どちらとも言えない根**ではない。

〔チベット語訳〕

[a]...**luṅ du ma bstan pa'i rtsa ba** ni gsum ste / sred pa daṅ / ma rig pa daṅ / blo gros so //

de la 'dod pa na spyod pa'i 'jig tshogs la lta ba daṅ /[1] mthar 'dzin par lta ba daṅ / lta ba de dag daṅ mtshuṅs par ldan[2] pa'i gti mug ma gtogs pa'i ñon moṅs pa daṅ / ñe ba'i ñon moṅs pa thams cad ni mi dge ba ste / rnam par smin pa mi 'dod pa ñid kyis so // gzugs daṅ gzugs med pa na spyod pa'i ñon moṅs pa daṅ / ñe ba'i ñon moṅs pa thams cad daṅ / 'dod pa'i khams kyi 'jig[3] tshogs daṅ / mthar 'dzin par lta ba la sogs pa gsum po ste / de dag thams cad ni[4] luṅ du ma bstan pa'o // de la la la ni sred pa luṅ du ma bstan pa las / la la ni ma rig[5] pa luṅ du[6] ma bstan pa las / la la ni śes rab luṅ du ma bstan pa las te / des na thams cad **luṅ du ma bstan pa'i rtsa ba** źes brjod (7do //7) raṅ ñid kyaṅ luṅ du ma bstan pa ñid yin la / de las gźan pa'i luṅ du ma bstan pa'i yaṅ rtsa bar gyur pa'i phyir ro // gźan dag ni mi brtan[8] pa ñid daṅ / mthon por 'jug pa'i phyir rtsa ba daṅ chos mi mthun pas **luṅ du ma bstan pa'i rtsa ba** ma[9] yin no //…[a]

1) om. G 2) *ltan* P 3) *'jigs* G 4) *na* GNP 5) *rigs* P 6) om. GNP 7) *de* / CD 8) *bstan* CDP 9) om. G

[a] AKBh ad V. 20cd–21:

katy avyākṛtamūlāni kati na /

(1trīṇy avyākṛtamūlāni /1) V. 20c

katamāni trīṇi /

tṛṣṇā 'vidyā matiś ca sā // V. 20d

sety avyākṛtatāṃ darśayati / yā kācid avyākṛtā tṛṣṇā avidyā prajñā cāntato (2vipākajā api2) sarvāsāv avyākṛtamūlam iti kāśmīrāḥ /

dvaidhordhvavṛtter nāto 'nyau V. 21a

vicikitsā kila dvaidhavṛtter na mūlam bhavitum arhati / calatvāt / unnatilakṣaṇenordhvavṛtter na (3mānaḥ / mūlavaidharmyād / mūlāni3) hi sthirāṇy adhovṛttīni ca loke dṛṣṭānīti /

catvāry eveti bāhyakāḥ / V. 21b

bāhyakāś catvāry avyākṛtamūlānīcchanti /

tṛṣṇādṛṅmānamohās te V. 21bc

ta ity avyākṛtā iti darśayati / avyākṛtā tṛṣṇā dṛṣṭir māno 'vidyā ca / kiṃ kāraṇam etāny avyākṛtamūlānīcchanti /

dhyāyitritvād avidyayā // V. 21d

yasmāt trayo dhyayinaḥ / tṛṣṇādṛṣṭimānottaradhyāyinaḥ / te cāvidyāvaśād bhavantīti /

1) Pradhan 本は、初版、第二版ともに、trīṇy avyākṛtamūlāni / を散文と見るが、小谷・本庄［2007］p. 95, 注 1 の指摘に従い、韻文とする。 2) Pradhan 本は、vipākajāpi とするが、第二版 p. 291, *l.* 14、ならびに小谷・本庄［2007］p. 95, 注 2 の指摘に従い、vipākajā api と訂正する。 3) Pradhan 本は、初版では māno mūlam / vividhasmṛtimūlāni、第二版 p. 291, *l.* 17 では mānā mūlam / vividhasmṛtimūlāni とするが、小谷・本庄［2007］p. 95, 注 3 の指摘に従

い、mānaḥ / mūlavaidharmyād / mūlāni と訂正する。（p. 291, *l.* 10–p. 292, *l.* 10, cf. 小谷・本庄［2007］pp. 92–93）

（C 253a6–b3, D 256a7–b4, G 350b5–351a4, N 283a5–b2, P 294a4–b1; LINDTNER［1979］p. 125, *ll.* 18–34, Zh, vol. 60, p. 1576, *ll.* 3–16）

参考文献（1）

Munimatālaṃkāra

【原語】avyākṛta-mūla
【チベット語訳】luṅ du ma bstan pa'i rtsa ba

【定義的用例】

〔原文〕

trīṇy **avyākṛtamūlāni** tṛṣṇāvidyā matiś ca / tatra kāmāvacarāḥ satkāyāntagrāhadṛṣṭitatsaṃprayuktamohavarjāḥ sarva eva kleśopakleśā akuśalā aniṣṭavipākatvāt / sarva eva ca rūpārūpyāvacarāḥ kleśopakleśāḥ kāmadhātau ca satkāyadṛṣṭyādikaṃ tritayaṃ sarvam etad avyākṛtam / tatra yāḥ kāścid avyākṛtās tṛṣṇāvidyāprajñāḥ sarvās tā avyākṛtamūlam / svayam avyākṛtatvād anyāvyākṛtamūlatvāc ca / asthiratvād ūrdhvavṛttitvāc ca mūlavaidharmyād anyad avyākṛtaṃ na mūlam //

punaś coktam abhidharme / trīṇi kuśalamūlāni hrīś cāpatrāpyaṃ ca svābhāvata eva kuśalaṃ pathyauṣadhavat // tābhyāṃ saṃprayogeṇānye dharmāḥ kuśalāḥ / auṣadhamiśrapānīyavat / taiḥ samutthāpitatvena cittavākkarmaṇī vaibhāṣikasaṃmatāś cittaviprayuktāḥ prāptyādayaś ca kuśalā auṣadhamiśrapānīyasaṃbhūtakṣīravad iti //

（李・加納［2015］p. 25, *ll.* 2–13）

〔チベット語訳〕

luṅ du ma bstan pa'i rtsa ba rnam gsum ste sred[1] pa daṅ ma rig pa daṅ blo'o // de la 'dod pa na spyod pa'i 'jig tshogs daṅ mthar 'dzin par lta ba daṅ de daṅ mtshuṅs par ldan pa'i gti mug ma gtogs par[2] ñon moṅs pa daṅ ñe ba'i ñon moṅs pa thams cad mi dge ba ste mi 'dod pa'i rnam par smin pa can ñid kyi phyir ro // gzugs daṅ gzugs med pa na spyod pa'i ñon moṅs pa daṅ ñe ba'i ñon moṅs pa thams cad daṅ 'dod pa'i khams su'aṅ 'jig tshogs la lta ba la sogs pa gsum ste 'di thams cad luṅ du ma bstan pa'o // de la gaṅ daṅ gaṅ źig sred pa daṅ ma rig pa daṅ śes rab luṅ du ma bstan pa de thams cad ni luṅ du ma bstan pa'i rtsa ba ste / raṅ ñid luṅ du ma bstan pa ñid kyi phyir daṅ / luṅ du ma bstan pa gźan gyi rtsa ba ñid yin pa'i phyir ro // luṅ du ma bstan pa gźan ni [3] rtsa ba ma yin te mi brtan[4] pa ñid daṅ steṅ du 'jug pa ñid las rtsa ba daṅ chos mi mthun pa'i phyir ro // yaṅ chos mṅon par gsuṅs pa /

> dge ba'i rtsa ba gsum rnams daṅ / ṅo tsha daṅ khrel yod pa raṅ bźin gyis dge ba ste phan pa'i sman bźin no // de dag daṅ mtshuṅs par ldan pas ni chos gźan dge ba rnams te sman daṅ bsres pa'i chu bźin no // de rnams kyis kun nas bslaṅ bas ni sems[5] daṅ ṅag gi las dag daṅ bye brag tu smra ba'i 'dod pas sems daṅ ldan pa ma yin pa thob pa la sogs pa dge ba rnams kyaṅ ste sman daṅ 'dres pa'i chu las yaṅ dag par byuṅ ba'i 'o ma bźin no //

[1] *srid* CD [2] *pa* GNP [3] N inserts /. [4] *brten* N, *btan* C [5] *lus* GNP

（C 131a2–6, D 131b1–5, G 206b1–207a3, N 151a4–b4, P 156a5–b6; Akahane and Yokoyama［2015］p. 39, *l*. 11–p. 40, *l*. 14, 磯田［1991］p. 3, *l*. 32–p. 4, *l*. 7, Zh, vol. 63, p. 1197, *l*. 16–p. 1198, *l*. 14）

【先行研究における翻訳】

〔原文からの和訳〕

無記根は三種、すなわち渇愛（tṛṣṇā）、無明（avidyā）、知（mati）である。その中で、欲界所属の、有身見と辺執見とおよびそれら（二つの見）に結び付いた痴を除外した全ての煩悩と随煩悩とが、不善である。〔それら煩悩と随煩悩は〕望ましからざる異熟をもたらすから〔不善〕である。そして色界および無色界所属のすべての煩悩と随煩悩、ならびに欲界における有身見などの三者すべて、これらが無記である。その中で、およそ全ての、無記なる渇愛、無明、慧（prajñā）が、無記根である。自ずから無記であるからであり、他の無記なる〔諸法〕にとっての根となるから〔無記という〕。堅固でないから、かつ〔慢は下に向かって伸びる根っことは違って〕上に向かって働くから、根とは異なるのであり、それゆえにその他の無記は、根ではない。またアビダルマに説かれた。

> 三善根と慚と愧とは、本性として善である―ちょうど良薬のように。他の諸法は、二者（慚愧）と結びつくことによって、善となる―ち

ょうど薬草と混ざった飲料のように。それら（善法）によって等起させられるので、心業と語業とおよび、毘婆娑師に認められる得などの心不相応行とは、善である―ちょうど薬草と混ざった飲料から生じた汁（kṣīra）のように、

と。

（李ほか［2016］p. 155）

参考文献（2）

Abhidharmāvatāra

【チベット語訳】luṅ du mi ston pa'i rtsa ba
【漢訳】無記根

【定義的用例】

〔チベット語訳〕

luṅ du mi ston pa'i rtsa ba ni bźi ste / sred pa daṅ lta ba daṅ ṅa rgyal daṅ ma rig pa źes bya ba rnams so // de la daṅ po ni gzugs daṅ [1)] gzugs med par gtogs pa'i sred pa rnam pa bcu'o // gñis pa ni de na yod pa ñid kyi lta ba[2)] ñi śu rtsa bźi daṅ 'dod par gtogs pa'i 'jig tshogs la lta ba daṅ / mthar 'dzin par lta[3)] ba gñis so // gsum pa ni der gtogs pa ñid kyi ṅa rgyal rnam pa bcu'o // bźi pa ni de na yod pa'i ma rig pa ñid daṅ [4)] 'di na yod pa'i 'jig tshogs daṅ / mthar 'dzin par lta ba daṅ ldan pa'i ma rig pa gñis so // bźi po de dag ni luṅ du mi ston pa'i rtsa ba rnams su 'dod do // bsam gtan gsum gyi phyir te / 'di ltar bsam gtan pa[5)] gsum ni [6)] sred pa daṅ lta ba daṅ ṅa rgyal gyi śas che ba'i bsam gtan pa ste / de dag ni ma rig pa'i dbaṅ gis 'byuṅ ṅo // dge ba daṅ mi dge ba'i don du luṅ bstan du med pa daṅ / yid du 'oṅ ba daṅ yid du mi 'oṅ ba'i 'bras bu mṅon par 'grub par mi byed pa ste / de dag ni rtsa ba yaṅ yin la luṅ du mi ston pa gźan rnams kyi rtsa bar yaṅ gyur pas luṅ du mi ston pa[7)] rnams so //

1) CD insert /.　2) *bu* P　3) *blta* P　4) CD insert /.　5) om. GNP　6) CD insert /.　7) sic read *pa'i rtsa ba*.

（C 308a7–b4, D 307a7–b4, G 498a4–b3, N 409b5–410a3, P 399a3–b1; Dhammajoti［2008］p. 223, *l.* 31–p. 224, *l.* 11, Zh, vol. 82, p. 1562, *ll.* 1–14）

89. avyākṛta-mūla

〔漢訳〕

無記根有四種。謂愛見慢無明。愛謂色無色界各五部貪。見謂色無色界各十二見。及欲界有身見邊執見。慢謂色無色界各五部慢。無明謂色無色界一切無明。及欲界有身見邊執見相應無明。此四**無記根**。是自所許。修靜慮者有三種異故。一愛上靜慮者。二見上靜慮者。三慢上靜慮者。此三皆因無明力起。毘婆沙者立**無記根**唯有三種。謂無記愛無明慧三。疑不堅住慢性高舉。非根法故。於善不善義俱不記。故名無記。又不能記愛非愛果。故名無記。以不能招異熟果故。是無記性、亦能生餘無記染法或諸無記法。故名**無記根**。

（巻上, T, vol. 28, 982c8–20）

【先行研究における翻訳と訳例】

〔チベット語訳からの和訳〕

無記根は四であって、愛と見と慢と無明とである。その中、（1）第一は色・無色〔界〕繫の十種の愛 tṛṣṇā である。（2）第二は同じそ〔の色・無色界〕に存する二十四の見 dṛṣṭi と欲〔界〕繫の有身見と二つの辺執見とである。（3）第三は同じそ〔の色・無色界〕繫なる十種の慢 māna である。（4）第四はそ〔の色・無色界〕に存する同じ〔十種の〕無明 avidyā と、か〔の欲界〕に存する有身〔見〕および辺執見に相応する二つの無明とである。これら四は無記根であると認められる。〔なぜならば〕三種の静慮のゆえである。三種の静慮者、すなわち、愛の〔たかまりをもつ静慮者〕と見の〔たかまりをもつ静慮者〕と慢のたかまりをもつ静慮者と、があり、これらは無明の力によって生ずる〔からである〕。善〔の義である〕とも不善の義であるとも記せられないから無記であり、可意なる〔果〕をも不可意なる果をも生起させない。これら〔自体〕が根であり他の無記なるものの根ともなるから、無記〔根〕である。

（櫻部〔1997c〕pp. 206–207）

〔漢訳からの英訳〕non-defined root

There are four **non-defined roots** (*avyākṛta-mūla*): craving (*tṛṣṇā*), view (*dṛṣṭi*), conceit (*māna*), and ignorance (*avidyā*). i.e. (i) the greed belonging to the five classes [of abandonables] in both the fine-material and immaterial spheres; (ii) the twelve views in both the fine-material and immaterial spheres, together with the *satkāyadṛṣṭi* and *antagrāhadṛṣṭi* in the sense-sphere; (iii) the conceit belonging to the five classes [of abandonables] in both the fine-material and immaterial spheres; (iv) all forms of ignorance in the fine-material and immaterial spheres, together with those conjoined with the *satkāyadṛṣṭi* and the *antagrāhadṛṣṭi* in the sense-sphere.

These four **non-defined roots** are acknowledged by us (自所許), for in the meditators, there may be dominance in craving (*tṛṣṇottara-dhyāyin*), or views (*dṛṣṭyuttara-dhyāyin*), or in conceit (*mānottara-dhyāyin*); and these three are [in turn] produced by reason of ignorance. The Vaibhāṣikas [however] acknowledge only three **non-defined roots**; namely, non-defined craving, ignorance and [the veiled-non-defined and non-veiled-non-defined] understanding (*prajñā*). [Among the six fundamental defilements of craving, hatred, conceit, ignorance, views and doubts, hatred is not included in the **non-defined roots** as it is found only in the sense-sphere, and is always unwholesome]. Doubt and conceit [are also excluded, for they] are not *dharma*-s which are roots, being unfirm (*asthira*) and upward-moving (*unnati*) respectively.

They are said to be non-defined as they cannot be defined as being either wholesome or unwholesome. They are also undefinable as either [productive of] desirable or undesirable fruit. They are named **non-defined roots** because they are non-defined by nature and are also productive of other non-defined defiled *dharma*-s or non-defined [non-veiled] *dharma*-s.

(DHAMMAJOTI［2008］pp. 86–87)

〔漢訳からの仏訳〕racine indéterminée

Les **racines indéterminées** (*avyākṛtamūla*) sont de quatre espèces : la soif (*tṛṣṇā*), la vue (*dṛṣṭi*), l'orgueil (*māna*) et la nescience (*avidyā*).

La soif (*tṛṣṇā*) désigne chacune des cinq classes de convoitise relevant du monde de la matière subtile (*rūpadhātu)* et du monde immatériel (*ārūpyadhātu*).

La vue (*dṛṣṭi*) désigne les douze vues relevant du monde de la matière subtile (*rūpadhātu*) et les douze relevant du monde immatériel (*ārūpyadhātu*), ainsi que la croyance à la personnalité (*satkāyadṛṣṭi*) et la croyance aux extrêmes (*antagrāhadṛṣṭi*) relevant du monde du désir (*kāmadhātu*).

Par orgueil (*māna*), on entend chacune des cinq classes d'orgueil du monde de la matière subtile (*rūpadhātu*) et du monde immatériel (*ārūpyadhātu*).

La nescience (*avidyā*) désigne toutes les ignorances appartenant au monde de la matière subtile (*rūpadhātu*) et au monde immatériel (*ārūpyadhātu*), ainsi que les ignorances associées (*saṃprayuktāvidyā*) à la croyance à la personnalité (*satkāyadṛṣṭi*) et à la croyance aux extrêmes (*antagrāhadṛṣṭi*) dans le monde du désir (*kāmadhātu*).

Ces quatre racines indéterminées (*avyākṛtamūla*) s'admettent naturellement.

Ceux qui cultivent les extases (*dhyāyin*) constituent trois espèces différentes :

— les contemplatifs de soif (*tṛṣṇottaradhyāyin*)

— les contemplatifs d'hérésie (*dṛṣṭyuttaradhyāyin*)

— les contemplatifs d'orgueil (*mānottaradhyāyin*)

Toutes les trois sont suscitées par la nescience (*avidyā*).

Les Vaibhāṣika posent seulement trois sortes de **racines indéterminées** (*avyākṛtamūla*), à savoir la soif (*tṛṣṇā*), la nescience (*avidyā*) et la sagesse indéterminée (*avyākṛtaprajñā*). Ils disent que le doute (*vicikitsā*) n'étant pas fixe (*sthira*) et la nature de l'orgueil (*māna*) étant une élévation (*unnati*), ils ne sont ni l'un ni l'autre des racines (*mūla*).

Comme elles ne sont définies ni quant au bien ni quant au mal, ces racines sont dites indéterminées (*avyākṛta*). (Cette qualification) leur est donnée d'autre part du fait de leur incapacité à produire un fruit (*phala*) agréable (*iṣṭa*) ou désagréable (*aniṣṭa*). Par son inaptitude à produire un fruit de rétribution (*vipākaphala*), leur nature indéterminée peut également produire des dharma souillés (*kliṣṭa*) indéterminés ou tous autres dharma indéterminés. Voilà pourquoi on les appelle **racines indéterminées** (*avyākṛtamūla*).

(VELTHEM [1977] pp. 20–21)

90. saṃyojana

【参考】金［2011］，梶［2018］.

Madhyamakapañcaskandhaka

【訳例】拘束
【チベット語訳】kun tu sbyor ba

【定義的用例】

〔和訳〕

拘束とは、九つの**拘束**である。すなわち、愛着（→ 91. anunaya）の拘束、敵愾心（→ 56. pratigha）の拘束、慢心（→ 92. māna）の拘束、無知（→ 33. avidyā）の拘束、見解（→ 99–101. dṛṣṭi）の拘束、こだわり（→ 102–103. parāmarśa）の拘束、疑念（→ 58. vicikitsā）の拘束、嫉妬（→ 44. īrṣyā）の拘束、吝嗇（→ 43. mātsarya）の拘束である。… 他ならぬそれらが生存の苦しみに拘束するから、**拘束**と言われる。

〔チベット語訳〕

[a]…**kun tu**[1] **sbyor ba** ni **kun tu**[2] **sbyor ba** dgu ste / 'di lta ste / rjes su chags pa'i kun tu[3] sbyor ba daṅ / khoṅ khro ba'i kun tu[4] sbyor ba daṅ / ṅa rgyal gyi[5] kun tu[6] sbyor ba daṅ / ma rig pa'i kun tu[7] sbyor ba daṅ / lta ba'i kun tu[8] sbyor ba daṅ / mchog tu 'dzin pa'i kun tu[9] sbyor ba daṅ / the tshom gyi[10] kun tu[11] sbyor ba daṅ / phrag[12] dog gi[13] kun tu[14] sbyor ba daṅ / ser sna'i kun tu[15] sbyor ba źes bya ba'o //…[a] … de dag ñid[16] kyis srid pa'i sdug bsṅal la rab tu sbyor bas na **kun tu**[17] **sbyor ba** źes brjod do //

[1] *du* CD　[2] *du* CDN　[3] [4] *du* CD　[5] *gyis* G　[6] [7] [8] [9] *du* CD　[10] *gyis* G　[11] *du* D　[12] *phra* P　[13] *gis* G　[14] *du* CD　[15] *du* D　[16] *gñis* CD　[17] *du* CD

[a] AKBh ad V. 41cd–42: tatra nava saṃyojanāny anunayapratighamānāvidyādṛṣṭiparāmarśavicikitserṣyāmātsaryasaṃyojanāni[1] / …

kiṃ punaḥ kāraṇaṃ saṃyojaneṣu tisro dṛṣṭayo dṛṣṭisaṃyojanaṃ[2] pṛthag uktaṃ dve punar dṛṣṭī parāmarśasaṃyojanaṃ pṛthak /

dravyāmarśanasāmānyād dṛṣṭī saṃyojanāntaram // V. 41cd

aṣṭādaśa dravyāṇi tisro dṛṣṭayaḥ / aṣṭādaśaiva dve parāmarśadṛṣṭī / ataḥ kila dravyasāmānyād ete saṃyojanāntaraṃ kṛte / ete ca dve parāmarśasvabhāve na śeṣā iti[3] parāmarśanasāmānyād apy ete pṛthag vihite grāhyagrāhakabhedāt /

atha kasmād īrṣyāmātsarye saṃyojane pṛthak saṃyojanadvayam uktaṃ nānyat paryavasthānam /

ekāntākuśalaṃ yasmāt svatantraṃ cobhayaṃ yataḥ /

īrṣyamātsaryam eṣūktaṃ pṛthak saṃyojanadvayam // V. 42

na hy anyat paryavasthānam evaṃjātīyakam asti yatraitad ubhayaṃ syād ekāntākuśalatvaṃ svatantratvaṃ ceti / yasyāṣṭau paryavasthānāni tasyaivaṃ syāt / [1] emended. Pradhan 本は、初版、第二版ともに -vicikitserṣyā mātsarya- とするが、小谷・本庄［2007］p. 195, 注 1 の指摘に従い、-vicikitserṣyāmātsarya- と訂正する。 [2] emended. Pradhan 本は、初版、第二版ともに dṛṣṭisaṃprayojanaṃ とするが、小谷・本庄［2007］p. 196, 注 5 の指摘に従い、dṛṣṭisaṃyojanaṃ と訂正する。 [3] emended. Pradhan 本は、初版、第二版ともに -svabhāvena śeṣā iti とするが、小谷・本庄［2007］p. 196, 注 5 の指摘に従い、svabhāve na śeṣā iti と訂正する。（p. 309, *ll*. 2–20, cf. 小谷・本庄［2007］pp. 190–191）

AS: kati saṃyojanāni kathaṃ kutra saṃyojayanti / nava saṃyojanāni / anunayasaṃyojanam / pratighasaṃyojanam / mānasaṃyojanam / avidyāsaṃyojanam / dṛṣṭisaṃyojanam / parāmarśasaṃyojanam / vicikitsāsaṃyojanam / īrṣyāsaṃyojanam / mātsaryasaṃyojanam /（Li［2013］p. 248, *ll*. 27–30）

（C 253b3–4, 253b5, D 256b4–5, 256b6, G 351a4–5, 351a6, N 283b2–4, 283b4, P 294b1–3, 294b3–4; Lindtner［1979］p. 126, *ll*. 1–7, *ll*. 9–10, Zh, vol. 60, p. 1576, *l*. 17–p. 1577, *l*. 1, p. 1577, *ll*. 2–3）

参考文献（1）

Munimatālaṃkāra

【原語】saṃyojana

【チベット語訳】kun tu sbyor ba

【定義的用例】

〔原文〕

saṃyojanāni nava / rāgaḥ pratigho māno 'vidyā vicikitsā dṛṣṭiḥ parāmarśa īrṣyā mātsaryaś ca / bhavaduḥkhasaṃyojanāt **saṃyojanam** /

（李・加納［2015］p. 25, *ll*. 15–16）

〔チベット語訳〕

kun tu[1] **sbyor ba** rnams ni dgu ste 'dod chags daṅ [2] khoṅ khro daṅ [3] ṅa rgyal daṅ [4] ma rig pa daṅ [5] the tshom daṅ ldan pa daṅ mchog tu 'dzin pa daṅ phrag dog daṅ ser sna'o // srid pa'i sdug bsṅal la kun tu[6] sbyor ba'i phyir **kun tu**[7] **sbyor ba**'o //

[1] *du* CDP　[2] [3] [4] [5] CD insert /.　[6] *du* CDGP　[7] *du* CD

（C 131a6–7, D 131b5–6, G 207a3–4, N 151b4–5, P 156b6–7; AKAHANE and YOKOYAMA［2015］p. 99, *l*. 22–p. 100, *l*. 1, 磯田［1991］p. 4, *ll*. 8–10, Zh, vol. 63, p. 1198, *ll*. 14–17）

【先行研究における翻訳】

〔原文からの和訳〕

結（saṃyojana）は九種である。貪欲、瞋、慢、無明、疑、見、取、嫉、慳である。輪廻的生存の苦と結びかせるものであるから、結である。

（李ほか［2016］p. 59）

参考文献（2）

Abhidharmāvatāra

【チベット語訳】kun tu sbyor ba
【漢訳】結

【定義的用例】

〔チベット語訳〕

kun tu[1] **sbyor ba** ni rnam pa dgu ste / rjes su chags pa daṅ khoṅ khro ba daṅ ṅa rgyal daṅ ma rig pa daṅ / lta ba daṅ mchog tu 'dzin pa daṅ / the tshom daṅ phrag dog daṅ / ser sna źes bya ba rnams so // … **kun tu**[2] **sbyor ba**'i don ni 'chiṅ ba'i don [(3]te /[3)] ji skad du 'jig rten mgon pos kyaṅ / mig gzugs rnams la kun tu[4] mi sbyor la / gzugs rnams kyaṅ mig la ma yin mod kyi / de la 'dod pa la 'dod chags gaṅ yin pa de ni 'dir **kun tu**[5] **sbyor ba** ste / dper na ba laṅ nag po yaṅ ba laṅ dkar po la kun tu[6] mi sbyor la / ba laṅ dkar po yaṅ ba laṅ nag po la ma yin no źes rgya cher gsuṅs pa lta bu'o //

[1) 2)] *du* CD　[3)] *to* // P　[4) 5) 6)] *du* CD

（C 308b4–5, 310a1–2, D 307b4, 308b7–309a1, G 498b3–4, 500b2–4, N 410a3–4, 411b2–4, P 399b1–2, 400b7–401a1; Dhammajoti［2008］p. 224, *ll.* 14–16, p. 227, *ll.* 21–25, Zh, vol. 82, p. 1562, *ll.* 14–17, p. 1565, *ll.* 14–19）

〔漢訳〕

結有九種。謂愛結、恚結、慢結、無明結、見結、取結、疑結、嫉結、慳結。**…** **結**義是縛義。如世尊説、「非眼結色非色結眼。此中欲貪説名為**結**。如非黒牛結白牛亦非白牛結黒牛」乃至廣説。

（巻上, T, vol. 28, 982c21–983b11, 983b9–11）

【先行研究における翻訳と訳例】

〔チベット語訳からの和訳〕

結 saṃyojana は九種であって、愛 anunaya と恚 pratigha と慢 māna と無明 avidyā と見 dṛṣṭi と取 parāmārśa と疑 vicikitsā と嫉 īrṣya と慳 mātsarya とである。… **結**は縛の意味である。たとえば世界の主 Lokanātha によっても「眼は色を結ばず、色も眼を〔結ば〕ないけれども、それらに対する貪 rāga なるものがこの場合の**結**である。たとえば黒牛は白牛を結ばず、白牛も黒牛を〔結ば〕ない〔けれども、両牛を繋ぐものが結である如くである〕」云云と説かれるごとくである。

（櫻部［1997c］p. 207, 209）

〔漢訳からの英訳〕 fetter

There are nine **fetters** (*saṃyojana*): lust (*anunaya*), hostility (*pratigha*), conceit, ignorance, views, irrational adherence (*parāmarśa*), doubt, jealousy (*īrṣyā*) and avarice (*mātsarya*). … The meaning of **fetter** is bondage (*bandhana*). As the Bhagavat has said, "It is not the eyes that fetter the visible (*rūpa*); nor the visible, the eye. The greed of desire (*chanda-rāga*) therein is said to be the **fetter**. Just as it is not the black bull that fetters the white bull; nor the white bull, the black bull" and so on.

（DHAMMAJOTI〔2008〕p. 87, p. 90）

〔漢訳からの仏訳〕 entrave

Les **entraves** (*saṃyojana*) sont de neuf sortes: l'affection (*anunaya*), l'hostilité (*pratigha*), l'orgueil (*māna*), la nescience (*avidyā*), les vues (*dṛṣṭi*), l'estime injustifiée (*parāmarśa*), le doute (*vicikitsā*), la jalousie (*īrṣyā*) et l'avarice (*mātsarya*). … **Entrave** (*saṃyojanārtha*) a la même signification que lien (*bandhanārtha*). Le Bienheureux (*bhagavat*) a parlé ainsi: «Ce n'est pas l'oeil (*cakṣuḥ*) qui lie la forme (*rūpa*). Ce n'est pas la forme qui lie l'oeil. Il y a là le fait d'une avidité sensuelle (*kāmarāga*) qu'on appelle **entrave** (*saṃyojana*). Ce n'est pas le boeuf noir qui lie le boeuf blanc ni le boeuf blanc qui lie le boeuf noir», etc.

（VELTHEM〔1977〕p. 21, 27）

91. anunaya

【参考】なし

anunaya と rāga は密接な関係にあり、下記の三論書のなかで『中観五蘊論』と『入阿毘達磨論』においては anunaya を定義する際に rāga が用いられ、『牟尼意趣荘厳』においては、逆に rāga を定義する際に anunaya が用いられる。rāga の定義については、宮崎ほか［2017］の 55. rāga も併せて参照されたい。

Madhyamakapañcaskandhaka

【訳例】愛着
【チベット語訳】rjes su chags pa

【定義的用例】

〔和訳〕

… **愛着**とは、渇愛、固執、染著、貪り（→ 55. rāga）である。他ならぬそれら（愛着など）によって、生存の苦しみに結び付けられるから、拘束（→ 90. saṃyojana）と言われる。

〔チベット語訳〕

… [a…]**rjes su chags pa** ni sred[1)] pa daṅ / kun tu[2)] źen pa daṅ / chags pa daṅ / 'dod chags te / de dag ñid[3)] kyis srid pa'i sdug bsṅal la rab tu sbyor bas na kun tu[4)] sbyor ba źes brjod do //[…a]

[1)] *srid* GNP　[2)] *du* CD　[3)] *gñis* CD　[4)] *du* CD

[a] AKBh ad V. 41ab: tatrānunayasaṃyojanaṃ traidhātuko rāgaḥ /（p. 309, *l*. 3, cf. 櫻部［1969］p. 190）

AS: anunayasaṃyojanaṃ traidhātuko rāgaḥ / anunayasaṃyojanena saṃyuktaṃ traidhātukān nodvijate / anudvignaś cākuśalam ācarati kuśalaṃ nācarati / yenāyatyāṃ duḥkham abhinivarttayan duḥkhena saṃyujyate //（Li［2013］p. 248, *ll*. 31–33）

（C 253b4–5, D256b6, G 351a5–6, N 283b4, P 294b3–4; Lindtner［1979］p. 126, *ll*. 8–10, Zh, vol. 60, p. 1577, *ll*. 1–3）

参考文献（1）

Munimatālaṃkāra

『牟尼意趣荘厳』では、九つの saṃyojana（結）の一つ目の要素として anunaya ではなく rāga を挙げ、それを anunaya を用いて定義する。したがって、anunaya の定義は述べられないが、その原語を回収することが可能である。以下に参考までに同論における anunaya を用いた rāga の定義を示す。

【原語】anunaya
【チベット語訳】rjes su chags pa

【anunaya を用いた rāga の定義】

〔原文〕

… bhavaduḥkhasaṃyojanāt saṃyojanam // … rāgo **'nunayas** tṛṣṇādhyavasānaṃ saktiḥ //

（李・加納［2015］p. 25, *ll*. 16–17）

〔チベット語訳〕

… srid pa'i sdug bsṅal la kun tu[1] sbyor ba'i phyir kun tu[2] sbyor ba'o // … 'dod chags ni **rjes su chags pa** daṅ sred pa daṅ / lhag par źen pa daṅ źen[3] pa'o //

[1] *du* CDGP [2] *du* CD [3] *źin* P

（C 131a7–b1, D 131b6–7, G 207a4, N 151b4–5, P 156b6–7; Akahane and Yokoyama［2015］p. 100, *ll*. 1–4, 磯田［1991］p. 4, *ll*. 10–12, Zh, vol. 63, p. 1198, *ll*. 16–18）

【先行研究における翻訳】

〔原文からの和訳〕

… 輪廻的生存の苦と結びつかせるものであるから、結である。… 貪欲とは**愛**（anunaya）のことであり、すなわち、渴愛、執着、愛着である。

（李ほか［2016］p. 59）

参考文献（2）

Abhidharmāvatāra

【チベット語訳】rjes su chags pa
【漢訳】愛

【定義的用例】

〔チベット語訳〕

… khams gsum pa'i 'dod chags /[1] chags pa'i mtshan ñid rgya skyegs źu ba 'byar ba lta bu'i chos kyis[2] **rjes su** ma[3] **chags pa** ste / **rjes su chags pa** ñid kun tu[4] sbyor bas [5] **rjes su chags pa**'i kun tu[6] sbyor ba'o //

[1] om. GNP [2] *kyi* CD [3] sic omit *ma*. [4] *du* CD [5] G inserts *rjes su*. [6] *du* CD

（C 308b5–6, D 307b4–5, G 498b4–5, N 410a4–5, P 399b2–3; Dhammajoti［2008］p. 224, *ll*. 18–20, Zh, vol. 82, p. 1562, *ll*. 17–19）

〔漢訳〕

愛結者謂三界貪。是染著相。如融膠漆。故名為**愛**。**愛**即是結。故名**愛**結。
（巻上, T, vol. 28, 982c22–23）

【先行研究における翻訳と訳例】

〔チベット語訳からの和訳〕

… 三界の貪 rāga は、染着の相あること漆の液の粘着するが如き法であるから、**愛**である。**愛**がすなわち結であるから、**愛**結である。

（櫻部［1997c］p. 207）

〔漢訳からの英訳〕lust

The **lust** fetter (*anunaya-saṃyojana*) is the greed of the three spheres. It is named **lust** as it has the characteristic of attachment like melted lacquer [which adheres to things easily]. **Lust** itself is the fetter, therefore it is named **lust**-fetter.

（Dhammajoti［2008］p. 87）

91. anunaya

〔漢訳からの仏訳〕affection

L'entrave d'**affection** est la convoitise dans le triple monde (*traidhātuke rāgo 'nunayasaṃyojanaḥ*). Sa caractéristique (*lakṣaṇa*) est d'être une adhérence souillée comparable à une colle fondue. On l'appelle donc **affection** (*anunaya*) et, en tant qu'entrave (*saṃyojana*), entrave d'**affection** (*anunayasaṃyojana*).

（VELTHEM［1977］pp. 21–22）

92-1. māna（māna 全般）

【参考】水野［1964］pp. 533–548, 斎藤ほか［2011］pp. 152–153, 斎藤ほか［2014］pp. 97–100, 榎本ほか［2014］pp. 200–204, 室寺ほか［2017］pp. 37–38.

māna（māna 全般、ならびにその下位分類である七種の māna の一つ目）については、宮崎ほか［2017］において五位七十五法対応語を検討した際に 57. māna として採録したが、本用例集において atimāna をはじめとする māna の下位分類を検討するに際し、参考のため一部内容を補訂したうえで再録する。ここでは 92-1. māna として māna 全般についての検討結果を示す。

Madhyamakapañcaskandhaka

【訳例】慢心
【チベット語訳】ṅa rgyal

【定義的用例】

〔和訳〕

七つの**慢心**を**慢心**の拘束（結）と言う。すなわち、慢心（→ 92. māna）、過度な慢心（→ 93. atimāna）、慢心と過度な慢心を超えた慢心（→ 94. māna-atimāna）、「私である」という慢心（→ 95. asmi-māna）、極度の慢心（→ 96. abhimāna）、邪な慢心（→ 97. mithyā-māna）、卑下する慢心（→ 98. ūna-māna）である。それは他者との正しい或いは正しくないあり方の何らかの差によって自分を構想して驕ることであって、心の本性の変化が生じる原因である汚れた心所法である。これがまず**慢心**一般である。

〔チベット語訳〕

[a]…**ṅa rgyal** bdun ni **ṅa rgyal** gyi kun tu[1] sbyor bar brjod do // 'di lta ste /[2] ṅa rgyal daṅ / lhag pa'i ṅa rgyal daṅ / ṅa rgyal las kyaṅ ṅa rgyal daṅ / ṅa'o sñam pa'i [3] ṅa rgyal daṅ / mṅon pa'i ṅa rgyal daṅ / log pa'i ṅa rgyal daṅ / cuṅ zad sñam pa'i ṅa rgyal lo // de ni bdag ñid gźan dag pas bden pa mi bden pa'i rnam pa'i khyad par 'ga' źig gis[4] yoṅs su brtags nas kheṅs par byed pa ste /[5] sems kyi[6] raṅ bźin 'gyur ba 'byuṅ ba'i rgyu sems las byuṅ ba'i chos ñon moṅs pa can te / 'di ni re źig **ṅa rgyal** spyi'o //…[a]

[1] *du* CD [2] om. CD [3] G inserts *pa'i.* [4] emended. om. CDGNP [5] om. G [6] *kyis* G

[a] AKBh ad V. 10a:

sapta mānāḥ V. 10a

māno 'timāno mānātimāno 'smimāno 'bhimāna ūnamāno mithyāmānaś ca / abhedena cittasyonnatir māna uktaḥ / sa pravṛttibhedāt saptadhā bhavati /（p. 284, *ll.* 21–23, cf. 小谷・本庄［2007］p. 57）

AS: mānaḥ katamaḥ / satkāyadṛṣṭisaṃniśrayeṇa cittasyonnatiḥ / agauravaduḥkhotpattisaṃniśrayadānakarmakaḥ /（ASG［2018］頁数未定, cf. 吉元・玉井［1975］p. 237）

AS: mānasaṃyojanaṃ sapta mānāḥ / māno 'timāno mānātimāno 'smimāno 'bhimāna ūnamāno[1] mithyāmānaś ca / [1] *un*mānaḥ* in Li's transcription.（Li［2013］p. 249, *ll.* 2–3）

AS: mānasaṃyojanena saṃyukto 'haṃkāramamakārān na parijānāti / aparijānann (2ahaṃkāramamakārābhiniviṣṭo 'kuśalaṃ samācarati / yenāyatyāṃ duḥkham abhinivarttayan duḥkhena saṃyujyate //（Li［2013］p. 249, *ll.* 15–17）

（C 253b6–254a1, D 256b7–257a2, G 351b1–3, N 283b5–7, P 294b4–7; Lindtner［1979］p. 126, *ll.* 13–20, Zh, vol. 60, p. 1577, *ll.* 6–12）

参考文献（1）

Munimatālaṃkāra

【原語】māna
【チベット語訳】ṅa rgyal

【定義的用例】

〔原文〕

mānaḥ saptadhā / tatrātmānaṃ parato bhūtenābhūtena ca viśeṣeṇa parikalpayato manyamānasya yaś cittaprakṛter vikārāpattihetuś caitasiko dharmaḥ kliṣṭo 'yaṃ sāmānyena **mānaḥ** /

（李・加納［2015］p. 25, *ll.* 19–21）

〔チベット語訳〕

ṅa rgyal ni rnam pa bdun te de la yaṅ dag pa'am yaṅ dag pa ma yin pas gźan las bdag khyad par 'phags par rtog ciṅ sems pa gaṅ źig sems kyi raṅ bźin gyi rnam par 'gyur ba ltuṅ ba'i rgyu sems las[1] byuṅ ba'i chos ñon moṅs pa can 'di ni **ṅa rgyal** gyi spyi'o //

[1] *yas* N

（C 131b1–2, D 131b7–132a1, G 207a5–6, N 151b5–7, P 156b8–157a2; AKAHANE and YOKOYAMA〔2015〕p. 100, *ll*. 10–13, 磯田〔1991〕p. 4, *ll*. 13–16, Zh, vol. 63, p. 1198, *l*. 19–p. 1199, *l*. 2）

【先行研究における翻訳】

〔原文からの和訳〕

慢は七種である。その中で、事実に即した違い、あるいは、事実に即さない違いにもとづいて、他人と比較して自らを思い描いて驕る〔場合、その〕人の心の本性に変化をもたらす原因である、汚れた心所法が、広くいえば、**慢**である。

（李ほか〔2016〕p. 59）

参考文献（2）

Abhidharmāvatāra

【チベット語訳】 ṅa rgyal
【漢訳】 慢

【定義的用例】

〔チベット語訳〕

bdag daṅ gźan la dmigs nas sems kheṅs pa'i mtshan ñid skyes bu[1] reṅs pa lta bu'i chos ni **ṅa rgyal** lo // de yaṅ rnam pa bdun te / ṅa rgyal daṅ che ba'i ṅa rgyal daṅ /[2] ṅa rgyal las kyaṅ ṅa rgyal daṅ / ṅa'o sñam[3] pa'i ṅa rgyal daṅ / mṅon pa'i ṅa rgyal daṅ / cuṅ zad sñam pa'i ṅa rgyal daṅ / log pa'i ṅa rgyal lo //

[1] *pa* P [2] om. GNP [3] *sñams* G

（C 308b6–7, D 307b6–7, G 498b6–499a1, N 410a5–7, P 399b4–6; DHAMMAJOTI［2008］p. 224, *ll.* 27–31, Zh, vol. 82, p. 1563, *ll.* 1–5）

〔漢訳〕

慢結者謂三界**慢**。以自方他徳類差別心恃舉相説名為**慢**。如傲逸者凌篾於他。此復七種。一慢、二過慢、三慢過慢、四我慢、五増上慢、六卑慢、七邪慢。

（巻上, T, vol. 28, 982c26–29）

【先行研究における翻訳と訳例】

〔チベット語訳からの和訳〕

自をも他をも対象として〔生ずる〕、傲ぶりの相あること不動鬼 stabdha-puruṣa の如き法が、**慢**である。それは、また、七種であって、(1) 慢 (2) 過慢 (3) 慢過慢 (4) 我慢 (5) 増上慢 (6) 卑慢 (7) 邪慢である。

（櫻部［1997c］p. 207）

〔漢訳からの英訳〕conceit

The **conceit** fetter (*māna-saṃyojana*) is the **conceit** in the three spheres. It is named **conceit** as it is characterized by mental elevation (*unnati*) when one compares one's own virtues with those of others, as in the case of an arrogant person (*stabdha-puruṣa*) depreciating others. It is further divided into seven kinds: (i) *māna*, (ii) *atimāna*, (iii) *mānātimāna*, (iv) *asmimāna*, (v) *abhimāna*, (vi) *ūnamāna*, (vii) *mithyāmāna*.

（DHAMMAJOTI［2008］p. 87）

〔漢訳からの仏訳〕orgueil

L'entrave d'**orgueil** (*mānasaṃyojana*) représente l'**orgueil** dans le triple monde (*traidhātuka*). Si, à la suite d'une comparaison des différences (*viśeṣa*) de qualités (*guṇa*) et de classe entre soi-même et autrui, la pensée (acquiert) un caractère de suffisance (*unnati*), on dit qu'il y a **orgueil** (*māna*), tout comme quand un homme méprisant fustige un autre avec une lamelle de bambou. Cet orgueil comprend à son tour sept catégories : l'orgueil (proprement dit) (*māna*), l'orgueil fort (*atimāna*), l'orgueil très fort (*mānātimāna*), l'orgueil du moi (*asmimāna*), l'orgueil suprême (*abhimāna*), l'orgueil de se croire seulement un peu inférieur (*ūnamāna*) et l'orgueil injustifiable (*mithyāmāna*).

(VELTHEM [1977] p. 22)

92-2. māna（七種類の māna の一番目）

【参考】水野［1964］pp. 533–548, 斎藤ほか［2011］pp. 152–153, 斎藤ほか［2014］pp. 97–100, 榎本ほか［2014］pp. 200–204, 室寺ほか［2017］pp. 37–38.

māna（māna 全般、ならびにその下位分類である七種の māna の一つ目）については、宮崎ほか［2017］において五位七十五法対応語を検討した際に 57. māna として採録したが、本用例集において atimāna をはじめとする māna の下位分類を検討するに際し、参考のため一部内容を補訂したうえで再録する。ここでは 92-2. māna として七種の māna の一つ目についての検討結果を示す。

Madhyamakapañcaskandhaka

【訳例】慢心
【チベット語訳】ṅa rgyal

【定義的用例】

〔和訳〕

それ（慢心）は発現の違いにより七種類である。その場合、世間〔の人々〕は、劣った者、同等の者、優れた者という違いにおいて、相対的に存在する。その中で、劣った者に基づいて三つのあり方を構想するその場合に、学識、道徳、家柄、容姿、権力などの点で劣った者より自分が劣っていると考える驕りであり、心の本性を変化させることを特徴とするものがまずは**慢心**と説かれる。劣った者と自分が同等であると認識することで、その通りの特別な構想を生じさせるものも**慢心**という。劣った者より自分が勝れていると認識して、特別な構想が生じることも**慢心**である。同等である者と自分が同等であると認識する特別な構想が生じることも**慢心**である。可能性として四つが設定される。

〔チベット語訳〕

de ni 'jug pa'i bye brag gis rnam pa bdun no // de la 'jig rten ni dman pa daṅ /[1] bar ma daṅ / mchog gi bye brag tu phan tshun bltos[2] nas rnam par gnas so // de la gaṅ dman pa la bltos[3] nas rnam pa gsum du rtog pa de la thos pa daṅ / tshul khrims daṅ / rigs daṅ / gzugs daṅ / dbaṅ phyug la sogs pas dman pa las bdag ñid dman no sñam du kheṅs[4] pa gaṅ sems kyi raṅ bźin 'gyur bar byed pa'i mtshan ñid can de yaṅ re źig **ṅa rgyal** źes bstan to // gaṅ yaṅ dman pa daṅ bdag mtshuṅs par dmigs pas ji ltar yoṅs su brtags pa'i khyad[5] par skyed par byed pa 'di yaṅ **ṅa rgyal** źes bya'o // [a...]gaṅ yaṅ dman pa las bdag lhag par ñe bar dmigs nas kun tu[6] rtog pa'i khyad par 'byuṅ ba de yaṅ **ṅa rgyal** lo // gaṅ yaṅ mtshuṅs pa daṅ bdag ñid mtshuṅs par ñe bar dmigs pa'i yoṅs su rtog pa'i khyad par 'byuṅ ba de yaṅ **ṅa rgyal** te /[...a] srid pa'i dbaṅ du byas nas mu bźir rnam par bźag[7] go //

[1] om. G [2] *ltos* CD [3] *ltos* CD [4] *khaṅs* N [5] *byed* C [6] *du* CD [7] *gźag* CDG

[a] AKBh ad V. 10a: hīnād viśiṣṭaḥ samena vā samo 'smīti manyamānasyonnatir mānaḥ /（p. 284, *l.* 23–p. 285, *l.* 1, cf. 櫻部［1969］p. 57）

AS: mānaḥ katamaḥ / hīnād asmi śreyān sadṛśena vā sadṛśa iti yā cittasyonnatiḥ /（Li［2013］p. 249, *l.* 4）

PSk: mānaḥ katamaḥ / hīnāc chreyān asmi sadṛśena vā sadṛśa iti yā cittasyonnatiḥ /（p. 8, *ll.* 5–6, cf. 師［2015］pp. 162–166）

（C 254a1–4, D 257a2–5, G 351b3–352a1, N 283b7–284a4, P 294b7–295a3; Lindtner［1979］p. 126, *l.* 20–p. 127, *l.* 2, Zh, vol. 60, p. 1577, *l.* 12–p. 1578, *l.* 3）

参考文献（1）

Munimatālaṃkāra

【原語】māna
【チベット語訳】ṅa rgyal

【定義的用例】

〔原文〕

tasya pravṛttibhedād bhedaḥ // tatra śrutaśīlakularūpaiśvaryādibhir hīnād ātmānaṃ hīnaṃ sadṛśam adhikam vā sadṛśena sadṛśaṃ vopalabhya parikalpaviśeṣo **mānaḥ** //

（李・加納［2015］p. 25, *l.* 21–p. 26, *l.* 1）

〔チベット語訳〕

de ni 'jug pa'i bye brag gis tha dad pa ste de la[1] thos pa daṅ tshul khrims daṅ rigs daṅ gzugs daṅ dbaṅ phyug la sogs pa rnams kyis dman pa las bdag ñid dman pa daṅ 'dra ba daṅ lhag pa'am mtshuṅs pa daṅ mtshuṅs par ñe bar dmigs nas yoṅs su rtog pa'i khyad par ni **ṅa rgyal** lo //

[1] *las* GNP

（C 131b2–3, D 132a1–2, G 207a6–b2, N 151b7–152a1, P 157a2–3; Akahane and Yokoyama［2015］p. 100, *ll.* 15–19, 磯田［1991］p. 4, *ll.* 16–19, Zh, vol. 63, p. 1199, *ll.* 2–5）

【先行研究における翻訳】

〔原文からの和訳〕

それの発現の区別によって〔七種の〕区別がある。学識、道徳、家柄、容姿、権力などの点で、劣った者よりも自分が劣っている、同等である、あるいは優れていると、もしくは同等の者と同等であると認識した後に〔発現する〕特別な思い込み（parikalpaviśeṣa）が**慢**である。

（李ほか［2016］p. 59）

参考文献（2）

Abhidharmāvatāra

【チベット語訳】ṅa rgyal
【漢訳】慢

【定義的用例】

〔チベット語訳〕

… **ṅa rgyal** ni chuṅ ṅu bas bdag rus daṅ rigs daṅ gzugs daṅ / nor daṅ thos pa daṅ / tshul khrims daṅ / bzo la sogs pa dag gis bye brag tu 'phags pa 'am / rus la sogs pa 'dra ba daṅ [1] mtshuṅs so sñam pa de'i rgyu las byuṅ ba'i sems de ni **ṅa rgyal** źes bya'o //

[1]) GNP insert /.

（C 308b7–309a1, D 307b7–308a1, G 499a1–3, N 410a7–b1, P 399b6–7; DHAMMAJOTI［2008］p. 224, *ll*. 34–37, Zh, vol. 82, p. 1563, *ll*. 5–8）

〔漢訳〕

謂因族姓財位色力持戒多聞工巧等事、若於劣謂已勝、或於等謂己等、由此令心高舉名**慢**。

（巻上, T, vol. 28, 982c29–983a2）

【先行研究における翻訳と訳例】

〔チベット語訳からの和訳〕

… 慢とは、〔自らより〕劣ったものに対してわれは家柄や種族や容貌や財産や見聞の知識や平生の振舞や技芸などにおいて〔彼より〕勝れているとし、家柄その他が似通っているものに対して〔われは彼と〕等しいとする、それを因として生ずるこの〔傲ぶる〕心のはたらきが**慢**といわれる。

（櫻部［1997c］pp. 207–208）

〔漢訳からの英訳〕

If, with regard to these — clan (*kula*), lineage (*gotra*), wealth (*dhana*), appearance (*varṇa*), strength (*bala*), observance of the precepts (*śīla*), learning (*bāhuśrutya*), skill in the arts and crafts (*śilpa*) etc. — others are inferior and one claims that one is superior, or others are equal to one, and one claims that one is equal; the mental elevation so produced is named ***māna***.

（DHAMMAJOTI［2008］p. 87）

〔漢訳からの仏訳〕orgueil

Si, eu égard à son clan (*gotra*), ses richesses (*artha*), sa prestance (*rūpa*), sa force (*bala*), sa moralité (*śīla*), son érudition (*śruta*), son habileté (*kauśalya*), etc., on se considère supérieur à un petit ou égal à un moyen et que la pensée s'en exalte, il s'agit d'**orgueil** (proprement dit) (*hīnād viśiṣṭaḥ samena vā samo 'smīti manyamānasyonnatir mānaḥ*).

（VELTHEM［1977］pp. 22–23）

93. atimāna

【参考】水野［1964］pp. 533–548，斎藤ほか［2014］pp. 97–100.

Madhyamakapañcaskandhaka

【訳例】過度な慢心
【チベット語訳】lhag pa'i ṅa rgyal

【定義的用例】

〔和訳〕

(1 非常に劣った自分よりも〔優れた〕この者と 1) 自分が同等であると考えて、過度に慢心することが**過度な慢心**である。慢心（→ 92. māna）の特徴を超えて働くから、**過度な慢心**である。

1) この箇所に関しては『中観五蘊論』のチベット語訳に読みにくさが残る。以下に示す『牟尼意趣荘厳』における定義と比較すると、サンスクリット原典において、あるいはそれをチベット語に翻訳する過程において何らかの混乱があったと予想される。ここでは『中観五蘊論』のチベット語訳にそった和訳を提示する。

〔チベット語訳〕

a...gaṅ bdag[1)] śin tu dman pa yin pa las 'di daṅ bdag mtshuṅs so sñam[2)] nas lhag par ṅa rgyal byed pa de ni **lhag pa'i ṅa rgyal** te /...a ṅa rgyal gyi[3)] mtshan ñid las śin tu 'das nas 'jug pas **lhag pa'i ṅa rgyal** lo //

1) *dag* CD　2) *sñams* G　3) *gyis* G

a AKBh ad V. 10a:
samād viśiṣṭo 'smīty atimānaḥ /（p. 285, *l.* 1, cf. 櫻部［1969］p. 57）

AS: atimānaḥ katamaḥ / sadṛśād asmi śreyān śreyasā vā sadṛśa iti yā cittasyonnatiḥ /（Li［2013］p. 249, *l.* 5）

PSk: atimānaḥ katamaḥ / sadṛśāc chreyān asmi śreyasā vā sadṛśa iti yā cittasyonnatiḥ /（p. 8, *ll.* 7–8, cf. 師［2015］pp. 162–166）

（C 254a4–5, D 257a5–6, G 352a1–2, N 284a4–5, P 295a3–4; LINDTNER［1979］p. 127, *ll*. 3–6, Zh, vol. 60, p. 1578, *ll*. 3–6）

参考文献（1）

Munimatālaṃkāra

【原語**】** atimāna
【チベット語訳**】** lhag pa'i ṅa rgyal

【定義的用用例**】**

〔原文〕

viśiṣṭān nyūnasyātmanas tulyatātimananam[1)] **atimānaḥ** //

1) 李ほか［2016］p. 60, 注 3 の指摘に従い、tulyatābhimananam を tulyatātimananam と訂正する。

（李・加納［2015］p. 26, *l*. 2）

〔チベット語訳〕

khyad par du 'phags pa rnams daṅ bdag dman pa mñam pa ñid du mṅon par ṅa rgyal ba ni **lhag pa'i ṅa rgyal** lo //

（C 131b3, D 132a2, G 207b2–3, N 152a1–2, P 157a3–4; AKAHANE and YOKOYAMA［2015］p. 100, *l*. 21–p. 101, *l*. 2, 磯田［1991］p. 4, *ll*. 19–21, Zh, vol. 63, p. 1199, *ll*. 6–7）

【先行研究における翻訳**】**

〔原文からの和訳〕

優れている者よりも劣っている自分を〔曲解して〕同等であると過度に慢心することが、**過慢**である。

（李ほか［2016］p. 60）

参考文献（2）

Abhidharmāvatāra

【チベット語訳】che ba'i ṅa rgyal
【漢訳】過慢

【定義的用例】

〔チベット語訳〕

che ba'i ṅa rgyal ni mtshuṅs pa bas bdag rus la sogs pa dag[1)] gis bye brag tu 'phags pa'am / che ba daṅ mtshuṅs so sñam pa des draṅs pa'i[2)] sems kheṅs pa ni **che ba'i ṅa rgyal** lo //

1) *daṅ* P　2) *po'i* N

（C 309a1–2, D 308a1–2 , G 499a3, N 410b1–2, P 399b7–8; Dhammajoti［2008］p. 225, *ll.* 3–5, Zh, vol. 82, p. 1563, *ll.* 9–11）

〔漢訳〕

若於等謂己勝、或於勝謂己等、由此令心高擧名**過慢**。

（巻上, T, vol. 28, 983a2–3）

【先行研究における翻訳と訳例】

〔チベット語訳からの和訳〕

過慢 adhimāna とは、〔自らと〕等しいものに対してわれは家柄その他においてより勝れているとし、〔自らより〕偉れたものに対して〔われは彼と〕等しいとする、ということから引出された傲ぶる心のはたらきが**過慢**である。

（櫻部［1997c］p. 208）

〔漢訳からの英訳〕

If others are equal to one, and one claims one is superior, or if others are superior and one claims one is equal; the mental elevation so produced is named ***atimāna***.

（Dhammajoti［2008］p. 87）

93. atimāna

〔漢訳からの仏訳〕 orgueil fort

Si l'on se proclame supérieur à un égal ou égal à un supérieur et que la pensée s'en exalte, il y a **orgueil fort** (*samād viśiṣṭo viśiṣṭena vā samo 'smīti manyamānasyonnatir atimānaḥ*).

（VELTHEM［1977］p. 23）

94. māna-atimāna

【参考】水野［1964］pp. 533–548，斎藤ほか［2014］pp. 97–100.

Madhyamakapañcaskandhaka

【訳例】慢心と過度な慢心を超えた慢心
【チベット語訳】ṅa rgyal las kyaṅ ṅa rgyal

【定義的用例】

〔和訳〕

優れた者よりも自分が優れていると構想して驕ることが**慢心と過度な慢心を超えた慢心**である。**慢心と過度な慢心を超えた慢心**という言葉を立てる理由は、先のそれら（慢心（→ 92. māna）、過度な慢心（→ 93. atimāna））よりもさらに悪事へと向かうと知るためである。

〔チベット語訳〕

[a...]gaṅ khyad par du 'phags pa las kyaṅ / bdag khyad par can du rnam par brtags nas kheṅs par byed pa de ni **ṅa rgyal las kyaṅ ṅa rgyal** te /[...a] **ṅa rgyal las kyaṅ ṅa rgyal** gyi sgra 'jug pa'i[1)] rgyu ni sṅar gyi de dag las kyaṅ sdig pa la 'jug pa ñid du śes pa'i phyir ro //

[1)] *pa'o* N

[a] AKBh ad V. 10a:
viśiṣṭād viśiṣṭo 'smīti mānātimānaḥ /（p. 285, *l*. 1, cf. 小谷・本庄［2007］p. 57）

AS: mānātimānaḥ katamaḥ / śreyasaḥ śreyastaro 'smīti yā cittasyonnatiḥ //（Li［2013］p. 249, *l*. 7）

PSk: mānātimānaḥ katamaḥ / śreyasaḥ śreyān asmīti yā cittasyonnatiḥ /（p. 8, *ll*. 9–10, cf. 師［2015］pp. 162–166）

（C 254a5–6, D 295a6–7, G 352a2–4, N 284a5–6, P 295a4–6; Lindtner［1979］p. 127, *ll*. 7–10, Zh, vol. 60, p. 1578, *ll*. 6–9）

参考文献（1）

Munimatālaṃkāra

【原語】mānātimāna
【チベット語訳】ṅa rgyal las kyaṅ ṅa rgyal

【定義的用例】

〔原文〕

viśiṣṭād api viśiṣṭātmamananaṃ **mānātimānaḥ** //

（李・加納［2015］p. 26, *l*. 3）

〔チベット語訳〕

khyad par du 'phags pa las kyaṅ bdag khyad par du 'phags par sems pa ni **ṅa rgyal las kyaṅ ṅa rgyal** lo //

（C 131b3–4, D 132a2–3, G 207b3–4, N 152a2–3, P 157a4–5; Akahane and Yokoyama［2015］p. 101, *ll*. 4–7, 磯田［1991］p. 4, *ll*. 21–22, Zh, vol. 63, p. 1199, *ll*. 7–8）

【先行研究における翻訳】

〔原文からの和訳〕

優れている者よりもさらに優れている自分を〔妄想して〕慢心することが、**慢過慢**である。

（李ほか［2016］p. 60）

参考文献（2）

Abhidharmāvatāra

【チベット語訳】ṅa rgyal las kyaṅ ṅa rgyal
【漢訳】慢過慢

【定義的用例】

〔チベット語訳〕

ṅa rgyal las kyaṅ ṅa rgyal ni che ba bas kyaṅ bdag ches che'o[1)] sñam pa des draṅs pa'i sems kheṅs pa'o //

[1)] *che ba'o* // NP, *che lo* D

（C 309a2, D 308a2, G 499a3–4, N 410b2, P 399b8; DHAMMAJOTI［2008］p. 225, *ll.* 7–8, Zh, vol. 82, p. 1563, *ll.* 11–12）

〔漢訳〕

若於勝謂己勝、由此令心高擧名**慢過慢**。

（巻上, T, vol. 28, 983a3–4）

【先行研究における翻訳と訳例】

〔チベット語訳からの和訳〕

慢過慢 mānātimāna とは〔自らより〕偉れたものに対してわれは〔それ〕より逢かに偉れているとすることより引出された傲ぶる心のはたらきである。

（櫻部［1997c］p. 208）

〔漢訳からの英訳〕

If others are superior, and one claims one is superior, the mental elevation so produced is named ***mānātimāna***.

（DHAMMAJOTI［2008］p. 87）

〔漢訳からの仏訳〕orgueil très fort

Si l'on se proclame supérieur à un grand et que la pensée s'en exalte, on parle d'**orgueil très fort** (*viśiṣṭād viśiṣṭo 'smīti manyamānasyonnatir mānātimānaḥ*).

（VELTHEM［1977］p. 23）

95. asmi-māna

【参考】水野［1964］pp. 533–548，斎藤ほか［2014］pp. 97–100，佐々木［1957］.

Madhyamakapañcaskandhaka

【訳例】「私である」という慢心
【チベット語訳】ṅa'o sñam pa'i ṅa rgyal

【定義的用例】

〔和訳〕

空である、取得と関わる五つのグループ（五取蘊）に対して、「私」と構想することが**「私である」という慢心**である。「私」と慢心するという意味である。我を設定する因であるから、〔煩悩の〕漏れを有するグループが取得と関わるグループである。また、取得、すなわち煩悩から生じるから、取得と関わるグループである。草の火や籾殻の火というように。あるいは取得に従属するから、取得と関わる五つのグループである。王臣のように。あるいは取得がそれらから生じるから、取得と関わるグループである。花の木や果実の木のように。(1 それは空であり、依拠して仮に設定されるので、我というものを欠いているから、固有の本質を持たないが 1)、以上のようなあり方に対する愚かさ（moha, → 86. amoha）から、それらを「私」と捉えることが**「私である」という慢心**である。

[1] この部分に関しては、『中観五蘊論』と『牟尼意趣荘厳』との間で解説に差がみられる。『中観五蘊論』のチベット語訳に何らかの混乱があった可能性も考えられるが、ここでは同論のチベット語訳に沿って和訳をする。

〔チベット語訳〕

[a…] ñe bar len pa'i phuṅ po lṅa po stoṅ pa ñid la gaṅ bdag go źes yoṅs su rtog pa ni **ṅa'o sñam pa'i ṅa rgyal** te bdag tu ṅa rgyal byed ces[1] bya ba'i tha tshig go //[…a] [b…] bdag tu rnam par brtag pa'i rgyur gyur pas zag pa daṅ bcas pa'i phuṅ po ni ñe bar len pa'i phuṅ po'o // yaṅ na ñe bar len pa ste / ñon moṅs pa dag las rab tu byuṅ ba'i phyir ñe bar len pa'i phuṅ po ste rtswa daṅ phub ma'i me źes bya ba bźin no // ñe bar len pa [2] la rag lus pa ñid kyis kyaṅ ñe bar len pa'i phuṅ po ste [3] rgyal po'i skyes bu bźin no // ñe bar len pa rnams de dag las byuṅ ba ñid kyis kyaṅ ñe bar len pa'i phuṅ po[4] ste me tog daṅ 'bras bu'i [5] śiṅ bźin no //...[b] de ni stoṅ pa ste ñe bar brten nas btags[6] pas / bdag gi rdzas daṅ bral ba ñid kyis ṅo bo med pa ñid de / de dag de lta bu'i tshul la rmoṅs pas bdag go źes[7] 'dzin pa ni **ṅa'o sñam pa'i ṅa rgyal** lo //

[1] *ciṅ* GNP [2] G inserts *pa*. [3] G inserts /. [4] om. G [5] G inserts *bu*. [6] *brtags* GNP [7] *źis* N

[a] AKBh ad V. 10a:
pañcopādānaskandhān ātmata ātmīyato vā manyamānasyāsmimānaḥ /（p. 285, *l*. 2, cf. 小谷・本庄［2007］pp. 57–58）

AS: asmimānaḥ katamaḥ / pañcopādānaskandhān ātmata ātmīyato vā samanupaśyato yā citta-syonnatiḥ //（Li［2013］p. 249, *ll*. 8–9）

PSk: asmimānaḥ katamaḥ / pañcopādānaskandhān ātmata ātmīyato vā samanupaśyato yā cittasyonnatiḥ /（p. 8, *ll*. 11–12, cf. 師［2015］pp. 162–166）

[b] AKBh ad I. 8ab: ta eva punaḥ saṃskṛtā dharmāḥ

ye sāsravā upādānaskandhās te I. 8ab

ataḥ kiṃ siddham / ya upādānaskandhāḥ skandhā api te syuḥ skandhā eva nopādānaskandhāḥ / anāsravāḥ saṃskārā iti / tatra upādānāni kleśāḥ / tatsaṃbhūtatvād upādānaskandhāḥ / tṛṇatu-ṣāgnivat / tadvidheyatvād vā rājapuruṣavat / upādānāni vā tebhyaḥ saṃbhavantīti upādāna-skandhāḥ puṣpaphalavṛkṣavat /（p. 6, *l*. 7–p. 7, *l*. 3, cf. 櫻部［1969］pp. 147–148）

（C 254a6–b2, D 257a7–b3, G 352a4–b1, N 284a6–b2, P 295a6–b2; Lindtner［1979］p. 127, *ll*. 11–23, Zh, vol. 60, p. 1578, *ll*. 9–20）

参考文献（1）

Munimatālaṃkāra

【原語】asmimāna
【チベット語訳】ṅa'o sñam pa'i ṅa rgyal

【定義的用例】

〔原文〕

pañcopādānaskandheṣu śūnyeṣv aham iti parikalpo **'smimāno** 'haṃmānaś ca / (1sāsravāḥ skandhā ātmaprajñaptihetutvād vā upādānāni kleśāḥ / tebhyaḥ prasūtatvād vā upādānavidheyatvād vā / upādānāni vā tebhyaḥ sambhavantīty upādānaskandhāḥ /1) te ca śūnyā upādāya prajñapyamānā ātmavasturahitatvāt svabhāvarahitatvāc ca / teṣu mohād aham iti grāho **'smimānaḥ** //

1) 李ほか［2016］p. 60, 注 4 の指示に従い、原文を訂正する。

（李・加納［2015］p. 26, *ll.* 4–9）

〔チベット語訳〕

ñe bar len pa'i phuṅ po lṅa po stoṅ pa rnams la ṅa'o źes yoṅs su rtog pa ni **ṅa'o sñam pa'i ṅa rgyal** te bdag tu ṅa rgyal ba yaṅ ṅo // zag pa daṅ bcas pa'i phuṅ po rnams ñe bar len pa ste bdag tu 'dogs pa'i rgyu ñid kyi phyir ram / yaṅ na ñon moṅs pa rnams ni [1] de rnams las[2] skyes pa ñid kyi phyir ñe bar len pa rnams [3] bzuṅ bya'i phyir ñe bar len pa rnams te / de rnams las yaṅ dag par byuṅ bas ñe bar len pa'i phuṅ po rnams so //[4] de rnams kyaṅ stoṅ pa brten nas gdags par bya ba rnams te /[5] bdag gi dṅos po daṅ bral ba'i phyir daṅ raṅ bźin daṅ bral ba'i phyir ro // de rnams la rmoṅs pa las ṅa'o źes 'dzin pa ni **ṅa'o sñam pa'i ṅa rgyal** lo //

1) N inserts /. 2) *la* GNP 3) GNP insert *sam*. 4) / N 5) om. CD

（C 131b4–6, D 132a3–5, G 207b4–208a1, N 152a3–6, P 157a5–b1; Akahane and Yokoyama［2015］p. 101, *ll.* 9–18, 磯田［1991］p. 4, *ll.* 22–29, Zh, vol. 63, p. 1199, *ll.* 8–17）

【先行研究における翻訳】

〔原文からの和訳〕

空である五取蘊に対して「私である」と構想することが、**我慢**（「私であるという慢心」）であり、また「私が」と慢心すること（ahaṃmāna）である。有漏の〔五〕蘊が取であり、煩悩である。我を仮設する因だからである。〔それらは取蘊といわれるが、その理由は〕それら（取）から生じるからである、もしくは取によって規定されるからである。あるいは、取がそれら（蘊）から生じるから取蘊という。そしてそれらは空であるが、依拠してから（upādāya）仮設される。我という事物を欠いているからであり、本性を欠いているからである。それらに対する無知（moha）ゆえに、「私である」と把握することが、**我慢**である。

（李ほか［2016］p. 60）

参考文献（2）

Abhidharmāvatāra

【チベット語訳】ṅa'o sñam pa'i ṅa rgyal
【漢訳】我慢

【定義的用例】

〔チベット語訳〕

ṅa'o sñam pa'i ṅa rgyal ni bdag tu lta ba'i rjes las byuṅ[1] ba'i sems [2] kheṅs pa'o //

[1] *dbyuṅ* P [2] P inserts *kheṅs*.

（C 309a2–3, D 308a2, G 499a4, N 410b2, P 399b8–400a1; Dhammajoti［2008］p. 225, *ll.* 10–11, Zh, vol. 82, p. 1563, *ll.* 12–13）

〔漢訳〕

若於五取蘊執我我所、由此令心高舉名**我慢**。

（巻上, T, vol. 28, 983a4–5）

【先行研究における翻訳と訳例】

〔チベット語訳からの和訳〕

我慢 asmimāna とは、我見 ātmadṛṣṭi を先として生ずる傲ぶる心のはたらきである。

（櫻部［1997c］p. 208）

95. asmi-māna

〔漢訳からの英訳〕

If one clings to the five aggregates of grasping (*pañcopādānaskandha*) as the Self (*ātman*) or what pertains to the Self (*ātmīya*), the mental elevation so produced is ***asmimāna***.

（DHAMMAJOTI［2008］p. 87）

〔漢訳からの仏訳〕 orgueil du moi

Si l'on saisit le moi et le mien dans les cinq agrégats d'attachement et que la pensée en retire de l'orgueil, il y a **orgueil du moi** (*pañcopādānaskandhān ātmata ātmī-yato vā manyamānasyāsmimānaḥ*).

（VELTHEM［1977］p. 23）

96. abhimāna

【参考】水野［1964］pp. 533–548，斎藤ほか［2014］pp. 97–100.

Madhyamakapañcaskandhaka

【訳例】極度の慢心
【チベット語訳】mṅon pa'i ṅa rgyal

【定義的用例】

〔和訳〕

体得すべき最高に勝れたものを獲得していないのに、私はそれを得たと目の当たりにして慢心することが**極度の慢心**である。その中で、体得すべき最高に勝れたものとは、欲〔界〕の貪り（→ 55. rāga）などの人間のありふれた性質を超えて存在するものである。すなわち、禅定、禅定の結果、精神集中（→ 22. samādhi）、精神集中の結果などであると知るべきである。

〔チベット語訳〕

[a]…goṅ ma'i khyad par rtogs par bya ba[1)] ma thob par de bdag gis thob bo sñam du gaṅ la mṅon du phyogs nas kheṅs par byed pa de ni **mṅon pa'i ṅa rgyal** lo //…[a] de la goṅ ma'i khyad par rtogs par bya ba ni mi'i chos tha mal pa 'dod pa'i 'dod chags la sogs pa las śin tu[2)] 'das nas gaṅ rnam par gnas pa ste / 'di lta ste bsam gtan daṅ / bsam gtan gyi 'bras bu daṅ / tiṅ ṅe[3)] 'dzin daṅ / tiṅ ṅe 'dzin gyi 'bras bu la sogs pa śes pa'o //

[1)] *bar* G　[2)] *du* N　[3)] *ṅa* N

[a] AKBh ad V. 10a:
aprāpte viśeṣādhigame prāpto mayety abhimānaḥ /（p. 285, *ll.* 2–3, cf. 小谷・本庄［2007］p. 58）

AS: abhimānaḥ katamaḥ / aprāpte uttari viśeṣādhigame prāpto me uttari viśeṣādhigama iti yā cittasyonnatiḥ //（Li［2013］p. 249, *ll.* 10–11）

PSk: abhimānaḥ katamaḥ / aprāpta uttare viśeṣādhigame prāpto mayeti yā cittasyonnatiḥ /（p. 9, *ll.* 13–14, cf. 師［2015］pp. 162–166）

（C 254b2–4, D 257b3–4, G 352b1–3, N 284b2–4, P 295b2–4; LINDTNER［1979］p. 127, *ll.* 24–30, Zh, vol. 60, p. 1578, *l.* 20–p. 1579, *l.* 5）

参考文献（1）

Munimatālaṃkāra

【原語】abhimāna
【チベット語訳】mṅon pa'i ṅa rgyal

【定義的用例】

〔原文〕

aprāpte uttariviśeṣasya dhyānasamādhimārgaphalāder adhigame prāpto mayety ābhimukhyena mananam **abhimānaḥ** //

（李・加納［2015］p. 26, *ll.* 10–11）

〔チベット語訳〕

bsam gtan daṅ tiṅ ṅe 'dzin daṅ lam daṅ 'bras bu la sogs pa'i rtogs pa mchog tu khyad par du 'phags pa thob pa med par bdag gis thob po źes mṅon du phyogs pas sems pa ni **mṅon pa'i ṅa rgyal** lo //

（C 131b6, D 132a5–6, G 208a1–2, N 152a6–7, P 157b1–2; AKAHANE and YOKOYAMA［2015］p. 102, *ll.* 1–4, 磯田［1991］p. 4, *ll.* 30–32, Zh, vol. 63, p. 1199, *ll.* 17–20）

【先行研究における翻訳】

〔原文からの和訳〕

禅定、三昧、道、果などの特に優れたものについての証得がいまだ得られていないのにもかかわらず、「私は得た」とありありと体感して慢心することが、**増上慢**である。

（李ほか［2016］p. 60）

参考文献（2）

Abhidharmāvatāra

【チベット語訳】mṅon pa'i ṅa rgyal
【漢訳】増上慢

【定義的用例】

〔チベット語訳〕

mṅon pa'i ṅa rgyal ni rgyun du[1)] źugs pa'i 'bras bu la sogs pa goṅ ma'i khyad par thob par bya ba ma thob par[2)] bdag gis thob po sñam pa de'i rgyu las byuṅ ba'i sems kyi rlom sems so //

[1)] *tu* GNP　[2)] *pa* CD

（C 309a3, D 308a2–3, G 499a4–5, N 410b2–3, P 400a1; Dhammajoti［2008］p. 225, *ll.* 13–15, Zh, vol. 82, p. 1563, *ll.* 13–15）

〔漢訳〕

若於未證得預流果等殊勝徳中謂已證得、由此令心高舉名**増上慢**。

（巻上, T, vol. 28, 983a5–7）

【先行研究における翻訳と訳例】

〔チベット語訳からの和訳〕

増上慢 abhimāna とは預流果などのはなはだすぐれたる所得〔の果〕を、未だ得ないのに、われは既に得たとすることから生ずる心の矜りである。

（櫻部［1997c］p. 208）

〔漢訳からの英訳〕

If one has not attained the distinctive attainment (*viśeṣādhigama*) of the fruit of stream-entry (*srotaāpatti*) and one claims that one has, the mental elevation so produced is ***abhimāna***.

（Dhammajoti［2008］p. 88）

96. abhimāna

〔漢訳からの仏訳〕 orgueil suprême

Si, sans avoir obtenu ces hautes qualités que sont le fruit d'entrée dans le courant, etc., on prétend les avoir obtenues et si la pensée s'en exalte, c'est l'**orgueil suprême** (*aprāpte srotaāpannaphalādiviśeṣādhigame prāpto mayeti manyamānasyonnatir abhimānaḥ*).

（VELTHEM［1977］p. 23）

97. mithyā-māna

【参考】水野［1964］pp. 533–548，斎藤ほか［2014］pp. 97–100.

Madhyamakapañcaskandhaka

【訳例】邪な慢心
【チベット語訳】log pa'i ṅa rgyal

【定義的用例】

〔和訳〕

邪な行為へと向かっている者が邪な行為を認めないという結果をともなう法であり、殺害などの行為をなすことに対する慢心（→ 92. māna）である。〔人を〕歓ばせて〔邪な行為へと向かうように〕働く慢心が**邪な慢心**である。

〔チベット語訳〕

[a...]log pa'i las la źugs pas gaṅ log pa'i las mi 'dod pa'i 'bras bu can gyi chos gsod pa la sogs pa'i las byed pa la ṅa rgyal te /[...a] gaṅ spro bar byed ciṅ 'jug pa'i ṅa rgyal ni **log pa'i ṅa rgya**l źes brjod do //

[a] AKBh ad V. 10a:
aguṇavato guṇavān asmīti mithyāmānaḥ /（p. 285, *ll*. 4–5, cf. 小谷・本庄［2007］p. 58）

AS: mithyāmānaḥ katamaḥ / aguṇavato guṇavān asmīti yā cittasyonnatiḥ //（Li［2013］p. 249, *l*. 14）

PSk: mithyāmānaḥ katamaḥ / aguṇavato guṇavān asmīti yā cittasyonnatiḥ /（p. 9, *ll*. 3–4, cf. 師［2015］pp. 162–166）

（C 254b4–5, D 257b4–5, G 352b3–4, N 284b4–5, P 295b4–5; Lindtner［1979］p. 127, *ll*. 31–34, Zh, vol. 60, p. 1579, *ll*. 5–7）

参考文献（1）

Munimatālaṃkāra

【原語】mithyā-māna
【チベット語訳】log pa'i ṅa rgyal

【定義的用例】

〔原文〕

mithyākarmaṇā vadhasteyādeḥ pāpasya kriyayā ślāghonnatigamanān **mithyā-mānaḥ** //

（李・加納［2015］p. 26, *ll.* 12–13）

〔チベット語訳〕

log pa'i las gsod pa daṅ rku[1] ba la sogs pa sdig pa'i bya ba la bsṅags pa daṅ mtho bar[2] gyur pa ni **log pa'i ṅa rgyal** lo //

[1] *ku* C [2] *par* G

（C 131b6–7, D 132a6, G 208a3, N 152a7–b1, P 157b2–3; Akahane and Yokoyama［2015］p. 102, *ll.* 6–8, 磯田［1991］p. 4, *ll.* 32–33, Zh, vol. 63, p. 1199, *ll.* 20–21）

【先行研究における翻訳】

〔原文からの和訳〕

邪な行い、つまり、殺生や偸盗などの罪ある行いをすることによって、称讃（自画自賛）して高揚することから、**邪慢**がある。

（李ほか［2016］p. 60）

参考文献（2）

Abhidharmāvatāra

【チベット語訳】log pa'i ṅa rgyal
【漢訳】邪慢

【定義的用例】

〔チベット語訳〕

log pa'i ṅa rgyal ni yon tan ma yin pa daṅ ldan yaṅ bdag yon tan daṅ ldan par lta źiṅ des rlom sems pa'o //

（C 309a4, D 308a3–4, G 499a6, N 410b4, P 400a2–3; Dhammajoti［2008］p. 225, *ll*. 20–21, Zh, vol. 82, p. 1563, *ll*. 17–19）

〔漢訳〕

若實無徳謂己有徳、由此令心高擧名**邪慢**。

（巻上, T, vol. 28, 983a8–9）

【先行研究における翻訳と訳例】

〔チベット語訳からの和訳〕

邪慢 mithyāmāna とは、悪徳 nirguṇa を具えているのに、われは徳を具えていると見て、このことから〔生ずる〕心の矜りである。

（櫻部［1997c］p. 208）

〔漢訳からの英訳〕

If one claims that one has virtues when in reality one has not, the mental elevation so produced is named ***mithyāmāna***.

（Dhammajoti［2008］p. 88）

97. mithyā-māna

〔漢訳からの仏訳〕 orgueil injustifiable

Si, n'ayant vraiment aucune qualité, on dit en posséder et que la pensée s'en exalte, il s'agit de l'**orgueil injustifiable** (*aguṇavato guṇavān asmīti manyamānasyonnatir mithyāmānaḥ*).

（VELTHEM［1977］p. 23）

98. ūna-māna

【参考】水野［1964］pp. 533–548，斎藤ほか［2014］pp. 97–100.

Madhyamakapañcaskandhaka

【訳例】卑下する慢心
【チベット語訳】cuṅ zad sñam pa'i ṅa rgyal

【定義的用例】

〔和訳〕

なすべき一切のことを成し遂げることに対して自分には能力がないと考えて、自分を対象として軽蔑し、自分を勝れたものではないと考えることが**卑下する慢心**である。

〔チベット語訳〕

[a…]bya ba thams cad sgrub pa la bdag la nus pa med do [1)] źes brtags[2)] te bdag la dmigs nas brñas pa ste / gaṅ bdag la dam pa ma yin par yoṅs su rtog[3)] pa de ni **cuṅ zad sñam pa'i ṅa rgyal** lo //[…a]

[1)] GNP insert //. [2)] *btags* CD [3)] *tog* P

[a] AKBh ad V. 10a: bahvantaraviśiṣṭād alpāntarahīno 'smīty ūnamānaḥ /（p. 285, *l.* 4, cf. 小谷・本庄［2007］p. 58）

AKBh ad V. 10ab: yuktas tāvad bahvantaraviśiṣṭād alpāntarahīno 'smīty ūnamāna, unnatisthānatvāt / nāsti me hīna ity atra kim unnatisthānam / asti sadṛśo yo 'bhiprete vare sattvarāśau nihīnam apy ātmānaṃ bahu manyate /（p. 285, *ll.* 10–12, cf. 小谷・本庄［2007］p. 58）

AS: ūnamānaḥ[1)] katamaḥ / bahavo 'ntaraviśiṣṭād alpāntarahīno 'smīti yā cittasyonnatiḥ //
[1)] *un*mānaḥ* in Li's transcription.（Li［2013］p. 249, *ll.* 12–13）

PSk: ūnamānaḥ katamaḥ / bahvantaraviśiṣṭād alpāntarahīno 'smīti yā cittasyonnatiḥ /（p. 9, *ll.* 1–2, cf. 師［2015］pp. 162–166）

（C 254b5, D 257b5–6, G 352b4–5, N 284b5–6, P 295b5–6; LINDTNER［1979］p. 128, *ll.* 1–4, Zh, vol. 60, p. 1579, *ll.* 7–10）

参考文献（1）

Munimatālaṃkāra

【原語】ūna-mānaḥ
【チベット語訳】cuṅ zad kyi ṅa rgyal

【定義的用例】

〔原文〕

sarvakāryaniṣpādanāsamartham ātmānaṃ kalpayata ātmāvasādaparikalpa **ūna-mānaḥ** //

（李・加納［2015］p. 26, *ll.* 14–15）

〔チベット語訳〕

bdag ñid la bya ba thams cad sgrub[1)] pa'i nus pa med par yoṅs su rtog pa daṅ bdag ñid la dman par yoṅs su rtog pa ni[2)] **cuṅ zad kyi ṅa rgyal** lo //

[1)] *bsgrub* GNP　[2)] *na* P

（C 131b7, D 132a6–7, G 208a4, N 152b1–2, P 157b3–4; AKAHANE and YOKOYAMA［2015］p. 102, *ll.* 10–13, 磯田［1991］p. 4, *ll.* 33–35, Zh, vol. 63, p. 1199, *l.* 21–p. 1200, *l.* 2）

【先行研究における翻訳】

〔原文からの和訳〕

自分はどんな義務もなしえないと妄想する者のもつ、自分を貶める思い込みが、**劣慢**である。

（李ほか［2016］p. 60）

参考文献（2）

Abhidharmāvatāra

【チベット語訳】cuṅ zad sñam pa'i ṅa rgyal
【漢訳】卑慢

【定義的用例】

〔チベット語訳〕

cuṅ[1] **zad sñam pa'i ṅa rgyal** ni rigs la sogs pa khyad ches 'phags pa bas bdag cuṅ zad cig gis chuṅ bar lta źiṅ des rlom sems pa'o //

[1] *chuṅ* GNP

（C 309a3–4, D 308a3, G 499a5–6, N 410b3–4, P 400a2; DHAMMAJOTI［2008］p. 225, *ll.* 17–18, Zh, vol. 82, p. 1563, *ll.* 16–17）

〔漢訳〕

若於多分族姓等勝中謂己少劣、由此令心高擧名**卑慢**。

（巻上, T, vol. 28, 983a7–8）

【先行研究における翻訳と訳例】

〔チベット語訳からの和訳〕

卑慢 ūnamāna とは家柄などの〔自らより〕遙かに勝るものに対してわれは〔彼より〕少しばかり劣っていると見て、このことから〔生ずる〕心の矜りである。

（櫻部［1997c］p. 208）

〔漢訳からの英訳〕

If others excel one greatly, in respect of clan and lineage, etc., and one claims that one is only a little inferior; the mental elevation so produced is named ***ūnamāna***.

（DHAMMAJOTI［2008］p. 88）

98. ūna-māna

〔漢訳からの仏訳〕 orgueil de ne se croire qu'un peu inférieur / orgueil de se croire seulement un peu inférieur（→ 92. māna）

Si l' on se compare à ceux qui sont de loin supérieurs par leur clan, etc., si l'on se dit seulement un peu inférieur à eux et que la pensée s'en enorgueillit, c'est l'**orgueil de ne se croire qu'un peu inférieur** (*gotrādibahvantaraviśiṣṭād alpāntarahīno 'smīti manyamānasyonnatir ūnamānaḥ*).

（VELTHEM［1977］p. 23）

99. satkāya-dṛṣṭi

【参考】水野［1964］pp. 513–533，内藤［1985］，遠藤［1994］，斎藤ほか［2014］ pp. 107–108，水野［2015］，木村［2016］，袴谷［2017］.

Madhyamakapañcaskandhaka

【訳例】壊れる集まりに対する見解
【チベット語訳】'jig tshogs la lta ba

【定義的用例】

〔和訳〕

壊れる集まりに対する見解（satkāya-dṛṣṭi）は、物質的な存在（色）、感受（→ 13. vedanā）、表象作用（→ 14. saṃjñā）、形成力（行）、認識（→ 12. vijñāna）という(1 取得と関わる五つのグループ（五取蘊）にはプドガラなどの固有の本質（自性）は存在しない〔が、それに〕対して1) 顛倒して、〔プドガラなどを〕過剰に想定し（増益し）、存在（sat）を本性とするものとして執着して、二十通りに起こる。すなわち、物質的な存在が我であると見ること、我が物質的な存在を持つと見ること、物質的な存在が我に属するもの（我所）であると見ること、物質的な存在に我が存在すると見ること、というこれらが物質的な存在のグループ（色蘊）に対するこだわり（→ 102–103. parāmarśa）による**壊れる集まりに対する見解**の四つの支分である。同様に、〔感受から〕認識までに対する拘りによって、〔四つのグループ〕それぞれに**壊れる集まりに対する見解**の四つの支分が生じる。

壊れる（sīdati）から「壊れる」（sat）である。破壊される、滅するという意味である。〔動詞語根の〕ci〔に由来するもの〕が集積（caya）である。集積しているもの、拠り所、集合、体、消滅するものに対して働くから、ここでは集積を「集まり」（kāya）という。多数、集合という意味である。「壊れる」（sat）のであり、「集まり」（kāya）であるから、「壊れる集まり」（satkāya）である。「壊れること」を本質とする「集まり」が「壊れる集まり」と言われる。そのようなものを我や我に属するものと捉えて起こる汚れた知（→ 18. prajñā）が**壊れる集まりに対する見解**と言われる。

1) 『牟尼意趣荘厳』と比較すると、『中観五蘊論』のチベット語訳は niḥsvabhāveṣūpādānaskandheṣu という箇所を誤訳している可能性も考えられるが、ここでは『中観五蘊論』のチベット語訳に従って和訳する。

〔チベット語訳〕

… [a…]**'jig**[1)] **tshogs la lta ba** ni gzugs daṅ / tshor ba daṅ / 'du śes daṅ / 'du byed daṅ / rnam par śes pa źes bya ba ñe bar len pa'i phuṅ po lṅa po la gaṅ zag la sogs pa'i ṅo bo ñid med pa la phyin ci log tu sgro btags te bden pa'i ṅo bo ñid du źen źiṅ[2)] rnam pa ñi śur 'jug pa ste / 'di lta ste / gzugs bdag yin par lta ba daṅ / bdag gzugs daṅ ldan pa daṅ / gzugs bdag gi[3)] yin pa daṅ / gzugs la bdag gnas par lta ba ste / 'di ltar 'di dag ni gzugs kyi phuṅ po gtsor gzuṅ[4)] nas **'jig tshogs la lta ba**'i cha bźi'o // de bźin du rnam par śes pa'i bar du gtsor bzuṅ nas **'jig tshogs la lta ba**'i cha bźi bźi 'byuṅ bar 'gyur ro //

rnam par ñams par 'gyur bas na 'jig pa ste [5)] khyad par du 'jig[6)] ciṅ ñams par 'gyur źes bya ba'i don to // [b…]tsiñ[7)] ni bsags[8)] pa ste[…b] bsags[9)] par yod pa daṅ / gnas daṅ /[10)] tshogs pa daṅ / lus daṅ / ñe bar źi bar byed pa rnams la 'jug pa[11)] las 'dir kā ya źes bya ba bsags[12)] pa la bya ste / maṅ po daṅ tshogs pa źes bya ba'i don to // 'jig pa yaṅ yin la tshogs kyaṅ yin pas 'jig[13)] tshogs te / 'jig pa'i bdag ñid can tshogs pa ni 'jig tshogs źes brjod do // de lta bu la bdag daṅ bdag gir 'dzin par źugs pa'i śes rab ñon moṅs pa can ni[14)] **'jig**[15)] **tshogs la lta ba** źes brjod do //[…a]

1) *'jigs* G 2) *ciṅ* CD 3) *gis* G 4) *bzuṅ* CD 5) CD insert /. 6) *'jigs* P 7) *rtsiṅ ṅa* CD
8) 9) *bstsags* CD 10) om. GNP 11) *pas* G 12) *bstsags* CD 13) *'jigs* G 14) om. CD 15) *'jigs* G

[a] AKBh ad V. 7: ātmadṛṣṭir ātmīyadṛṣṭir vā satkāyadṛṣṭiḥ / sīdatīti sat / cayaḥ kāyaḥ saṃghātaḥ skandha ity arthaḥ / sac cāyaṃ kāyaś ceti satkāyaḥ pañcopādānaskandhāḥ / nityasaṃjñāṃ piṇḍasaṃjñāṃ ca tyājayitum evaṃ dyotitā / etatpūrvako hi teṣv ātmagrahaḥ / satkāye dṛṣṭiḥ satkāyadṛṣṭiḥ / sarvaiva sāsravālambanā dṛṣṭiḥ satkāye / ātmātmīyadṛṣṭir eva tu satkāyadṛṣṭir uktā / yathā gamyeta satkāyadṛṣṭir iyaṃ nātmani nātmīye veti / yathoktaṃ ye kecid bhikṣavaḥ śramaṇā vā brāhmaṇā vā ātmeti samanupaśyantaḥ samanupaśyanti sarve ta imān eva pañcopādānaskandhān iti /（p. 281, *l.* 19–p. 282, *l.* 2, cf. 小谷・本庄［2007］pp. 34–35）

YBh: … satkāyadṛṣṭiḥ katamā / asatpuruṣasaṃsevām āgamya asaddharmaśravaṇam ayoniśomanaskāraṃ naisargikaṃ vā punaḥ smṛtisaṃpramoṣaṃ pañcopādānaskandhān ātmato vātmīyato vā samanupaśyato yā nirdhāritā vānirdhāritā vā kliṣṭā prajñā //（Ahn［2003］p. 62, *ll.* 3–6, Bhattacharya［1957］p. 162, *ll.* 11–13, cf. 瀧川［2011］p. 18）

99. satkāya-dṛṣṭi

AS: satkāyadṛṣṭiḥ katamā / pañcopādānaskandhān ātmata ātmīyato vā samanūpaśyato yā kṣāntī rucir matiḥ prekṣā dṛṣṭiḥ / sarvadṛṣṭigatasaṃniśrayadānakarmikā //（ASG［2018］頁数未定, cf. 吉元・玉井［1975］p. 239）

PSk: satkāyadṛṣṭiḥ katamā / pañcopādānaskandhān ātmata ātmīyato vā samanupaśyato yā kliṣṭā prajñā /（p. 9, *ll*. 12–13, cf. 師［2015］pp. 168–171）

[b] *Dhātupāṭha*: ciñ cayane (5.5)

（C 254b7–255a5, D 258a1–6, G 353a2–b2, N 285a1–6, P 296a1–7; Lindtner［1979］p. 128, *ll*. 16–33, Zh, vol. 60, p. 1579, *l*. 19–p. 1580, *l*. 15）

参考文献（1）

Munimatālaṃkāra

【原語】satkāya-dṛṣṭi
【チベット語訳】'jig tshogs la lta ba

【定義的用例】

〔原文〕

… ([1]ṣadḷ viśaraṇe[1]) / sīdati viśīryate naśyatīti sat / ciñ cayane / cayaḥ kāyaḥ / sarvakāyaś ca viśaraṇātmakasamūhaḥ satkāyaḥ / tasmin kliṣṭā prajñā 'haṃkāramamakārapravṛttā **satkāyadṛṣṭiḥ** / sā ca niḥsvabhāveṣūpādānaskandheṣu viparyāsaḥ satsvabhāvatvena gṛhīteṣu pudgalādhyāropeṇa viṃśatyākārā pravartate / yathā rūpaṃ rūpavān rūpe ātmā ātmani rūpam iti rūpaskandhaparāmarśena catvāro 'ṅgāḥ satkāyadṛṣṭeḥ / evaṃ vedanāsaṃjñāsaṃskāravijñānaskandhaparāmarśena pratyekaṃ catvāraḥ /

[1]) *Dhātupāṭha*: ṣadḷ viśaraṇagatyavasādaneṣu（1.907）

（李・加納［2015］p. 26, *l*. 23–p. 27, *l*. 7）

〔チベット語訳〕

… ṣadḷ[1]) 'jig pa la'o źes pa 'jig go[2]) ([3]rnam par 'jig go //[3]) ñams par bya[4]) ba'o źes pa 'jig pa'o // tsiñ[5] sogs[6] pa la'o [7] źes pa bsags pa ni tshogs so // 'jig [(8]pa yaṅ[8)] yin tshogs kyaṅ yin pa ste rnam par 'jig pa'i bdag ñid kyi tshogs pa ni 'jig tshogs so // de la ñon moṅs pa can gyi śes rab kyis ṅar byed pa daṅ [9] ṅa yir byed par źugs pa ni **'jig tshogs la lta ba**'o // de'aṅ ñe bar len pa'i phuṅ po raṅ bźin med pa la phyin ci log tu rtag pa'i ṅo bo ñid du gzuṅ ba rnams la gaṅ zag tu lhag par sgro 'dogs pas [(10]rnam pa[10)] ñi śur[11] rab tu 'jug go // 'di lta ste gzugs daṅ gzugs daṅ ldan pa daṅ gzugs la bdag daṅ bdag la gzugs so źes pa gzugs kyi phuṅ po la mchog tu 'dzin pas 'jig tshogs la lta ba'i cha śas bźi rnams so //[12] de bźin du tshor ba daṅ [13] 'du śes daṅ [14] 'du byed daṅ [15] rnam par śes pa'i phuṅ po la mchog tu 'dzin pas[16] so sor bźi rnams so //

[1] *ṣadli* GNP [2] om. CNP [3] om. D [4] *bye* C [5] *tsi ñi* N [6] *sog* GNP [7] GNP insert //. [8] *pa'aṅ* GNP [9] CD insert /. [10] om. GNP [11] *śu* GNP [12] om. G [13] [14] [15] CD insert /. [16] *las* CD

（C 132a2–5, D 132b1–4, G 208b1–6, N 152b4–153a2, P 157b7–158a5; Akahane and Yokoyama［2015］p. 103, *l.* 7–p. 104, *l.* 4, 磯田［1991］p. 4, *l.* 41–p. 5, *l.* 10, Zh, vol. 63, p. 1200, *ll.* 9–20）

【先行研究における翻訳】

〔原文からの和訳〕

… 壊れるという意味での（viśaraṇa）〔動詞語根〕ṣadḷ〔に由来し〕、壊れ（sīdati）、破壊され（viśīryate）、滅する（naśyati）ものであるから sat〔という〕。kāya とは、caya であり、〔caya は〕積み上げるという意味での〔動詞語根〕ciñ〔に由来する〕。そして satkāya とは、あらゆるものの集合（kāya）であり、滅を本質とするものの集積である。それ（satkāya）に対して、我と構想したり我所と構想したりすることにより生起した、汚れた慧が、**有身見**である。そしてそれ（有身見）は、無自性なる〔五〕取蘊に対する顛倒であり、実在を本性とするものとして把握するものである。それら（五取蘊）に対して人として増益することを通じて、二十のあり方で生起する。たとえば、〔我は〕色であり、色を有し、色に我があり、我に色があるという、色蘊に固執すること（parāmarśa）によって、有身見に四支がある。同様に、受想行識蘊に固執することによって、各々四種ある（五蘊に各四種あるので、合計で二十）。

（李ほか［2016］p. 61）

参考文献（2）

Abhidharmāvatāra

【チベット語訳】'jig tshogs la lta ba
【漢訳】有身見

【定義的用例】

〔チベット語訳〕

… ñe bar len pa'i phuṅ po lṅa po bdag med pa bdag gi med pa rnams la / bdag daṅ bdag gi tshul gyis źugs pa / ñon moṅs pa can gyi blo ni **'jig tshogs la lta ba**'o // de ni 'jig pa yaṅ yin la tshogs kyaṅ yin pas 'jig tshogs so // de lta bas na **'jig tshogs la lta ba**'o //

（C 309a6–7, D 308a5–6, G 499b3–4, N 410b6–7, P 400a5–6; Dhammajoti［2008］p. 226, *ll.* 1–4, Zh, vol. 82, p. 1564, *ll.* 4–7）

〔漢訳〕

五取蘊中無我我所、而執實有我我所相、此染汚慧名**有身見**。身是聚義。有而是身故名有身。即五取蘊於此起見名**有身見**。

（巻上, T, vol. 28, 983a14–17）

【先行研究における翻訳と訳例】

〔チベット語訳からの和訳〕

五取蘊は我もなく我所もないのに、我・我所ありと執する、染汚なる知のはたらき buddhi が有身見 satkāyadṛṣṭi である。こ〔の五取趨〕は壊でもあり、聚まりでもあるから壊聚 satkāya である。それを見るから壊聚見（**有身見**）である。

（櫻部［1997c］p. 208）

〔漢訳からの英訳〕

The defiled understanding (*kliṣṭa-prajñā*) which clings to the idea that there truly exists the Self and what pertains to the Self in the five aggregates of grasping when in actual fact it does not exist, is named ***satkāyadṛṣṭi***. "*kāya*" means accumulation. It is *sati* — existing, and it is *kāya*; therefore it is named *satkāya* — existing accumulation, which is none other than the five aggregates of grasping. The view which arises with regard to this is named ***satkāyadṛṣṭi***.

（DHAMMAJOTI［2008］p. 88）

〔漢訳からの仏訳〕croyance en la personnalité

Dans les cinq agrégats d'attachement (*pañcopādānaskandha*), il n'y a ni moi (*ātman*), ni mien (*ātmīya*). Y saisir de véritables caractéristiques (*lakṣaṇa*) de moi et de mien est une sagesse souillée (*kliṣṭaprajñā*) qu'on nomme **croyance en la personnalité** (*satkāyadṛṣṭi*). Corps signifie accumulation (*kāya* = *caya*). Comme il existe (*sati*), on parle de sat-kāya : il s'agit des cinq agrégats d'attachement (*pañcopādānaskandha*). Produire à leur endroit une vision (fausse de personnalité) se dit **sat-kāya-dṛṣṭi**.

（VELTHEM［1977］p. 24）

100. antagrāha-dṛṣṭi

【参考】水野［1964］pp. 513–533，遠藤［1994］，斎藤ほか［2014］pp. 107–108.

Madhyamakapañcaskandhaka

【訳例】極端を捉える見解
【チベット語訳】mthar 'dzin par lta ba

【定義的用例】

〔和訳〕

両極端を捉えることが極端を捉えることである。捉えることとは執着である。以下のような極端を見ることが**極端を捉える見解**である。壊れる集まり対する見解（→ 99. satkāya-dṛṣṭi）によって、取得と関わる五つのグループ（五取蘊）に対して、我を本質として存在すると過剰に想定した（増益した）後に、我であると捉えて、我と世間は常住である、我と世間は断滅である、同様に、存在する存在しないなどという両極端を構想した後に起こる汚れた知（→ 18. prajñā）が**極端を捉える見解**である。

〔チベット語訳〕

[a]…mtha' gñis su 'dzin pa ni mthar 'dzin pa ste / 'dzin pa ni mṅon par źen pa'o // 'di lta bu'i mthar lta ba ni [1] **mthar 'dzin par lta ba** ste / 'jig tshogs la lta bas ñe bar len pa'i phuṅ po lṅa la bdag gi[2] ṅo bo ñid du yod par sgro btags [3] nas bdag ñid du bzuṅ[4] ba daṅ / gaṅ bdag daṅ 'jig rten rtag go źes bya ba'am / gaṅ bdag daṅ 'jig rten chad do źes bya ba'am / de bźin du yod pa daṅ med pa źes bya ba la sogs pa'i mtha' gñis su brtags nas 'jug pa'i śes rab ñon moṅs pa can ni **mthar 'dzin pa'i lta ba**'o //…[a]

[1] CD insert /. [2] *gis* G [3] GNP insert *pa*. [4] *gzuṅ* G

[a] AKBh ad V. 7: tasyaivātmābhimatasya vastuno dhruvadṛṣṭir ucchedadṛṣṭir vāntagrāhadṛṣṭiḥ / śāśvatocchedāntagrahaṇāt /（p. 282, *ll*. 2–3, cf. 小谷・本庄［2007］p. 35）

YBh: antagrāhadṛṣṭiḥ katamā / asatpuruṣasaṃsevām āgamya asaddharmaśravaṇam ayoniśomanaskāraṃ naisargikaṃ vā punaḥ smṛtisaṃpramoṣam pañcopādānaskandhān ātmato vā gṛhītāñ chāśvatato vocchedato vā samanupaśyato yā nirdhāritā vānirdhāritā vā kliṣṭā prajñā //（Ahn［2003］p. 62, *ll.* 7–11, Bhattacharya［1957］p. 162, *ll.* 14–17, cf. 瀧川［2011］p. 18）

AS: antagrāhadṛṣṭiḥ katamā / pañcopādānaskandhān śāśvatato vā ūcchedato vā samanūpaśyataḥ yā kṣāntī rucir matiḥ prekṣā dṛṣṭiḥ / madhyamāpratipanniryāṇaparipanthakarmikā //（ASG［2018］頁数未定, cf. 吉元・玉井［1975］p. 239）

PSk: antagrāhadṛṣṭiḥ katamā / tām evādhipatiṃ kṛtvā śāśvatata ucchedato vā samanupaśyato yā kliṣṭā prajñā /（p. 9, *ll.* 14–15, cf. 師［2015］pp. 168–171）

（C 255a5–7, D 258a6–b1, G 353b2–4, N 285a6–b1, P 296a7–b1; Lindtner［1979］p. 129, *ll.* 1–9, Zh, vol. 60, p. 1580, *l.* 15–p. 1581, *l.* 1）

参考文献（1）

Munimatālaṃkāra

【原語】antagrāha-dṛṣṭi
【チベット語訳】mthar 'dzin par lta ba

【定義的用例】

〔原文〕

pañcopādānaskandheṣu śāśvato vatāyam ātmā lokaś ca ucchidyate vā tathāstināstītyevamādyantadvayakalpanāpravṛttā kliṣṭā prajñāntayor grāho 'bhiniveśa eva dṛṣṭir **antagrāhadṛṣṭiḥ** //

（李・加納［2015］p. 27, *ll.* 8–10）

〔チベット語訳〕

ñe bar len pa'i phuṅ po lṅa po[1] rnams la kye ma bdag daṅ 'jig rten 'di rtag pa'am / chad pa daṅ de bźin du yod pa daṅ med pa źes pa[2] 'di lta bu la sogs pa mtha' gñis gñis su rtog pa'i 'jug pa śes rab ñon moṅs pa can mtha' gñis su 'dzin [3] źiṅ[4] mṅon par źen pa ñid kyi lta ba ni **mthar 'dzin par lta ba**'o //

[1] om. GNP　[2] om. GNP　[3] GN insert *ciṅ*.　[4] *ciṅ* GP

（C 132a6–7, D 132b4–6, G 208b6–209a2, N 153a2–3, P 158a6–7; Akahane and Yokoyama［2015］p. 104, *ll*. 6–10, 磯田［1991］p. 5, *ll*. 10–14, Zh, vol. 63, p. 1200, *l*. 20–p. 1201, *l*. 4）

【先行研究における翻訳】

〔原文からの和訳〕

五取蘊に対して、ああ、この我と世界とは永遠である、あるいは断絶しているとか、同様に有るとか無いとかというような、二極端の構想から生起した、汚れた慧、つまり二極端への把握、執着そのものである見（dṛṣṭi）、〔それが〕**辺執見**である。

（李ほか［2016］p. 61）

参考文献（2）

Abhidharmāvatāra

【チベット語訳】mthar 'dzin par lta ba
【漢訳】邊執見

【定義的用例】

〔チベット語訳〕

chad pa ma yin rtag pa ma yin pa de dag ñid la / chad pa daṅ rtag pa'i tshul gyis źugs pa ñon moṅs pa can gyi blo ni **mthar 'dzin par lta** ste / mtha' gñis su źugs pa'i phyir ro //

（C 309a7–b1, D 308a6–7, G 499b4–5, N 410b7–411a1, P 400a6–7; Dhammajoti［2008］p. 226, *ll*. 7–9, Zh, vol. 82, p. 1564, *ll*. 7–10）

〔漢訳〕

即五取蘊非斷非常、於中執有斷常二相、此染汚慧名**邊執見**。執二邊故。

（巻上, T, vol. 28, 983a17–19）

【先行研究における翻訳と訳例】

〔チベット語訳からの和訳〕

これら断滅するのでも常住なるのでもないものを、断なり常なりと執する染汚なる知のはたらきが**辺執見** antargrāhādṛṣṭi である。二辺（両極端）に執するからである。

（櫻部［1997c］p. 208）

〔漢訳からの英訳〕

The defiled understanding, which clings to the ideas of annihilation (*uccheda*) and eternality (*śāśvata*) with regard to these five aggregates of grasping when there is in fact neither, is named ***antagrāhadṛṣtti***, as it is a clinging (*grāh*a) to the two extremes (*anta*).

（DHAMMAJOTI［2008］p. 88）

〔漢訳からの仏訳〕croyance aux extrêmes

Percevoir dans la non-interruption (*anuccched*a) et la non-éternité (*aśāśvata*) des cinq agrégats d'attachement la double caractéristique de l'interruption (*uccheda*) et de l'éternité (*śāśvata*) est une sagesse souillée (*kliṣṭaprajñā*) dite **croyance aux extrêmes** (*antagrāhadṛṣṭi*).

（VELTHEM［1977］p. 24）

101. mithyā-dṛṣṭi

【参考】水野［1964］pp. 513–533，遠藤［1994］，陳［2003］，斎藤ほか［2014］ pp. 107–108.

Madhyamakapañcaskandhaka

【訳例】邪な見解
【チベット語訳】log par lta ba

【定義的用例】

〔和訳〕

因果、真実、三宝、縁起などを過剰に否定する（損滅する）、存在しないというかたちで起こる汚れた知（→ 18. prajñā）を**邪な見解**と言う。…

〔チベット語訳〕

[a]…rgyu daṅ /[1)] 'bras bu daṅ / bden pa daṅ / dkon mchog gsum daṅ / rten ciṅ 'brel bar 'byuṅ ba la sogs pa la skur pa 'debs śiṅ med pa'i rnam par źugs pa'i śes rab ñon moṅs pa can ni **log**[2)] **par lta ba** źes bya ste /…[a] …

[1)] om. GN　[2)] *yod* C

[a] AKBh ad V. 7: sati duḥkhādisatye nāstīti dṛṣṭir mithyādṛṣṭiḥ / sarvaiva hi viparītasvabhāvapravṛttā dṛṣṭir mithyādṛṣṭiḥ / ekaiva tūktā / atiśayavattvāt durgandhakṣatavat / eṣā hy apavādikā anyās tu samāropikāḥ /（p. 282, *ll.* 3–5, cf. 小谷・本庄［2007］p. 35）

YBh: mithyādṛṣṭiḥ katamā / asatpuruṣasaṃsevām āgamya asaddharmaśravaṇam ayoniśomanaskāram hetuṃ vāpavadataḥ phalaṃ vā kriyāṃ vā sad vā vastu nāśayato yā nirdhāritaiva kliṣṭā prajñā //（Ahn［2003］p. 64, *ll.* 1–4; Bhattacharya［1957］p. 162, *ll.* 18–20, cf. 瀧川［2011］p. 18）

AS: mithyādṛṣṭiḥ katamā / hetuṃ vāpavadataḥ phalaṃ vā kriyāṃ vā sad vā vastu nāśayataḥ mithyā vā vikalpayato yā kṣāntī rucir matiḥ prekṣā dṛṣṭiḥ / kuśalamūlasamucchedakarmikā, akuśalamūladṛḍhatāsaṃniśrayadānakarmikā, akūśale pravṛttikarmikā, kūśale cāpravṛttikarmikā vā //（ASG［2018］頁数未定, cf. 吉元・玉井［1975］p. 240）

101. mithyā-dṛṣṭi

PSk: mithyādṛṣṭiḥ katamā / hetuṃ vāpavadataḥ phalaṃ vā kriyāṃ vā sad vā vastu nāśayato yā kliṣṭā prajñā /（p. 10, *ll*. 1–2, cf. 師［2015］pp. 168–171）

（C 255a7–b1, D 258b1, G 353b4–5, N 285b1–2, P 296b1–2; LINDTNER［1979］p. 129, *ll*. 9–11, Zh, vol. 60, p. 1581, *ll*. 1–3）

参考文献（1）

Munimatālaṃkāra

【原語】mithyā-dṛṣṭi
【チベット語訳】log par lta ba

【定義的用例】

〔原文〕

hetuphalasatyaratnatrayapratītyasamutpādādyapavādikā nāstyākārapravṛttā kliṣṭā prajñā **mithyādṛṣṭiḥ** /

（李・加納［2015］p. 27, *ll*. 11–12）

〔チベット語訳〕

rgyu daṅ 'bras bu daṅ bden pa daṅ dkon mchog gsum daṅ rten ciṅ 'brel par 'byuṅ ba la sogs pa la skur ba 'debs pa med pa'i rnam par źugs pa'i śes rab ñon moṅs pa can ni **log par lta ba**'o //

（C 132a7, D 132b6, G 209a2–3, N 153a3–4, P 158a7–8; AKAHANE and YOKOYAMA［2015］p. 104, *ll*. 12–14, 磯田［1991］p. 5, *ll*. 14–16, Zh, vol. 63, p. 1201, *ll*. 4–6）

【先行研究における翻訳】

〔原文からの和訳〕

因果、〔四〕諦、三宝、縁起などを損減し、非存在というあり方で生起した、汚れた慧が、**邪見**である。

（李ほか［2016］pp. 61–62）

参考文献（2）

Abhidharmāvatāra

【チベット語訳】log par lta ba
【漢訳】邪見

【定義的用例】

〔チベット語訳〕

las med de[1] las kyi 'bras bu med do // thar pa med do //[2] de thob par byed pa'i lam yaṅ med do sñam du de ltar dṅos po yaṅ yaṅ dag par 'jig[3] par źugs pa ñon moṅs pa can gyi blo gaṅ yin pa de ni **log par** [(4]**lta ba**'o[4)] //

1) *do* CDGP　2) / G　3) *'jigs* P　4) *lta'o* GNP

（C 309b1–2, D 308a7–b1, G 499b5–6, N 411a1–2, P 400a7–8; Dhammajoti［2008］p. 226, *ll.* 12–14, Zh, vol. 82, p. 1564, *ll.* 10–13）

〔漢訳〕

若決定執無業無業果無解脱無得解脱道、撥無實事、此染汚慧名**邪見**。

（巻上, T, vol. 28, 983a19–20）

【先行研究における翻訳と訳例】

〔チベット語訳からの和訳〕

業無し、業の果無し、解脱無し、そ〔の解脱〕を得る業も無し、というように〔因・果の〕事体を無として執する、染汚なる知のはたらきなるものが**邪見**である。

（櫻部［1997c］pp. 208–209）

〔漢訳からの英訳〕

If the defiled understanding clings decisively to the non-existence of *karma*, the fruit of *karma*, liberation, and the path which leads to the attainment of liberation, denying their reality, it is named ***mithyādṛṣṭi***.

（Dhammajoti［2008］p. 88）

101. mithyā-dṛṣṭi

〔漢訳からの仏訳〕 vue fausse

Si, de manière précise (*niyata*), on saisit l'absence d'acte (*karman*), l'absence du fruit de l'acte (*karmaphala*), l'absence de délivrance (*vimukti*) et l'absence de l'obtention du chemin de la délivrance (*vimuktimārgaprāpti*), si on rejette ces choses comme étant irréelles, il s'agit d'une sagesse souillée (*kliṣṭaprajñā*) appelée **vue fausse** (*mithyādṛṣṭi*).

(VELTHEM［1977］ p. 24)

102. dṛṣṭi-parāmarśa

【参考】水野［1964］pp. 513–533，遠藤［1994］，斎藤ほか［2014］pp. 107–108.

Madhyamakapañcaskandhaka

【訳例】見解に対するこだわり
【チベット語訳】lta ba mchog tu 'dzin pa

【定義的用例】

〔和訳〕

劣ったものを勝れたものとして捉えることが**見解に対するこだわり**である。その劣ったものとは何か。〔煩悩の〕漏れを有する（有漏）一切のものである。なぜならば、聖者によって断じられるからである。その場合、こだわりとは、それ（優れたもの）ではない他のものをこれらは優れているとそのように執着することであり、〔それが〕**見解に対するこだわり**である。

〔煩悩の〕漏れを有する一切のものに対して優れたものとしてこだわるから〔煩悩の〕漏れを有するものに対するこだわりと言うべきであるのに、なぜ、**見解に対するこだわり**と言うのか。そのようなもの自体へのこだわりではないのか。ここでは「など」という語が脱落していると見るべきである。見解などに対するこだわりを**見解に対するこだわり**と言う。

〔チベット語訳〕

… [a…]dman pa la dam par 'dzin [(1]pa'i **lta ba** ni[1)] **mchog tu 'dzin pa**'o // dman pa de gaṅ yin źe na / zag pa daṅ bcas pa'i dṅos po thams cad de / 'phags pas spaṅs pa'i phyir ro // de la mchog tu 'dzin pa ni gźan[2)] de ma[3)] yin pa'i don la 'di dag ni dam pa'o źes de ltar gaṅ mṅon par źen pa ni **lta ba mchog tu 'dzin pa**'o //

zag pa daṅ [4)] bcas pa'i dṅos po thams cad la dam pa ñid du[5)] mchog tu 'dzin pas na zag pa daṅ bcas pa mchog tu 'dzin pa źes brjod par bya ba yin na ci'i phyir **lta ba mchog tu 'dzin pa** źes brjod / de lta ba kho na la mchog tu[6)] 'dzin pa ni ma yin no źe na / des na 'dir [7)] sogs pa'i sgra phyis par blta[8)] bar bya ste / lta ba la sogs pa rnams la mchog tu 'dzin pa ni **lta ba mchog tu 'dzin pa** źes bya'o //[…a]

[1] sic read *pa ni lta ba.* [2] *gu źan* C [3] *la* GNP [4] G inserts *zag* and puts the cancel marks on it. [5] om. CD [6] *ñid du* GNP [7] GNP insert *ba.* [8] *lta* GNP

[a] AKBh ad V. 7: hīne agradṛṣṭir dṛṣṭiparāmarśaḥ / kiṃ hīnam / sarvaṃ sāsravam / āryaiḥ prahīṇatvāt / tasyāgrato grahaṇaṃ dṛṣṭiparāmarśaḥ / dṛṣṭyādiparāmarśa iti vaktavye ādiśabdalopaḥ kṛtaḥ /（p. 282, *ll.* 6–7, cf. 小谷・本庄［2007］p. 35）

YBh: dṛṣṭiparāmarśaḥ katamaḥ / asatpuruṣasaṃsevām āgamya asaddharmaśravaṇam ayoniśomanaskāraṃ satkāyadṛṣṭim antagrāhadṛṣṭiṃ sāśrayāṃ mithyādṛṣṭiṃ sālambanāṃ sanidānāṃ sasahabhūsaṃprayogāṃ paradṛṣṭim upanidhāyāgrataḥ śreṣṭhato viśiṣṭataḥ paramataś ca samanupaśyato yā nirdhāritaiva kliṣṭā prajñā //（Ahn［2003］p. 64, *ll.* 5–9, Bhattacharya［1957］p. 163, *ll.* 1–4, cf. 瀧川［2011］p. 18）

AS: dṛṣṭiparāmarśaḥ katamaḥ / dṛṣṭiṃ dṛṣṭyāśrayāṃś ca pañcopādānaskandhān agrataḥ śreṣṭhato viśiṣṭataḥ paramataś ca samanūpaśyato yā kṣāntī rucir matiḥ prekṣā dṛṣṭiḥ / asaddṛṣṭyabhiniveśasaṃniśrayadānakarmakaḥ //（ASG［2018］頁数未定, cf. 吉元・玉井［1975］p. 239）

PSk: dṛṣṭiparāmarśaḥ katamaḥ / tām eva trividhāṃ dṛṣṭiṃ tadāśrayāṃś ca pañcopādānaskandhān agrataḥ śreṣṭhato viśiṣṭataḥ paramataḥ samanupaśyato yā kliṣṭā prajñā /（p. 10, *ll.* 3–5, cf. 師［2015］pp. 168–171）

（C 255b2–4, D 258b2–5, G 354a1–4, N 285b4–7, P 296b4–7; Lindtner［1979］p. 129, *ll.* 18–29, Zh, vol. 60, p. 1581, *ll.* 8–17）

参考文献（1）

Munimatālaṃkāra

【原語】dṛṣṭi-parāmarśa
【チベット語訳】lta ba mchog tu 'dzin pa

【定義的用例】

〔原文〕

… hīne sāsrave vastuni parāmarśo moham anyad idaṃ satyam ity evam abhiniveśo dṛṣṭyādiparāmarśo **dṛṣṭiparāmarśaḥ** / ādilopāt /

（李・加納［2015］p. 27, *ll.* 14–15）

〔チベット語訳〕

… dṅos po dman pa zag pa daṅ bcas pa la mchog tu 'dzin te 'di ni bden te gźan gti mug go źes pa 'di lta bur mṅon par źen pa ni lta ba la sogs pa mchog tu 'dzin pa (1lta ba mchog tu 'dzin pa ste sogs pa1) phyis pa las so //

1) G regards this part as an inserted explanatory comment.

（C 132b1, D 132b6–7, G 209a3–4, N 153a4–5, P 158a8–b1; Akahane and Yokoyama〔2015〕p. 104, *l.* 17–p. 105, *l.* 1, 磯田〔1991〕p. 5, *ll.* 16–19, Zh, vol. 63, p. 1201, *ll.* 7–10）

【先行研究における翻訳】

〔原文からの和訳〕

… **見取**とは、劣った有漏の事物に固執すること（parāmarśa）で、「これが真実であり、別のものは愚かなものである」という、このような執着（abhiniveśa）が見などへの取である。「など」〔の語〕が脱落している。

（李ほか〔2016〕p. 62）

参考文献（2）

Abhidharmāvatāra

【チベット語訳】lta ba mchog tu 'dzin pa
【漢訳】見取

【定義的用例】

〔チベット語訳〕

… lta ba mchog ma1) yin pa de dag daṅ / ñe bar len pa'i phuṅ po lṅa po mchog ma yin pa rnams la / mchog sñam2) du mchog 'dzin pa'i blo'i bye brag gaṅ yin pa de ni lta ba **mchog tu 'dzin pa** ste / rtogs pa źes bya ba'i don gaṅ yin pa'o //

1) om. GNP 2) *mñam* GNP

（C 309b2–3, D 308b2, G 500a1–2, N 411a3–4, P 400b1–2; Dhammajoti〔2008〕p. 226, *ll.* 22–25, Zh, vol. 82, p. 1564, *ll.* 16–18）

102. dṛṣṭi-parāmarśa

〔漢訳〕

謂前三見及五取蘊實非是勝而取為勝此染污慧名**見取**。取是推求及堅執義。

（巻上, T, vol. 28, 983a21–23）

【先行研究における翻訳と訳例】

〔チベット語訳からの和訳〕

これら〔有身見・辺執見・邪見なる〕低劣な〔三〕見と五取蘊とは〔実には〕低劣であるのに、〔それを〕勝れたものであると執する、特殊な知のはたらきなるものが**見取** dṛṣṭiparāmarśa であって、〔取 parāmarśa とは〕識知するという意味である。

（櫻部［1997c］p. 209）

〔漢訳からの英訳〕irrational adherence to views

The three aforementioned views and the five aggregates of grasping, while in fact not excellent, are irrationally adhered to as being excellent — this defiled understanding is the **irrational adherence to views**. The meaning of irrational adherence (*parāmarśa*) is seeking (*paryeṣaṇā*) and obstinate attachment (*abhiniveśa*).

（DHAMMAJOTI［2008］p. 89）

〔漢訳からの仏訳〕estime injustifiée des vues

Si, bien qu'ils ne comportent vraiment aucune supériorité, on ajoute foi à une supériorité des trois vues ci-avant et des cinq agrégats d'attachement, il en va d'une sagesse souillée (*kliṣṭaprajñā*), dite **estime injustifiée des vues** (*dṛṣṭi-parāmarśa*). Le sens d'estime injustifiée (*parāmarśa*) est recherche (*ādhyeṣaṇā*) et adhésion ferme (*dṛḍhagrāha*).

（VELTHEM［1977］p. 25）

103. śīlavrata-parāmarśa

【参考】水野［1964］pp. 513–533，遠藤［1994］［1995］，斎藤ほか［2014］pp. 107–108.

Madhyamakapañcaskandhaka

【訳例】戒めと誓いに対するこだわり
【チベット語訳】tshul khrims daṅ brtul źugs mchog tu 'dzin pa

【定義的用例】

〔和訳〕

〔解脱などの〕因でないものを因と見ること、あるいは〔解脱などの〕道でないものを道と見ることが**戒めと誓いに対するこだわり**である。〔見解に対するこだわり（→ 102. dṛṣṭi-parāmarśa）と同じように〕ここでも「など」の語が脱落していると見るべきである。したがって、劣った戒めと誓いだけに対するこだわりではなく、〔煩悩の〕漏れを有する（有漏）一切のものを、清浄、解脱（→ 85. vimukti）、出離を本体とする道の本質として捉えることである。

〔チベット語訳〕

[a…]rgyu ma yin pa la rgyur lta ba daṅ / lam ma yin pa[1)] la lam du lta ba ni **tshul khrims daṅ brtul źugs mchog tu 'dzin pa**'o // 'dir yaṅ sogs pa'i sgras[2)] phyis par blta'o // de lta bas na dman pa'i tshul khrims daṅ brtul źugs tsam la mchog tu 'dzin pa ma yin gyi[3)] zag pa daṅ bcas pa'i dṅos po thams cad la dag pa daṅ / grol ba daṅ[4)] / ṅes par 'byin pa'i bdag ñid kyi lam gyi ṅo bo ñid du 'dzin pa yin no //[…a]

[1)] om. NP　[2)] sic read *sgra*.　[3)] *gyis* G　[4)] *la* N

[a] AKBh ad V. 7: ahetau hetudṛṣṭir amārge mārgadṛṣṭiḥ śīlavrataparāmarśaḥ / tadyathā maheśvaro na hetur lokānām / taṃ ca hetuṃ paśyati prajāpatim anyaṃ vā / agnijalapraveśādayaś ca na hetuḥ svargasya tāṃś ca hetuṃ paśyati / śīlavratamātrakaṃ sāṃkhyayogajñānādayaś ca na mārgo mokṣasya tāṃś ca mārgaṃ paśyati / atrāpi kilādiśabdalopaḥ kṛta ity etās tāḥ pañca dṛṣṭayo veditavyāḥ /（p. 282, *ll.* 7–11, cf. 小谷・本庄［2007］p. 35）

YBh: śīlavrataparāmarśaḥ katamaḥ / asatpuruṣasaṃsevām āgamya asaddharmaśravaṇam ayoniśomanaskāram yat tām eva dṛṣṭiṃ taddṛṣṭyanucaraṃ ca śīlaṃ vā rataṃ vā sāśrayaṃ sālambanaṃ sanidānaṃ sasahabhūsaṃprayogaṃ śuddhito muktito nairyāṇikataś ca samanupaśyato yā nirdhāritaiva kliṣṭā prajñā //（Ahn［2003］p. 64, *ll.* 10–14, Bhattacharya［1957］p. 163, *ll.* 5–8, cf. 瀧川［2011］p. 19）

AS: śīlavrataparāmarśaḥ katamaḥ / śīlaṃ vrataṃ śīlavratāśrayāṃś ca pañcopādānaskandhān śuddhito muktito nairyāṇikataś ca samanupaśyato yā kṣāntī rucir matiḥ prekṣā dṛṣṭiḥ / śramavaiphalyasaṃniśrayadānakarmakaḥ //（ASG［2018］頁数未定, cf. 吉元・玉井［1975］p. 240）

PSk: śīlavrataparāmarśaḥ katamaḥ / śīlaṃ vrataṃ tadāśrayāṃś ca pañcopādānaskandhān śuddhito muktito nairyāṇikataś ca samanupaśyato yā kliṣṭā prajñā /（p. 10, *ll.* 6–8, cf. 師［2015］pp. 168–171）

（C 255b4–6, D 258b5–7, G 354a4–6, N 285b7–286a2, P 296b7–297a1; Lindtner［1979］p. 129, *l.* 30–130, *l.* 1, Zh, vol. 60, p. 1581, *l.* 17–p. 1582, *l.* 1）

参考文献（1）

Munimatālaṃkāra

【原語】śīlavrata-parāmarśa
【チベット語訳】tshul khrims daṅ brtul źugs mchog tu 'dzin pa

【定義的用例】

〔原文〕

ahetau hetudṛṣṭir amārge ca mārgadṛṣṭiḥ **śīlavrataparāmarśaḥ** / atrāpy ādiśabdalopaḥ / ayaṃ hi sarvam evam āsravaṃ vastv aśuddhyavimuktimārgātmakaṃ śuddhivimuktimārgatvena gṛhṇāti /

（李・加納［2015］p. 27, *ll.* 16–18）

〔チベット語訳〕

rgyu ma yin pa la rgyur lta ba daṅ lam ma yin pa la lam du lta ba ni **tshul khrims daṅ brtul źugs mchog tu 'dzin pa** ste 'dir yaṅ sogs kyi sgra phyis pa'o // 'di ni zag pa daṅ bcas pa'i dṅos po ma dag pa rnam par grol ba'i lam gyi bdag ñid ma yin pa thams cad ñid la dag pa daṅ grol ba'i lam ñid du 'dzin pa'i phyir ro //

（C 132b1–2, D 132b7–133a1, G 209a4–6, N 153a5–7, P 158b1–3; AKAHANE and YOKOYAMA［2015］p. 105, *ll.* 3–7, 磯田［1991］p. 5, *ll.* 19–23, Zh, vol. 63, p. 1201, *ll.* 10–14）

【先行研究における翻訳】

〔原文からの和訳〕

戒禁取とは、無因なるものに対して因と見ることと、道ならざるものに対して道と見ることである。ここにおいても「など」〔の語〕が脱落している。というのも、これ（戒禁取）は、上記のような、不浄かつ非解脱道を本体とする、すべての有漏の事物を、清浄かつ解脱道として、把握してしまうからである。

（李ほか［2016］p. 62）

参考文献（2）

Abhidharmāvatāra

【チベット語訳】tshul khrims daṅ brtul źugs mchog tu 'dzin pa
【漢訳】戒禁取

【定義的用例】

〔チベット語訳〕

tshul khrims ni 'chal ba'i tshul[1] khrims spaṅs pa'o // brtul źugs[2] ni khyi daṅ ri dags daṅ / ba laṅ gi brtul źugs[3] daṅ / gcer bu daṅ thal ba'i naṅ na ñal ba daṅ / skra 'bal ba daṅ 'bab stegs su 'khru[4] ba daṅ / 'bras bu daṅ rtsa ba za ba daṅ ral ba thogs[5] pa la sogs pa ste / dag pa'i bdag ñid ma yin pa / de gñi ga la dag par yid ches pa'i blo'i bye brag / bram ze cho ga can gtsaṅ sbra 'dod pa lta bu'i chos gaṅ yin pa de ni [6] **tshul khrims daṅ brtul źugs mchog tu 'dzin pa**'o //

[1] *tshun* G　[2] [3] *śugs* GNP　[4] *bźu* GNP　[5] *thog* G　[6] CD insert /.

（C 309b3–5, D 308b2–4, G 500a2–4, N 411a4–6, P 400b2–4; Dhammajoti［2008］p. 227, *ll*. 28–34, Zh, vol. 82, p. 1564, *l*. 19–p. 1565, *l*. 4）

〔漢訳〕

戒謂遠離諸破戒惡。禁謂受持烏鷄鹿狗露形拔髮斷食臥灰、或於妄執生福滅罪諸河池中數數澡浴、或食根果草菜藥物以自活命、或復塗灰拔頭髮等皆名為禁。此二倶非能清淨道、而妄取為能清淨道此染污慧名**戒禁取**。諸婆羅門有多聞者多執此法以為淨道、而彼不能得畢竟淨。

（巻上, T, vol. 28, 983a23–b1）

【先行研究における翻訳と訳例】

〔チベット語訳からの和訳〕

戒 śīla とは破戒 dauḥśīlya を断つことである。禁 vrata とは犬や鹿や牛のような真似をすること、〔灰の〕堆積や塊りの中で眠ること、髪をふり乱すこと、沐浴すること、果実や木の根を食うこと、長髪を蓄えることなどである。〔実には〕清浄なる体をもたないのにこれら〔戒と禁との〕二を清浄であると信ずる、特殊な知のはたらきであって、儀軌に達した婆羅門が〔その儀軌によって〕清浄ならんと願う如き法なるものが、**戒禁取**である。

（櫻部［1997c］p. 209）

〔漢訳からの英訳〕 irrational adherence to abstention and observances

Abstention refers to the refraining from infringement of precepts (*dauḥśīlya-virati*). Irrational observances refer to the practices of [the ways of] crows, chickens, wild beasts (*mṛga*), dogs; of being naked, pulling out the hair (*keśolluñcana*), fasting, lying on ashes; or repeatedly bathing in rivers which are falsely imagined to accrue merit and eradicate evils; or surviving on roots, fruits, grasses, vegetables and herbs alone; or again applying ashes on the body, keeping hair-buns etc. — all these are called observances (*vrata*). The **irrational adherence to abstention and observances** is the defiled understanding which erroneously grasps at these two — abstention and observances — as paths leading to purification when in reality they are not. The learned ones among the brahmins mostly cling to these as paths of purification but they are unable to attain ultimate purity.

（Dhammajoti［2008］p. 89）

103. śīlavrata-parāmarśa

〔漢訳からの仏訳〕 estime injustifiée de la moralité et des voeux

La moralité (*śīla*) signifie le rejet de l'immoralité (*dauḥśīlya*) et les voeux (*vrata*) sont les engagements à la pratique des corneilles, des poules (*kukkuṭa*), des bêtes sauvages (*mṛga*) ou des chiens (*kukkura*), le nudisme (*nagnacaryā*), l'arrachement des cheveux (*keśolluñcana*), l'interruption de la nutrition (*anaśana*), le repos sur la cendrée (*bhasman*), comme aussi le fait de voir dans l'erreur la production du mérite (*puṇya*) et la destruction du péché (*pāpa*). Ce qu'on nomme voeux, ce sont (aussi les engagements à) prendre de nombreuses ablutions (*abhiṣeka*) dans les étangs (*saraḥ*), manger des racines (*mūla*), des fruits (*phala*), des herbes (*tṛṇa*), des légumineuses, des plantes (*oṣadhi*) pour en nourrir sa propre vie, s'enduire de cendres (*bhasman*), porter le chignon tressé (*jaṭādhara*), etc. Ni l'un ni l'autre ne peuvent être un chemin pur (*anāsravamārga*) et lorsqu'on les estime, à tort, capables de l'être, on fait preuve d'une sagesse souillée (*kliṣṭaprajñā*) nommée **estime injustifiée de la moralité et des voeux** (*śīlavrataparāmarśa*). Les brahmanes qui ont de l'érudition (*śrutavān*) prennent souvent ces dharma pour chemin pur (*anāsravamārga*) et ne peuvent obtenir la purification définitive (*atyantapariśuddhi*).

（VELTHEM［1977］p. 25）

104. bandhana

【参考】金［2011］，梶［2018］.

Madhyamakapañcaskandhaka

【訳例】束縛
【チベット語訳】ṅes par 'chiṅ ba

【定義的用例】

〔和訳〕

束縛には、三種の**束縛**がある。貪り（→ 55. rāga）の束縛、憎しみ（dveṣa → 29. adveṣa）の束縛、愚かさ（moha, → 86. amoha）の束縛である。これらの**束縛**が三界の者達を束縛するから、これらは**束縛**である[1]。

[1]『中観五蘊論』のチベット語訳では「これらの束縛が三界の者達を束縛するから、これらは束縛であるので、悪の気質（随眠）というのは、ここでは、六つが悪の気質の根本である」（'chiṅ ba 'di dag gis khams gsum po rnams rab tu bciṅs pas ni 'di dag ni ṅes par 'chiṅ bas phra rgyas źes bya ba la 'dir drug ni phra rgyas kyi rtsa ba ste /）というように、束縛の語義解釈がそれ以後の悪の気質の解説に結び付けられて理解されている。しかし、束縛の語義解説をもって束縛の解説が終わり、その後で新たに悪の気質の解説が始まると理解するほうが自然であろう。『牟尼意趣荘厳』や『入阿毘達磨論』の解説もこの理解を支持する。したがって、以上の解説を「これらの束縛によって … これらは束縛である。悪の気質という中で、ここでは、…」（'chiṅ ba 'di dag gis … 'di dag ni ṅes par 'chiṅ ba'o // phra rgyas źes bya ba la 'dir …）というように、二つの文に分けて理解する。

〔チベット語訳〕

[a…]**ṅes par 'chiṅ ba** źes bya ba la **ṅes par 'chiṅ ba** ni rnam pa gsum ste / 'dod chags kyi ṅes par 'chiṅ ba daṅ / źe sdaṅ gi ṅes par 'chiṅ ba daṅ / gti mug gi[1] ṅes par 'chiṅ ba'o //[…a] 'chiṅ ba 'di dag gis khams gsum pa[2] rnams rab tu bciṅs pas ni[3] 'di dag ni **ṅes par 'chiṅ** ([4]**ba**'o //[4])

[1] *ges* G　[2] *po* CD　[3] *na* CD　[4] emended. *bas* CDGNP

[a] AKBh ad V. 45d: bandhanāni katamāni / trīṇi bandhanāni / rāgo bandhanaṃ sarvaḥ dveṣo bandhanaṃ sarvaḥ moho bandhanaṃ sarvaḥ / kasmād etad eva trayaṃ bandhanam uktaṃ bhagavatā /

vidvaśād bandhanatrayam // V. 45d

trivedanāvaśāt trīṇi bandhanāni / sukhāyāṃ hi vedanāyāṃ rāgo 'nuśeta[1)] ālambanasaṃprayogābhyām / duḥkhāyāṃ dveṣaḥ / aduḥkhāsukhāyāṃ moho na tathā rāgadveṣau / svāsāṃtānikālambanato vā niyamaḥ / （p. 311, *l.* 14–p. 312, *l.* 2, cf. 小谷・本庄［2007］pp. 204–205）

（C 256a2–3, D 259a3–4, G 354b4–5, N 286a5–6, P 297a5–7; Lindtner［1979］p. 130, *ll.* 16–20, Zh, vol. 60, p. 1582, *ll.* 17–19）

参考文献（1）

Munimatālaṃkāra

【原語】bandhana
【チベット語訳】'chiṅ ba

【定義的用例】

〔原文〕

bandhanāni trīṇi / rāgo dveṣo mohaś ca / etair baddhānāṃ traidhātukānatikramaṇāt /

（李・加納［2015］p. 27, *l.* 22–p. 28, *l.* 1）

〔チベット語訳〕

'chiṅ ba rnams ni gsum ste / 'dod chags daṅ źe sdaṅ gti mug go // 'di rnams kyis bciṅs pa rnams khams gsum las mi 'da' ba'i phyir ro //

（C 132b3, D 133a2, G 209b1, N 153b1, P 158b4–5; Akahane and Yokoyama［2015］p. 105, *ll.* 15–16, 磯田［1991］p. 5, *ll.* 26–27, Zh, vol. 63, p. 1201, *ll.* 16–18）

【先行研究における翻訳】

〔原文からの和訳〕

縛は三種である。貪、瞋、痴である。それらに束縛された者たちは三界を超えることがないからである。

（李ほか［2016］p. 62）

参考文献（2）

Abhidharmāvatāra

【チベット語訳】'chiṅ ba
【漢訳】縛

【定義的用例】

〔チベット語訳〕

kun tu[1)] sbyor ba rnams ni **'chiṅ ba**'i don yin la / kun tu[2)] sbyor ba gaṅ dag yin pa de dag **'chiṅ ba** [3)] yaṅ yin mod kyi 'on kyaṅ gtso bor gyur ba'i phyir [4)] de bźin gśegs pas mdo las /[5)] 'dod chags ni 'chiṅ ba / źe[6)] sdaṅ ni 'chiṅ ba / gti mug ni 'chiṅ ba źes **'chiṅ ba** gsum gsuṅs te / de dag gi mtshan ñid ni bśad zin to[7)] //

[1) 2)] *du* CD [3)] emended. CDGNP insert *la*. [4)] CD insert /. [5)] // G [6)] *źes* P [7)] *te* N

（C 310a2–3, D 309a1–2, G 500b4–5, N 411b4–5, P 401a1–3; Dhammajoti［2008］p. 227, *ll*. 28–32, Zh, vol. 82, p. 1565, *l*. 19–p. 1566, *l*. 3）

〔漢訳〕

先所説結亦即是**縛**。以即結義是**縛**義故。然契經中復説三**縛**。一貪縛。謂一切貪如愛結相説。二瞋縛。謂一切瞋如恚結相説。三癡縛。謂一切癡如無明結相説。

（巻上, T, vol. 28, 983b11–14）

【先行研究における翻訳と訳例】

〔チベット語訳からの和訳〕

結は**縛** bandhana の意味である。〔上に述べた九〕結なるものがすなわち**縛**でもあるけれども、〔貪・瞋・癡の三は煩悩の中でも〕きわ立っているので、如来によって、経中に、「貪 rāga は縛である。瞋 dveṣa は縛である。癡 moha は縛である、」と三**縛**が説かれている。これら〔貪・瞋・癡〕の相は〔先に23、三不善根の項で〕説明し了った。

（櫻部［1997c］p. 210）

〔漢訳からの英訳〕bondage

The fetters that have been described above are also the **bondages** (*bandhana*), as the meaning of the two terms are identical. In the *sūtra*, however, it is further mentioned that there are three **bondages**: (i) the greed bondage (*rāga-bandhana*), which comprises all greed, and is characterized by what has been described of the lust fetter; (ii) the hatred bondage (*dveṣa-bandhana*), which comprises all hatred, and is characterized by what has been described of the hostility fetter; and (iii) the delusion bondage (*moha-bandhana*), which comprises all delusion, and is characterized by what has been described of the ignorance fetter.

（DHAMMAJOTI［2008］p. 90）

〔漢訳からの仏訳〕lien

Les entraves dont nous venons de parler sont aussi des **liens** (*bandhana*), du fait que «entrave» est synonyme de «**lien**». Toutefois, le sūtra parle de trois liens (*bandhana*) :

— Le lien de convoitise (*rāgabandhana*) comprenant toutes les convoitises, synonyme (*paryāya*) de «entrave d'affection» (*anunayasaṃyojana*).

— Le lien de haine (*dveṣabandhana*), à savoir toutes les haines, synonyme (*paryāya*) de «entrave d'hostilité» (*pratighasaṃyojana*).

— Lé lien de sottise (*mohabandhana*) comprenant toutes les sottises, synonyme (*paryāya*) de «entrave de nescience» (*avidyāsaṃyojana*).

（VELTHEM［1977］p. 27）

105. anuśaya

【参考】櫻部［1955］，三友［1973］［1975］，西村［1974b］［1990］，池田［1980］，加藤［1981］［1982］，福田［1997］，陳［2001a］，西山［2001］，金［2011］，梶［2016］［2018］.

Madhyamakapañcaskandhaka

【訳例】悪の気質
【チベット語訳】phra rgyas

【定義的用例】

〔和訳〕

悪の気質という中で、ここでは、六つが**悪の気質**の根本である[1)]。貪り（→ 55. rāga）という悪の気質、敵愾心（→ 56. pratigha）という悪の気質、慢心（→ 57. māna）という悪の気質、無知（→ 33. avidyā）という悪の気質、見解（→ 99–101. dṛṣṭi, 102–103. parāmarśa）という悪の気質、疑念（→ 58. vicikitsā）という悪の気質である。これらの六つの**悪の気質**の中で、欲〔界〕の貪りと生存（＝色界、無色界）の貪りというものにより貪りを二種類に分けることで、また七種類になる。これら六つの**悪の気質**の中でまた、見解という悪の気質を壊れる集まりに対する見解（→ 99. satkāya-dṛṣṭi）などの五種類に分けることにより、**悪の気質**は十になる。これら十の**悪の気質**にとっての自性はまた、界の区別と部類の区別により、九十八になる。

その中で、界は三つである。欲界、色界、無色界である。… 部類の区別とは、それらの三界において、それぞれ五つである。苦〔の真実〕を見ることで断じられるもの（見苦所断）の部類、起源〔の真実を見ることで断じられるもの〕（見集所断）、抑止〔の真実を見ることで断じられるもの〕（見滅所断）、道〔の真実〕を見ることで断じられるもの（見道所断）、修習によって断じられるもの（修所断）である。その中で、苦の真実（苦諦）とは、結果である五取蘊である。原因であるそれら（五取蘊）が起源の真実（集諦）である。渇愛と行為（業）が尽きることで苦の真実が生じない、油と芯が尽きた灯火のごとき涅槃が抑止の真実（滅諦）である。それ（涅槃）を獲得する方法である八つの聖なる道（八聖道）が道の真実（道諦）である。

その中で、欲〔界〕に属する苦の真実に対して、無常、苦、空、無我として傾注する場合には、苦に対する理法に関する知識（→ 114. dharma-jñāna）〔を目指す〕認知（苦法智忍）と〔苦に対する〕理法に関する知識（苦法智）というものが生じる。それらにより欲〔界〕に属するこれら十の煩悩が断じられる。色〔界〕と無色〔界〕に属する苦の真実にも同様に傾注することで、苦に対する後続の知識（→ 115. anvaya-jñāna）〔を目指す〕認知（苦類智忍）と苦に対する後続の知識（苦類智）が生じる。それらにより〔以上の十煩悩から〕敵愾心（→ 56. pratigha）を除いた欲〔界〕に属する九つの煩悩と無色〔界〕に属する九つの煩悩という以上の十八の煩悩が断じられる。以上のように、三界の苦の真実を領解する、理法に関する〔知識を目指す認知〕と後続の知識〔を目指す〕認知と〔理法に関する知識〕と〔後続の〕知識というあり方の四つの瞬間により、苦〔の真実〕を見ることで断じられる二十八の**悪の気質**が断じられる。

それらの二十八の**悪の気質**から壊れる集まりに対する見解、極端を捉える見解（→ 100. antagrāha-dṛṣṭi）、戒めと誓いに対するこだわり（→ 103. śīlavrata-parāmarśa）を除けば、他の七つの**悪の気質**は欲界の〔起源の真実を見ることで断じられる〕ものであり、欲〔界〕に属する起源の真実に対して、因、起源、源泉、契機として傾注する場合には、〔苦の真実の場合と〕同様に、起源に対する理法に関する知識〔を目指す〕認知（集法智忍）と〔起源に対する〕理法に関する知識（集法智）が生じ、それらにより〔以上の悪の気質が〕断じられる。まさにそれら（七つの悪の気質）から敵愾心を除いた色〔界〕と無色界の二つの界に属する十二の**悪の気質**は、起源の真実を見る、起源に対する後続の知識〔を目指す〕認知（集類智忍）と〔起源に対する後続の〕知識（集類智）により断じられる。以上のように十九の**悪の気質**が起源〔の真実〕を見ることにより断じられる。

同様に、欲〔界〕に属する苦の抑止の真実（滅諦）について、抑止、寂静、卓越、出離という四つのあり方に傾注することで〔生じる〕、抑止に対する理法に関する知識〔を目指す〕認知（滅法智忍）と抑止に対する理法に関する知識（滅法智）により、起源〔の真実〕において説かれたそれら七つの**悪の気質**が断じられる。抑止に対する後続の知識〔を目指す〕認知（滅類智忍）と〔抑止に対する後続の〕知識（滅類智）により、色〔界〕と無色界に属する十二の**悪の気質**が断じられる。以上のように十九の**悪の気質**が三界の苦の抑止の真実を見ることにより断じられる。

同様に、欲〔界〕に属する苦を滅することへと向かう道の真実に対して、道、道理、実践、出立という四つのあり方に傾注することで〔生じる〕、道に対する理法に関する知識〔を目指す〕認知（道法智忍）と〔道に対する〕理法に関する知識（道法智）により、先に説かれた七つに先にはなかった戒めと誓いに対するこだわりを加えた八つが道の真実を見ることで断じられる。道に対する後続の知識〔を目指す〕認知（道類智忍）と〔道に対する〕後続の知識（道類智）により、色〔界〕と無色界に属する十四の**悪の気質**が道の真実を見ることで断じられる。以上のように二十二の**悪の気質**が道〔の真実〕を見ることにより断じられる。

見ることのように〔見ることの〕後に、苦などの真実を修習することにより断じられるものが修習によって断じられるものである。その中で、貪り、敵愾心、慢心、無知が欲界における修習によって断じられるものである。〔その四つから〕敵愾心を除いたものが色〔界〕と無色界における修習によって断じられるものである。全部まとめれば、九十八の**悪の気質**である。それらの中で、欲〔界〕に属するものは三十六である。色〔界〕に属するものは三十一である。無色〔界〕に属するものも三十一である。それらの中で、見ることで断じられるもの（見所断）は八十八である。

ここで解説された通りの**悪の気質**を断じる知識を具えることで、八〔種類〕の聖なる人となる。…

(2 存続（→ 67. sthiti）に随順するものにおいて、適宜、認識対象（所縁）と、結びつくこと（相応）とにより増進する（anu-√ śī）から 2)、**悪の気質**（anuśaya）と言う。あるいは微細であるから、あるいは自ら相続に結びつくから**悪の気質**である。**悪の気質**を解説し終えた。

1) 104. bandhana の『中観五蘊論』の和訳における脚注 1 を参照。

2) この箇所については『中観五蘊論』のチベット語訳に混乱がみられ、そのままでは理解することができない。『牟尼意趣荘厳』の解説を参考に訂正して和訳する。

〔チベット語訳〕

phra rgyas źes bya ba la[1] 'dir drug ni **phra rgyas** kyi rtsa ba ste / 'dod chags kyi phra rgyas daṅ[2] / khoṅ khro'i phra rgyas daṅ / ṅa rgyal gyi phra rgyas daṅ / ma[3] rig pa'i phra rgyas daṅ / lta ba'i phra rgyas daṅ / the tshom gyi[4] phra rgyas daṅ[5] źes bya ba ste / **phra rgyas** drug po 'di dag las 'dod pa'i 'dod chags daṅ / srid pa'i 'dod chags źes bya bas 'dod chags rnam pa gñis su dbye bas yaṅ rnam pa bdun du 'gyur ro // **phra rgyas** drug po 'di dag las yaṅ lta ba'i phra rgyas la 'jig[6] tshogs la lta ba la sogs pa rnam pa lṅa'i dbye bas **phra rgyas** bcur 'gyur te / **phra rgyas** bcu po 'di dag gi[7] raṅ gi ṅo bo yaṅ khams kyi dbye ba daṅ / bye brag gi[8] dbye bas dgu bcu rtsa brgyad du 'gyur ro //

de la khams ni gsum ste / 'dod pa'i khams daṅ / gzugs kyi khams daṅ / gzugs med pa'i khams so // … bye brag gi[9] dbye ba ni khams gsum po[10] de rnams la re re źiṅ lṅa lṅa ste / sdug bsṅal mthoṅ bas spaṅ bar bya ba'i ris daṅ / kun 'byuṅ daṅ [11] 'gog pa daṅ /[12] lam mthoṅ bas spaṅ bar bya ba dag daṅ / sgom[13] pas spaṅ bar bya ba źes bya'o // de la sdug bsṅal gyi[14] bden pa ni ñe bar len pa'i phuṅ po lṅa po 'bras bur gyur pa'o // de dag gi[15] rgyur gyur pa ni kun 'byuṅ ba'i bden pa'o // sred pa daṅ las yoṅs[16] su zad pas sdug bsṅal gyi bden pa śin tu ma skyes pa snum daṅ sñiṅ po yoṅs su zad pa'i mar me lta bu'i mya ṅan las 'das pa ni 'gog pa'i bden pa'o // de 'thob pa'i thabs 'phags pa'i lam yan lag brgyad pa ni lam gyi[17] bden pa'o //

de [18] la 'dod pa na spyod pa'i sdug bsṅal gyi[19] bden [(20]pa la[20)] mi rtag pa ñid daṅ / sdug bsṅal ba ñid daṅ / stoṅ pa ñid daṅ / bdag med pa ñid du yid la byed pa na sdug bsṅal la chos śes pa'i bzod pa daṅ / chos śes pa źes bya ba skye ste / de dag gis 'dod pa na spyod pa'i ñon moṅs pa bcu po 'di rnams rab tu spoṅ ṅo // gzugs daṅ gzugs med pa na spyod pa'i sdug bsṅal gyi bden pa yaṅ de bźin du yid la [(21]byas pas[21)] sdug bsṅal la rjes su śes pa'i bzod pa daṅ / sdug bsṅal la rjes su śes pa skye'o // de dag gis khoṅ khro ma gtogs pa'i gzugs na spyod pa'i ñon moṅs pa[22] dgu daṅ / gzugs med pa na spyod pa'i ñon moṅs pa dgu ste / de ltar bco brgyad spoṅ ste / de ltar khams gsum pa'i sdug bsṅal gyi bden pa mṅon par rtogs pa chos daṅ rjes su śes pa'i bzod pa daṅ / śes pa'i rnam pa'i skad cig ma bźis sdug bsṅal mthoṅ bas spaṅ bar bya ba'i **phra rgyas** ñi śu rtsa brgyad rab tu spoṅ ṅo //

phra rgyas ñi śu rtsa brgyad po de rnams las 'jig tshogs la lta ba daṅ / mthar 'dzin par lta ba daṅ / tshul khrims daṅ brtul źugs mchog tu 'dzin pa ma gtogs par **phra rgyas** gźan bdun po ni 'dod pa'i khams kyi 'dod pa na spyod pa'i kun 'byuṅ gi bden pa la rgyu ñid daṅ / kun [23] 'byuṅ ba ñid daṅ / rab tu skye ba ñid daṅ / rkyen ñid ces bya bar yid la byed pa na de ltar kun 'byuṅ la[24] chos śes pa'i bzod pa daṅ / chos śes pa [(25]skye ste[25)] / de dag gis spoṅ ṅo // de dag ñid las khoṅ khro bor ba khams gñis po gzugs[26] daṅ [27] gzugs med pa na spyod pa'i **phra rgyas** bcu gñis kun 'byuṅ ba'i bden pa mthoṅ ba kun 'byuṅ la rjes su śes pa'i bzod pa daṅ / śes pa dag gis rab tu spoṅ ste / de ltar **phra rgyas** bcu dgu ni kun 'byuṅ mthoṅ bas spoṅ ṅo //

de bźin du 'dod pa na spyod pa ni sdug bsṅal 'gog pa'i bden pa'i 'gog pa daṅ / źi ba daṅ / gya nom pa daṅ / ṅes par 'byuṅ ba'i rnam pa bźi yid la byed pas kun 'byuṅ la bstan pa'i **phra rgyas** bdun po de dag 'gog pa la chos śes pa'i bzod pa daṅ / 'gog pa la chos śes pa dag gis rab tu[28] spoṅ ṅo // 'gog pa la[29] rjes su śes pa'i bzod pa daṅ / śes pa dag gis gzugs daṅ gzugs med pa na[30)] spyod pa'i **phra rgyas** bcu gñis rab tu spoṅ ste / de ltar na **phra rgyas** bcu dgu ni khams gsum po'i[31)] sdug bsṅal 'gog pa'i bden pa mthoṅ bas rab tu spoṅ ṅo //

de bźin du 'dod pa na spyod pa'i sdug bsṅal 'gog par 'gro ba'i lam gyi[32)] bden pa la lam daṅ / rigs[33)] pa daṅ / sgrub pa daṅ / ṅes par [34)] 'byin pa'i rnam pa bźi yid la byed pa lam la chos śes pa'i bzod pa daṅ / chos śes pa dag gis sṅar bstan pa'i bdun po la tshul khrims daṅ brtul źugs mchog tu 'dzin pa sṅa ma la med pa bsnan pa'i brgyad ni lam gyi bden pa mthoṅ bas spoṅ ṅo // lam la rjes su śes pa'i bzod pa daṅ rjes su śes pa dag gis ni gzugs daṅ gzugs med pa na spyod pa'i phra[35)] rgyas bcu bźi lam gyi bden pa mthoṅ bas rab tu spoṅ bar byed [(36]de /[36)] de ltar na **phra rgyas** ñi śu rtsa gñis ni lam mthoṅ bas spaṅ[37)] bar [(38]bya ba'o[38)] //

sdug bsṅal la sogs pa'i bden pa bsgoms pas ji ltar mthoṅ ba'i rjes la spaṅ bar bya ba gaṅ yin pa de ni sgom[39)] pas spaṅ bar [(40]bya ba'o[40)] // de la 'dod chags daṅ / khoṅ khro ba daṅ / ṅa rgyal daṅ / ma rig pa rnams [41)] 'dod pa'i khams kyi[42)] sgom[43)] pas spaṅ bar bya ba'o // khoṅ khro ma gtogs pa rnams ni gzugs daṅ gzugs med pa'i khams na sgom[44)] pas spaṅ bar bya ba ste / kun bsdoms[45)] na **phra rgyas** dgu bcu rtsa brgyad do // de rnams las 'dod pa na spyod pa ni sum cu rtsa drug go // gzugs na[46)] spyod pa ni sum cu rtsa gcig / gzugs med pa na spyod pa yaṅ sum cu rtsa gcig go // de dag las mthoṅ bas spaṅ bar bya ba ni brgyad cu rtsa brgyad do //

'dir ji skad bśad pa'i **phra rgyas** spoṅ ba'i ye śes daṅ ldan pas 'phags pa'i gaṅ zag brgyad du 'gyur ro // …

[a…]gnas pa daṅ rjes su mthun pa'i dṅos po ji ltar 'byuṅ ba'i dmigs pa la rab tu sbyor ba daṅ / rjes su sbyor bas[47)] **phra rgyas** źes bya ba'am / phra ba'am bdag gis[48)] rgyud kyi rjes su 'brel pas **phra rgyas** so //[…a] **phra rgyas** bśad zin to //

[1)] om. GNP [2)] *da* P [3)] *mi* C [4)] *gyis* G [5)] om. CD [6)] *'jigs* G [7)] om. CD, G inserts *gyis* [8)] *gis* G [9)] *gis* G [10)] *pa* CD [11)] G inserts /. [12)] om. C [13)] *bsgom* CD [14)] *gyis* G [15)] *gis* G [16)] *yaṅs* N [17)] *gyis* G [18)] N inserts *de.* [19)] *gyis* G [20)] *pas* C [21)] *bya bas* CD [22)] om. P [23)] GP insert *du*, N inserts *tu.* [24)] *ba* GNP [25)] *skyes te* GNP [26)] om. CD [27)] CD insert /. [28)] om. GNP [29)] *las* GNP [30)] *ni* C [31)] *pa'i* GNP [32)] *gyis* G [33)] *rig* GNP [34)] GNP insert *'phra.* [35)] *phras* N [36)] *do //* CD, *de //* G [37)] *spoṅ* GNP [38)] *bya'o* GNP [39)] *bsgom* CD [40)] *bya'o* N [41)] GNP insert *ni.* [42)] *gyi* P [43)] *bsgom* CD [44)] *bsgom* CD [45)] *sdoms* GNP [46)] *ni* G [47)] *bar* P [48)] *gi* CDNP

[a] AKBh ad V. 39: atha ko 'yam anuśayārthaḥ … /

aṇavo 'nugatāś caite dvidhā cāpy anuśerate /

anubadhnanti yasmāc ca tasmād anuśayāḥ smṛtāḥ // V. 39

tatrāṇavaḥ sūkṣmapracāratvāt durvijñānatayā / anugatāḥ prāptyanuṣaṅgataḥ / anuśerate dvābhyāṃ prakārābhyām ālambanataḥ saṃprayogataś ca / anubadhnanty aprayogeṇa prativārayato 'pi punaḥ punaḥ saṃmukhībhāvāt / ebhiḥ kāraṇair[1)] anuśayā ucyante / [1)] PRADHAN本は、初版はkaraṇairとするが、第二版p. 308, *l*. 13と小谷・本庄［2007］p. 186, 注2の指摘に従い、kāraṇairと訂正する。（p. 308, *ll*. 7–12, cf. 小谷・本庄［2007］p. 183）

（C 256a3–6, 256b5–257b5, 258a1–3, D 259a4–7, 259b7–261a1, 261a5–6, G 354b5–355a3, 355b5–357a5, 357b4–5, N 286a6–b3, 287a3–288a7, 288b4–5, P 297a7–b2, 298a2–299a6, 299b3; LINDTNER［1979］p. 130, *l*. 20–p. 131, *l*. 2, p. 131, *l*. 30–p. 133, *l*. 27, p. 134, *l*. 15, Zh, vol. 60, p. 1582, *l*. 18–p. 1583, *l*. 7, p. 1584, *l*. 10–p. 1587, *l*. 2, p. 1587, *ll*. 17–19）

参考文献（1）

Munimatālaṃkāra

【原語】anuśaya
【チベット語訳】phra rgyas / bag la ñal

【定義的用例】

〔原文〕

anuśayāḥ ṣaṭ / rāgaḥ pratigho māno 'vidyā vicikitsā dṛṣṭiś ca / atra rāgo dvidhā / kāmarāgo rūpyārūpyarāgaś ca / dṛṣṭeḥ satkāyadṛṣṭyādipañcadhābhedena daś**ānuśayāḥ** / svarūpākārabhinnā dhātuprakārabhedā dvādaśottaraśatam aṣṭānavatiś ca bhavanti yathā tathā vakṣāmaḥ /

sthityutpattyanukūle vastuni yathāsambhavam ālambanasaṃprayogābhyām anuśerata ity **anuśayāḥ** / pravṛttidurlakṣyatayā vā sūkṣmeṇātmanā santānānubandhanād **anuśayāḥ** /

（李・加納［2015］p. 28, *ll*. 4–11）

〔チベット語訳〕

phra rgyas rnams ni drug ste 'dod chags daṅ /[1)] khoṅ khro daṅ ṅa rgyal daṅ ma rig pa daṅ the tshom daṅ lta ba'o // 'dir 'dod chags rnam pa gñis te 'dod pa'i 'dod chags daṅ [2] gzugs daṅ gzugs med pa'i 'dod chags so // lta ba 'jig tshogs la lta ba la sogs pa rnam[3] pa lṅar phye bas **phra rgyas** bcu rnams te raṅ gi ṅo bo yi[4] rnam pa tha dad pa daṅ / khams kyi rnam pa'i dbye ba bcu gñis [5] lhag pa'i brgya daṅ dgu bcu rtsa brgyad du'aṅ[6] 'gyur te ji ltar 'chad par 'gyur ba de [7] lta bu'o //

gnas pa daṅ skye ba'i rjes su mthun pa'i dṅos po rnams la /[8] ji ltar srid pa'i dmigs pa daṅ mtshuṅs par ldan pa dag la rgyas par 'gyur bas **phra rgyas** so // yaṅ na 'jug pa mtshon par dka' ba ñid kyis sam phra bas bdag ñid kyi rgyud kyi[9] rjes su 'brel ba'i[10] phyir **bag la ñal** lo //

1) om. NP 2) CD insert /. 3) *rnams* NP 4) *yis* CD 5) CD insert *kyis*. 6) *du yaṅ* CD 7) CD insert *ji*. 8) om. GP 9) om. D 10) *pa'i* G

（C 132b3–5, D 133a2–4, G 209b1–4, N 153b1–3, P 158b5–7; Akahane and Yokoyama［2015］p. 105, *l*. 18–p. 106, *l*. 11, 磯田［1991］p. 5, *ll*. 28–37, Zh, vol. 63, p. 1201, *l*. 18–p, 1202, *l*. 7）

【先行研究における翻訳】

〔原文からの和訳〕

随眠は六種である。貪、瞋（pratigha）、慢、無明、疑、見である。この中で、貪は二種である。欲貪と有色無色貪とである。見を有身見などの五種に分けることにより、**随眠**は十種となる。**随眠**は本性の種類により区分され、界と行相の区分を有するので、〔見所断の〕八十八種と〔それに修所断を加えた〕九十八種となる。まさにそのように後述しよう。

住と生に随順した事物において、適宜、所縁と相応との双方にもとづいて次第に増大するから（anuśerate）、「**随眠**」（anuśaya）である。あるいは、生起が見難い点で微細であるから、〔そして〕自ら相続と結びつくから、「**随眠**」（anuśaya）である 。

（李ほか［2016］pp. 62–63）

参考文献（2）

Abhidharmāvatāra

【チベット語訳】

【漢訳】随眠

【定義的用例】

〔チベット語訳〕

phra rgyas ni bdun te / 'dod pa la [(1]'dod chags daṅ /[1)] khoṅ khro ba daṅ / srid[2)] pa'i 'dod chags daṅ / ṅa rgyal daṅ ma rig pa daṅ lta ba daṅ the tshom gyi phra rgyas so // de rnams kyi mtshan ñid ni kun tu[3)] sbyor pa bsam pa'i skabs su bśad zin to // khams daṅ tshul daṅ rnam pa'i bye brag de dbye bar bya'o //

de la [4)] 'dod pa rnams la 'dod chags ni 'dod pa'i 'dod chags so // de ñid **phra rgyas** yin pas 'dod pa la 'dod chags kyi phra rgyas so // de la 'dod par gtogs pa'i 'dod chags sdug bsṅal daṅ kun 'byuṅ ba daṅ [5)] 'gog pa daṅ lam mthoṅ ba daṅ / bsgom pas spaṅ bar bya ba ni 'dod pa la 'dod chags kyi phra rgyas so // sdug bsṅal la sogs pa mthoṅ ba daṅ [6)] bsgom pas spaṅ bar bya ba'i khoṅ khro ba lṅa ni khoṅ khro ba'i phra rgyas so // gzugs daṅ gzugs med pa'i 'dod chags bcu po sdug bsṅal la sogs pa mthoṅ ba daṅ / bsgom pas spaṅ bar bya ba[7)] ni srid pa'i 'dod chags kyi phra rgyas so // naṅ du bltas[8)] par gyur pa daṅ bsam gtan daṅ gzugs med pa rnams la thar par[9)] 'du śes pa bzlog pa'i phyir khams gñis nas skyes[10)] pa'i 'dod chags so źes bde bar gśegs pas gsuṅs so // de bźin du khams gsum pa'i ṅa rgyal bco lṅa / sdug bsṅal la sogs pa mthoṅ ba daṅ /[11)] bsgom pas spaṅ bar bya ba ni ṅa rgyal gyi phra rgyas so // ma rig pa'i phra rgyas kyaṅ de bźin du khoṅ du chud par bya'o // khams gsum pa'i lta ba sum cu rtsa drug po dag ni lta ba'i phra rgyas te / de las 'dod par gtogs pa'i 'jig tshogs la lta ba daṅ / mthar 'dzin par lta ba daṅ / sdug bsṅal mthoṅ bas spaṅ bar bya ba'i log par lta ba daṅ / lta ba mchog tu 'dzin pa daṅ / tshul khrims daṅ brtul źugs[12)] mchog tu 'dzin pa daṅ / rgyu mthoṅ bas spaṅ bar bya ba'i log par lta ba daṅ / lta ba mchog tu 'dzin pa daṅ /[13)] 'gog pa mthoṅ bas spaṅ bar bya ba'i log par lta ba daṅ / lta ba mchog tu 'dzin pa daṅ / lam mthoṅ bas spaṅ bar bya ba'i log par lta ba daṅ / lta ba mchog tu 'dzin pa daṅ / tshul khrims daṅ brtul źugs mchog tu 'dzin pa de dag ni lta ba bcu gñis so // gzugs daṅ gzugs med pa yaṅ de bźin te / lta ba sum cu rtsa drug po de dag ni lta ba'i phra rgyas so // khams kyi the tshom bcu gñis ni / the tshom gyi phra rgyas te / de la 'dod par gtogs pa sdug bsṅal la sogs pa mthoṅ bas spaṅ bar bya ba bźi daṅ / de bźin du gzugs daṅ gzugs med pa dag go // …

phra rgyas kyi[14)] don ni phra ba'i don to // yaṅ na lus daṅ sems kyi rgyun gyi rjes su bsñags[15)] pa ste / chu na rgyu bas nam mkha' la rgyu ba'i grib ma bsñags pa lta bu'i phyir **phra rgyas** so // yaṅ na rjes su[16)] źugs pa ste til rnams til mar lta bu'i phyir **phra rgyas** so // yaṅ na ñe bar len pa'i phuṅ po lṅa rnams la dmigs pa daṅ ldan pa gñis kyis rgyas par 'gyur bas **phra rgyas** so // ci'i phyir rgyas par 'gyur źes bya źe na / dmigs pa daṅ ldan pa gñis kyis rtas[17] par 'gyur źes bya ba'i tha tshig go //

de ltar **phra rgyas** bdun po [18] khams daṅ tshul daṅ / rnam pa'i bye brag gis tha dad pa de dag (19dgu bcu19) rtsa brgyad du 'gyur te / 'dod pa na sdug bsṅal mthoṅ bas spaṅ bar bya ba bcu ste / 'jig tshogs la lta ba daṅ / mthar 'dzin par lta ba daṅ / log par lta ba daṅ / lta ba mchog tu 'dzin pa daṅ / tshul khrims daṅ brtul źugs[20] mchog tu 'dzin pa daṅ / the tshom daṅ 'dod chags daṅ /[21] khoṅ khro ba daṅ ṅa rgyal daṅ ma rig pa'o // kun 'byuṅ ba mthoṅ bas spaṅ bar bya ba bdun te / de dag gi naṅ nas 'jig tshogs la[22] lta ba daṅ / mthar 'dzin par lta ba daṅ / tshul khrims daṅ brtul źugs[23] mchog tu 'dzin pa ma gtogs pa rnams so // 'gog pa mthoṅ bas spaṅ bar[24] bya ba bdun te de dag ñid do // lam mthoṅ bas spaṅ bar bya ba brgyad de bdun po de dag ñid daṅ / tshul khrims daṅ brtul źugs[25] mchog tu 'dzin pa'o // bsgom pas spaṅ bar bya ba bźi ste / lta ba rnams daṅ / the tshom ma gtogs so // de ltar de dag ni 'dod par gtogs pa'i **phra rgyas** sum cu rtsa drug go // gzugs kyi khams rnams na ni de dag ñid las khoṅ khro ba lṅa ma gtogs so // gzugs med pa rnams na yaṅ de bźin te / de dag ni dgu bcu rtsa brgyad yin no //

[1] om. GNP [2] *sred* CD [3] *du* CD [4] GNP insert *'dod chags daṅ*. [5] GNP insert /. [6] CD insert /. [7] om. G [8] *ltas* GNP [9] *pa* N [10] *skyed* CD [11] om. CD [12] *śugs* GNP [13] om. C [14] *ni* DP [15] *bsñag* G [16] om. N [17] *brtag* CD [18] C inserts //, D inserts /. [19] emended. *brgyad cu* CDGNP [20] *śugs* GNP [21] om. CD [22] om. GNP [23] *śugs* GNP [24] om. N [25] *śugs* GNP

（C 310a3–b4, 310b7–311a6, D 309a2–b4, 309b7–310a6, G 500b5–501b4, 502a2–b4, N 411b5–412b1, 412b5–413a5, P 401a3–401b5, 402a1–402a8; Dhammajoti ［2008］ p. 228, *l.* 1–p. 229, *l.* 8, p. 229, *l.* 27–p. 230, *l.* 15, Zh, vol. 82, p. 1566, *l.* 3–p. 1567, *l.* 11, p. 1568, *l.* 1–p. 1569, *l.* 1）

〔漢訳〕

随眠有七種。一欲貪随眠、二瞋随眠、三有貪随眠、四慢随眠、五無明随眠、六見随眠、七疑随眠。此七別相結中已說。然應依界行相部別，分別如是七種随眠。

謂貪諸欲故名欲貪。此貪即随眠故名欲貪随眠。此唯欲界五部為五。謂見苦所斷乃至修所斷。瞋随眠亦唯欲界五部為五。有貪随眠唯色無色界各五部為十。内門轉故。為遮於靜慮無色解脱想故説二界貪名有貪。慢随眠通三界各五部為十五。無明随眠亦爾。見随眠通三界各十二為三十六。謂欲界見苦所斷具五見見集滅所斷唯有邪見及見取二。見道所斷唯有邪見見取戒禁取三。總為十二。上二界亦爾為三十六。疑隨眠通三界各四部為十二。謂見苦集滅道所斷。…

微細義是**隨眠**義。彼現起時難覺知故。或隨縛義是**隨眠**義。謂隨身心相續而轉如空行影水行隨故。或隨逐義是**隨眠**義。如油在麻膩在摶故。或隨增義是**隨眠**義。謂於五取蘊由所緣相應而隨增故。言隨增者謂隨所緣及相應門而增長故。

如是七種**隨眠**，由界行相部差別故成九十八**隨眠**。謂欲界見苦所斷具十**隨眠**。即有身見、邊執見、邪見、見取、戒禁取、疑、貪、瞋、慢、無明。見集所斷有七**隨眠**。於前十中除有身見、邊執見、戒禁取。見滅所斷有七**隨眠**亦爾。見道所斷有八**隨眠**。謂即前七加戒禁取。修所斷有四**隨眠**。謂貪、瞋、慢、無明。如是欲界有三十六**隨眠**。色界有三十一**隨眠**。謂於欲界三十六中除五部瞋。無色界亦爾。故有九十八**隨眠**。

（巻上, T, vol. 28, 983b15–29, 983c5–20）

【先行研究における翻訳と訳例】

〔チベット語訳からの和訳〕

随眠 anuśaya は七である。すなわち、欲貪 kāmarāga と瞋 pratigha と有貪 bhavarāga と慢と無明と見と疑との随眠である。

その中、(1) 欲に対する貪が欲貪である。それがすなわち**随眠**であるから欲貪随眠である。その場合、欲〔界〕繫の貪の苦・集・滅・道〔諦〕を見ること darśana と、修習 bhāvanā と、によって断ぜられるのが欲貪随眠である。(2) 苦など〔の四諦〕を見ることと修習とによって断ぜられる五つの瞋が瞋随眠である。(3) 色・無色〔界〕の十の貧の、苦など〔の四諦〕を見ることと修習とによって断ぜられるのが、有貪随眠である。〔欲界の貪と異って、色・無色界の貪はいずれも〕内に向つてはたらく〔故に〕、及び、〔色界の四〕静慮においても〔無色界の四〕無色〔定〕においても〔実には解脱しているのではないのに誤って〕「解脱した」という思い〔を起す者があるがそれ〕を遮止するための故に〔色・無色二界の貪を一つに纏めて、有貪という〕。「二界より生ずる貪あり」と善逝によって説かれている。(4) 同様に、三界の十五慢、すなわち苦など〔の四諦〕を見ることによっておよび修習によって断ぜられるもの、が慢随眠である。(5) 無明随眠も同様である。(6) 三界の見三十六が見随眠である。その中、欲〔界〕繫の、苦〔諦〕を見ることによって断ぜられる有身見と辺執身と邪見と見取と戒禁取と、因（集諦）を見ることによって断ぜられる邪見と見取と、滅〔諦〕

を見ることによって断ぜられる邪見と見取と、道〔諦〕を見ることによって断ぜられる邪見と見取と戒禁取と、〔以上〕これら〔欲界の見〕は十二見である。色・無色〔界〕も同様である。これら三十六が見随眠である。(7)〔三〕界の十二の疑は疑随眠である。それらの中には、欲〔界〕繫の苦など〔の四諦〕を見ることによって断ぜられる〔四〕と、同様に色・無色〔界繫の各四〕と、がある。…

随眠とは微細の意味である。また、身心の相続 saṃtāna に結合して離れぬ samanubadhnāti こと、あたかも鳥 khacara の影を魚 jalacara が追う如くであるから、**随眠**である。また、伴い行くことあたかも胡麻の中の胡麻油の如くであるから、**随眠**である。また、五取蘊に対して、所縁と相応との二によって随増する anuśerate（次第に増進する）から**随眠**である。何故に随増するかといえば、〔それを〕所縁〔とすること〕および〔それと〕相応〔すること〕の二によって随増する、という意味である。

このように**随眠**は七であるが、界と行相と部との別によってこれらは九十八となる。すなわち、欲〔界〕において、苦〔諦〕を見ることによって断ぜられるものは十であって、有身見・辺執見・邪見・見取・戒禁取・疑・貪・瞋・慢・無明である。集〔諦〕を見ることによって断ぜられるものは七であって、それら〔十〕の中から有身見・辺執見・戒禁取を除く。滅〔諦〕を見ることによって断ぜられるものは七であってそれら（直前の七）と同じ。道〔諦〕を見ることによって断ぜられるものは八であって、同じそれら七と戒禁取とである。修習によって断ぜられるものは四であって、〔五〕見と疑とを除く。以上これらが欲〔界〕繫の三十六随眠である。色界においてはそれらより五〔部の〕瞋を除く。無色〔界〕においても同様である。これらは〔すべてで〕九十八である。

（櫻部［1997c］pp. 210–212）

〔漢訳からの英訳〕proclivity

There are seven **proclivities** (*anuśaya*): (i) sensual-greed proclivity (*kāma-rāga-anuśaya*), (ii) hostility proclivity (*pratigha-anuśaya*), (iii) existence-greed proclivity (*bhava-rāga-anuśaya*), (iv) conceitproclivity (*māna-anuśaya*), (v) ignorance proclivity (*avidyā-anuśaya*), (vi) view proclivity (*dṛṣṭy-anuśaya*), (vii) doubt proclivity (*vicikitsā-anuśaya*). The individual characteristics of these seven have been explained in the description of the fetters. However, they are also to be classified under the spheres (*dhātu*) [in which they are found], their modes of activity (*ākāra*), and their classes (*nikāya*, *prakāra*).

Sensuality greed is so named as it is greed (*rāga*) for sensual desire (*kāma*). This greed itself is the **proclivity**, therefore it is named sensual-greed proclivity. There are five of this, belonging to the five classes in the sensesphere only, namely: the sensual-greed proclivity abandonable by insight into unsatisfactoriness (*duḥkha-darśana-prahātavya*) and so on up to that abandonable by cultivation (*bhāvanā-prahātavya*). The hostility proclivities are likewise five, belonging to the five classes of abandonables in the sense-sphere only. There are ten existence proclivities belonging to the five classes of abandonables of the fine-material and immaterial spheres only. The greed in the two higher spheres is given the name existence-greed because (i) it operates inwardly (*antarmukhapravṛttatvāt*), and (ii) it is for the sake of stopping the [erroneous] notion that [the attainment of] the meditations of the fine-material and immaterial spheres constitutes liberation (*mokṣasaṃjñāvyāvṛttaye*). There are fifteen conceit proclivities (*māna-anuśaya*), belonging to five classes of each of the three spheres. The same applies to the ignorance proclivities (*avidyā-anuśaya*). There are thirty-six view proclivities, there being twelve in each of the three spheres, as follows: In the sense-sphere (i) all the five views abandonable by insight into unsatisfactoriness; (ii) only two views, namely *mithyādṛṣṭi* and *dṛṣṭiparāmarśa*, abandonable by insight into the origin and cessation [of unsatisfactoriness] (iii) only three views, namely *mithyādṛṣṭi*, *dṛṣṭiparāmarśa*, and *śīlavrataparāmarśa*, abandonable by insight into path [leading to the cessation of unsatisfactoriness] — thus totalling twelve. The same applies for the two higher spheres. Thus in all there are thirty-six view-proclivities. There are twelve doubt proclivities: four belonging to the four classes of each of the three spheres, namely: those abandonable by insight into unsatisfactoriness, its origin, its cessation, and the path leading to its cessation, respectively. ...

The term **proclivity** (*anuśaya*) [is to be understood in four senses]: (i) In the sense of minuteness (*aṇu*), as it is difficult to detect their arising; (ii) In the sense of "binding along with" (*anu-√ bandh*) as they proceed together with the psycho-physical series (*saṃtāna*), like the image of a bird moving in the sky (*khacara*) being followed by a fish moving in water (*jalacara*); (iii) In the sense of "adhering with" (*anu-√ sanj*), as they are like the oil in seasame seeds or the grease in a morsel of food; (iv) In the sense of "developing in concordance with" (*anu-√ śī*), as they develop concordantly with regard to the five aggregates of grasping, when they take objects (*ālambanato 'nuśerate*) and when they are conjoined (*samprayogato 'nuśerate*). "Developing in concordance with" means growing by ways of taking objects and of being conjoined with the thought concomitants.

These seven kinds of **proclivities**, when subdivided with respect to the spheres, the modes of activity and the classes, become ninetyeight in number, [as follows]: In the sense-sphere, (i) there are ten **proclivities** abandonable by insight into [the truth of] unsatisfactoriness, namely: *satkāyadṛṣṭi*, *antagrāhadṛṣṭi*, *mithyādṛṣṭi*, *dṛṣṭiparāmarśa*, *śīlavrataparāmarśa*, doubt, greed, hatred, conceit and ignorance. (ii) There are seven **proclivities** abandonable by insight into the origin [of unsatifactoriness], namely the aforementioned ten less *satkāyadṛṣṭi*, *antagrāhadṛṣṭi* and *śīlavrataparāmarśa*, (iii) These seven **proclivities** are also abandonable by insight into the cessation [of unsatis-factoriness]. (iv) There are eight **proclivities** abandonable by insight into the path [leading to the cessation of unsatisfactoriness], namely aforementioned seven, with the addition of *śīlavrataparāmarśa*. (v) There are four **proclivities** abandonable by cultivation, namely: greed, hatred, conceit and ignorance. Thus, the total number of **proclivities** in the sense-sphere is thirty-six. There are thirty-one **proclivities** in the fine-material sphere, namely the thirty-six in the sensesphere, less the hatred under each of the five classes. The same applied to the immaterial sphere [proclivities]. Thus the total number of **proclivities** [in the three spheres] is ninety-eight.

(Dhammajoti〔2008〕pp. 90–92)

〔漢訳からの仏訳〕résidu latent

Les **résidus latents** (*anuśaya*) sont de sept catégories: résidus de l'avidité sensuelle (*kāmarāgānuśaya*), résidus d'hostilité (*pratighānuśaya*), résidus d'avidité d'existence (*bhavarāgānuśaya*), résidus d'orgueil (*mānānuśaya*), résidus de nescience (*avidyānuśaya*), résidus de vues (*dṛṣṭyanuśaya*), résidus de doute (*vicikitsānuśaya*). Ces sept catégories ont été traitées à propos des entraves (*saṃyojana*). Il faut néanmoins analyser ces sept espèces de **résidus latents** (*anuśaya*) en nous basant sur les différences de sphères d'existence (*dhātu*), d'aspects (*ākāra*) et de classes (*prakāra*).

Ce qui fait se complaire dans les plaisirs sensuels s'appelle avidité sensuelle (*kāmarāga*). Cette avidité (*rāga*) est en elle-même un **résidu latent** (*rāga evānuśaya*), c'est pourquoi elle est nommée résidu latent de l'avidité sensuelle (*kāmarāgānuśaya*). Celui-ci ne concerne que le monde du désir (*kāmadhātu*). Il en existe cinq classes (*prakāra*), depuis celui à détruire par la vision de la douleur (*duḥkhadarśanaprahātavya*) jusqu'à celui à détruire par la méditation (*bhāvanāprahātavya*). Les résidus latents d'hostilité (*pratighānuśaya*) sont eux aussi de cinq sortes: les cinq classes (*prakāra*) relevant du monde du désir (*kāmadhātupañcaprakāra*). Les résidus latents d'avidité d'existence (*bhava-rāgānuśaya*) sont de dix catégories, car ils comportent cinq classes (*prakāra*) et dans le monde de la matière subtile (*rūpadhātu*) et dans le monde immatériel (*ārūpyadhātu*). Parce qu'elle est introvertie (*antarmukhatvāt*) et qu'on veut écarter la notion d'une délivrance (propre aux) extases et aux recueillements (*dhyānārūpyamokṣasaṃjñāvyāvṛttaye*), l'avidité à l'endroit des deux sphères (*dhātu*) est dite «avidité d'existence» (*bhavarāga*). Les résidus latents d'orgueil (*mānānuśaya*) pénètrent les trois sphères d'existence (*traidhātuka*) chacune en cinq classes (*prakāra*). Il y en a donc quinze. Il en va de même pour les résidus latents de nescience (*avidyānuśaya*). Les résidus latents de vues (*dṛṣṭyanuśaya*) pénètrent les trois sphères d'existence chacune en douze classes (*prakāra*), ce qui en fait trente-six, à savoir, pour le monde du désir (*kāmadhātu*) : — Les cinq vues à détruire par la vision de la douleur (*duḥkhadarśanaprahātavya*). — Deux seulement (la vue fausse et l'estime injustifiée des vues) à détruire par la vision de l'origine et de la destruction (*samudayanirodhaprahātavya*). — Trois à détruire par la vision du Chemin (*mārgadarśanaprahātavya*), c'est-à-dire la vue fausse (*mithyādṛṣṭi*), l'estime injustifiée des vues (*dṛṣṭiparāmarśa*) et l'estime injustifiée de la moralité et des voeux (*śīlavrataparāmarśa*). Cela fait globalement douze. Comme il en va de même pour les deux sphères (*dhātu*) supérieures, il y en a trente-six. Les résidus latents de doute (*vicikitsānuśaya*) pénètrent les trois sphères d'existence chacune en quatre classes (*prakāra*). Il y en a donc douze, à détruire par la vision de la douleur (*duḥkha*), de l'origine (*samudaya*), de la destruction (*nirodha*) et du chemin (*mārga*). ...

Le sens de minuscùle (*aṇu*) est le sens même de **résidu latent** (*anuśaya*), parce qu'au moment de sa production, celui-ci est difficile à percevoir. Ou bien encore, le sens de suite (*anubandhana*) est-il synonyme de résidu latent, parce que ce dernier se déplace à la suite des séries corporelles et mentales, tout comme l'ombre (*chāyā*) suit l'oiseau (*antarīkṣaga*) sur l'eau. Le mot «adhérence» (*anusaṅga*) est également synonyme de **résidu latent**, en bonne analogie avec l'huile (*taila*) du chanvre (*tila*) : ce dernier devient gras quand on le presse. Le sens de «croître à la suite de» (*anuśerate*) est aussi celui de **résidu latent**. Nous voulons dire que ce dernier croît dans les cinq agrégats d'attachement (*pañcopādānaskandha*) à la suite de l'objet (*ālambanataḥ*) et de l'associé (*saṃprayogataḥ*). Qui dit «croître à la suite de» (*anuśerate*) dit «développement (*utkarṣa*) par l'objet (ālambanataḥ) et par l'associé (*saṃprayogataḥ*)».

Lorsque ces sept sortes de **résidus latents** (*anuśaya*) sont distingués par la sphère d'existence (*dhātu*), l'aspect (*ākāra*) et la classe (*prakāra*), ils forment quatre-vingt-dix-huit **résidus latents**. Dans le monde du désir (*kāmadhātu*), il y a : *a*) Dix résidus latents à détruire par la vision de la douleur (*duḥkhadarśana-prahātavya*). Ce sont : la croyance en la personnalité (*satkāyadṛṣṭi*), la croyance aux extrêmes (*antagrāhadṛṣṭi*), la vue fausse (*mithyādṛṣṭi*), l'estime injustifiée des vues (*dṛṣṭiparāmarśa*), l'estime injustifiée de la moralité et des voeux (*śīlavrataparāmarśa*), le doute (*vicikitsā*), l'avidité (*rāga*), l'hostilité (*pratigha*), l'orgueil (*māna*) et la nescience (*avidyā*). *b*) Sept **résidus latents** à détruire par la vision de l'origine (*samudayadarśanaprahātavya*), à savoir les dix précédents moins la croyance en la personnalité (*satkāyadṛṣṭi*), la croyance aux extrêmes (*antagrāhadṛṣṭi*) et l'estime injustifiée de la moralité et des voeux (*śīlavrata-parāmarśa*). *c*) Ces sept mêmes **résidus latents** sont à détruire par la vision de ladestruction (*nirodhadarśanaprahātavya*). *d*) Huit résidus latents sont à détruire par la vision du Chemin (*mārgadarśanaprahātavya*), à savoir les sept ci-devant plus l'estime injustifiée de la moralité et des voeux (*śīlavrataparā-marśa*). *e*) Quatre résidus latents sont à détruire par la méditation (*bhāvanā-prahātavya*), à savoir l'avidité (*rāga*), l'hostilité (*pratigha*), l'orgueil (*māna*) et la nescience (*avidyā*). Il y a donc trente-six **résidus latents** dans le monde du désir. Dans le monde de la matière subtile (*rūpadhātu*), il y a trente et un **résidus latents**, à savoir les trente-six du monde du désir, déduction faite des cinq classes d'hostilité (*rūpadhātau pañcaprakāraṃ pratigham apahāya ta eva rūpāvacarā ekatriṃśad anuśayā bhavanti*). Comme il en va de même dans le monde immatériel (*ārūpyadhātu*), il existe quatrevingt-dix-huit **résidus latents** (*tathārūpyadhātāv ity aṣṭanavatir matā anuśayāḥ*).

(VELTHEM [1977] pp. 27–30)

【参考】十随眠、三界、五部と九十八随眠の関係

		貪	瞋	無明	慢	疑	有身見	辺執見	邪見	見取	戒禁取		
欲界	見苦所断	■	■	■	■	■	■	■	■	■	■	10	36
	見集所断	■	■	■	■	■			■	■		7	
	見滅所断	■	■	■	■	■			■	■		7	
	見道所断	■	■	■	■	■			■	■	■	8	
	修所断	■	■	■	■							4	
色界	見苦所断	■		■	■	■	■	■	■	■	■	9	31
	見集所断	■		■	■	■			■	■		6	
	見滅所断	■		■	■	■			■	■		6	
	見道所断	■		■	■	■			■	■	■	7	
	修所断	■		■	■							3	
無色界	見苦所断	■		■	■	■	■	■	■	■	■	9	31
	見集所断	■		■	■	■			■	■		6	
	見滅所断	■		■	■	■			■	■		6	
	見道所断	■		■	■	■			■	■	■	7	
	修所断	■		■	■							3	

■ : 九十八随眠

106. upakleśa

【参考】西村［1990］，陳［2001b］，金［2011］，梶［2018］.

Madhyamakapañcaskandhaka

【訳例】広義の煩悩
【チベット語訳】ñe ba'i ñon moṅs pa

【定義的用例】

〔和訳〕

広義の煩悩について解説する。その場合、六つの随眠（→ 105. anuśaya）として解説された同じそれらは、(1 身体と言葉と思考の連続を汚す（√ kliś）から 1)、これらを煩悩（kleśa）と言う。その中で、まず、煩悩であるものは**広義の煩悩**で〔も〕ある。(2 一方で形成力のグループ（行蘊）に含まれるその他の汚れた心所法は 2) **広義の煩悩**（upakleśa）のみである。なぜならば、それらが心を汚す（upakleśana）からである。ではそれらは何か。欺瞞（→ 47. māyā）、自惚れ（→ 49. mada）、暴力（→ 46. vihiṃsā）、固執（→ 45. pradāśa）、怨恨（→ 50. upanāha）、不正直（→ 48. śāṭhya）などの多くの種類がアビダルマに説かれる。

1)『中観五蘊論』の蔵訳は … daṅ yid kyi rgyur ñon moṅs par byed pas とするが、『牟尼意趣荘厳』の解説を参考に rgyur を rgyud（santāna）と訂正して和訳する。また「思考の連続」の部分については、『牟尼意趣荘厳』では「心（citta）の連続」となっており、『中観五蘊論』の yid の原語が citta である可能性も考えられるが、ここでは同論のチベット語訳に沿って和訳をする。

2)『牟尼意趣荘厳』の ye tv anye kliṣṭāś caittā dharmā と比較した場合、『中観五蘊論』のチベット語訳は読みにくい。『牟尼意趣荘厳』の梵文を参考に訂正して和訳する。

〔チベット語訳〕

ñe ba'i ñon moṅs pa'i dbaṅ du byas nas brjod pa /1) de la phra rgyas drug tu brjod pa de dag ñid 2) lus daṅ ṅag daṅ yid kyi rgyud3) ñon moṅs par byed pas 'di dag la ñon moṅs pa źes bya'o // de la re źig ñon moṅs pa [4] gaṅ yin pa de dag ni **ñe ba'i ñon moṅs pa** [5] yin no // gźan gaṅ sems las byuṅ ba'i chos ñon moṅs pa can [6] 'du byed kyi phuṅ pos bsdus pa ni **ñe ba'i ñon moṅs pa** ñid de / de dag gis sems ñe bar ñon moṅs par byed pa'i phyir ro // de dag kyaṅ gaṅ źe na / [a…]sgyu[7] daṅ /[8] rgyags pa daṅ / rnam par 'tshe ba daṅ / 'tshig pa daṅ / khon[9] du 'dzin pa daṅ / g-yo la sogs pa rnam pa du ma chos mṅon pa las 'byuṅ[10] ṅo //[…a]

[1] om. CD [2] CD insert *du*. [3] emended. *rgyur* CDGNP [4] emended. CDGNP insert *can*. [5] CD insert *can*. [6] G inserts *du*. [7] *rgyu* P [8] om. GNP [9] *'kho*n GNP [10] *byuṅ* CD

[a] AKBh ad V. 46: anuśayāḥ pūrvam evoktāḥ / upakleśā vaktavyāḥ / tatra ye tāvat[1] kleśā upakleśā api te / cittopakleśanāt /

ye 'py anye caitasāḥ kliṣṭāḥ saṃskāraskandhasaṃjñitāḥ /
kleśebhyas te 'py upakleśās te tu na kleśasaṃjñitāḥ // V. 46

ye 'py anye kleśebhyaḥ kliṣṭā dharmāḥ saṃskāraskandhasaṃgṛhītāś caitasikās ta upakleśās te punar ye Kṣudravastuke paṭhitāḥ / iha tu paryavasthānakleśamalasaṃgṛhītān eva nirdekṣyāmaḥ / [1] Pradhan 本は初版、第二版ともに yāvat とするが、小谷・本庄［2007］p. 208, 注 1 の指摘に従い tāvat と訂正する。（p. 312, *ll*. 3–9, cf. 小谷・本庄［2007］p. 207）

AKVy: *ye Kṣudravastuke paṭhitā* iti Kṣudravastuke pravacanabhāge ye paṭhitāḥ / na tu cetanādaya evety abhiprāyaḥ / tadyathā aratir vijṛmbhikā cetaso līnatvaṃ tandrī bhakṣe 'samatā nānātvasaṃjñā amanasikāraḥ kāyadauṣṭhulyaṃ śṛṃgī bhittirīkā anārjavatā anārdavatā asvabhāvānuvartitā kāmavitarko vyāpādavitarko vihiṃsāvitarko jñātivitarko janapadavitarko 'maravitarko 'vamanyanāpratisaṃyukto vitarkaḥ kulodayatāpratisaṃyukto vitarkaḥ śoko duḥkhaṃ daurmanasyam upāyāsa iti / （p. 493, *l*. 26–p. 494, *l*. 1, cf. 小谷・本庄［2007］pp. 207–208）

『法蘊足論』巻九「雑事品」：一時薄伽梵在室羅筏住逝多林給孤獨園。爾時世尊告苾芻衆、「汝等若能永斷一法、我保汝等定得不還。一法謂貪。若永斷者我能保彼定得不還。如是瞋、癡、忿、恨、覆、惱、嫉、慳、誑、諂、無慚、無愧、慢、過慢、慢過慢、我慢、増上慢、卑慢、邪慢、憍、放逸、傲、憤發、矯妄、詭詐、現相、激磨、以利求利、惡欲、大欲、顯欲、不喜足、不恭敬、起惡言、樂惡友、不忍、耽嗜、遍耽嗜、染貪、非法貪、著貪、惡貪、有身見、有見、無有見、貪欲、瞋恚、惛沈、睡眠、掉舉、惡作、疑、瞢憒、不樂、頻申、欠呿、食不調性、心昧劣性、種種想、不作意、麁重、觝突、饕餮、不和軟性、不調柔性、不順同類、欲尋、恚尋、害尋、親里尋、國土尋、不死尋、

陵蔑尋、假族尋、愁、歎、苦、憂、擾惱於此一法若永斷者我能保彼定得不還」。（T, vol. 26, 494c2–14）『法蘊足論』「雑事品」における染汚法の詳細については、西村［2013］pp. 275–330 を参照。

（C 258b1–3, D 261b5–7, G 358a6–b2, N 289a5–7, P 300a3–6; Lindtner［1979］p. 135, *ll*. 7–16, Zh, vol. 60, p. 1588, *l*. 19–p. 1589, *l*. 7）

参考文献（1）

Munimatālaṃkāra

【原語】upakleśa
【チベット語訳】ñe ba'i ñon moṅs pa

【定義的用例】

〔原文〕

ete ca ṣaḍ anuśayāḥ kliśanti kāyavākcittasantānam iti kleśā ato 'py ucyante / ye ca kleśā **upakleśā** api te / ye tv anye kliṣṭāś caittā dharmā māyādayas ta **upakleśā** eva cittopakleśanāt /

（李・加納［2015］p. 29, *ll*. 6–9）

〔チベット語訳〕

phra rgyas drug po 'di rnams kyaṅ lus daṅ ṅag daṅ sems kyi rgyud ñon moṅs par byed pa'i phyir ñon moṅs pa rnams su'aṅ[1)] brjod do // gaṅ ñon moṅs pa de rnams **ñe ba'i ñon moṅs pa** yaṅ ṅo // gaṅ gźan sems las byuṅ ba'i chos ñon moṅs pa can sgyu la sogs pa de rnams ni **ñe ba'i ñon moṅs pa** kho na ste sems [(2]ñe bar[2)] ñon moṅs par byed pa'i phyir ro //

[1)] *su yaṅ* CD　[2)] om. D

（C 133a4–5, D 133b2–3, G 210a6–b2, N 154a4–5, P 159a8–3; Akahane and Yokoyama［2015］p. 107, *ll*. 10–19, 磯田［1991］p. 6, *ll*. 9–14, Zh, vol. 63, p. 1203, *ll*. 2–6）

【先行研究における翻訳】

〔原文からの和訳〕

そしてそれら六種の随眠は、身口意の相続を汚す。だから、この点からしても、煩悩といわれる。そして煩悩とは、**随煩悩**でもある。一方、誑などのその他の汚れた心所法は**随煩悩**でしかない。心を汚すもの（upakleśana）だからである。

（李ほか［2016］p. 64）

参考文献（2）

Abhidharmāvatāra

【チベット語訳】ñe ba'i ñon moṅs pa
【漢訳】随煩悩

【定義的用例】

〔チベット語訳〕

de dag ni lus daṅ sems kyi rgyud ñon moṅs par byed pas ñon moṅs pa rnams źes bya ste / ñon moṅs pa rnams gaṅ yin pa de dag ni **ñe ba'i ñon moṅs pa** yaṅ yin no // gaṅ dag de rnams las gźan pa sems las[1] byuṅ ba'i chos ñon moṅs pa can 'du byed kyi phuṅ por bsdus pa de dag ni **ñe ba'i ñon moṅs pa** ñid do // de dag kyaṅ gaṅ źe na sgyu[2] daṅ / rgyags pa daṅ / rnam par 'tshe ba daṅ /[3] dus che ba daṅ / khon du 'dzin pa daṅ / g-yo la sogs pa rnam pa du ma rgyud las 'byuṅ ba rnams so //

[1] om. G　[2] *rgyu* GNP　[3] om. GNP

（C 312a2–4, D 311a1–3, G 503b5–504a1, N 414a2–4, P 403a7–8; DHAMMAJOTI［2008］p. 232, *ll*. 15–23, Zh, vol. 82, p. 1570, *l*. 17–p. 1571, *l*. 1）

〔漢訳〕

煩亂逼惱身心相續故名煩惱。此即隨眠。**隨煩惱**者即諸煩惱亦名**隨煩惱**。復有**隨煩惱**。謂餘一切行蘊所攝染汚心所。與諸煩惱同蘊攝故。此復云何。謂誑、憍、害、惱、恨、諂等有無量種。如聖教説。

（巻上, T, vol. 28, 984a18–22）

【先行研究における翻訳と訳例】

〔チベット語訳からの和訳〕

… これらは身と心との相続を悩乱するゆえに煩悩というのであって、煩悩 kleśa なるものはすなわち**随煩悩** upakleśa でもある。また、これら〔煩悩〕より別なる、染汚の心所法であって、行蘊に含まれる、**随煩悩**もある。それらは何であるか。誑 māyā と憍 mada と害 vihiṃsā と悩 pradāsa と恨 upanāha と諂 śāṭhya など多種であって、相続から生ずる。

（櫻部［1997c］pp. 213–214）

〔漢訳からの英訳〕secondary defilement

The defilements (*kleśa*) are so named because they perturb and afflict (煩亂逼惱 — *kliśnantīti kleśāḥ*). the psycho-physical series. These [defilements] are none other than the proclivities. The defilements are also called **secondary defilements** (*upakleśa*). There are also **secondary defilements** comprising all the other defiled thought-concomitants included under the aggregate of conditionings, as they are included under the same aggregate as the defilements. [But they are not named defilements as they are not fundamental]. What, then are these? They are: deceptiveness (*māyā*), pride (*mada*), harmfulness (*vihiṃsā*), depraved opinionatedness (*pradāśa*), enmity (*upanāha*), dissimulation (*śāṭhya*), etc. — There are innumerable kinds of them, as explained in the Noble Teaching.

（DHAMMAJOTI［2008］p. 95）

〔漢訳からの仏訳〕souillure mineure

Les passions sont appelées «kleśa» parce qu'elles troublent et souillent les séries corporelles (*kāyasaṃtāna*) et les séries mentales (*cittasaṃtāna*). Les souillures mineures (*upakleśa*) : Là où il y a souillures, il y a aussi **souillures mineures** (*tatra ye yāvat kleśā upakleśā api te*). Il y a en outre des **souillures mineures** autres (que les souillures), à savoir des mentaux souillés faisant partie de l'agrégat des formations (*ye 'pyanye kleśebhyaḥ kliṣṭā dharmāḥ saṃskāraskan-dhasaṃgṛhītaś caitasikās ta upakleśāḥ*), donc du même agrégat que les souillures. Quelles sont-elles? Disons la tromperie (*māyā*), l'ivresse orgueilleuse (*mada*), la nuisance (*vihiṃsā*), la perversité (*pradāśa*), l'inimitié (*upanāha*), la dissimulation (*śāṭhya*) et d'innombrables autres espèces. Voici ce qu'a enseigné le Saint (*ārya*) : …

(VELTHEM [1977] p. 33)

107. paryavasthāna

【参考】陳〔2001a〕〔2001b〕，金〔2011〕，梶〔2018〕.

Madhyamakapañcaskandhaka

【訳例】纏わりつくもの
【チベット語訳】kun nas dkris pa

【定義的用例】

〔和訳〕

纏わりつくものとは、十の**纏わりつくもの**である。惛忿（→ 37. styāna）、眠気（→ 52. middha）、高ぶり（→ 38. auddhatya）、後悔（→ 51. kaukṛtya）、嫉妬（→ 44. īrṣyā）、吝嗇（→ 43. mātsarya）、自律的羞恥心の欠如（→ 39. āhrīkya）、他律的羞恥心の欠如（→ 40. anatrāpya）、怒気（→ 41. krodha）、隠蔽（→ 42. mrakṣa）である。… 纏わりついて心を完全に覆い続けるから、**纏わりつくもの**であり、善の側に向かうことを妨げるものに他ならない。

〔チベット語訳〕

kun nas dkris pa ni **kun nas dkris pa** bcu ste / rmugs pa daṅ / gñid daṅ / rgod[1)]pa daṅ / 'gyod pa daṅ / phrag dog daṅ / ser sna daṅ / ṅo tsha med pa [2)] daṅ /[3)] khrel med pa daṅ / khro ba daṅ / 'chab pa'o // … kun nas 'khri źiṅ sems la thams cad du dkris nas gnas pas[4)] **kun nas dkris pa** ste / dge ba'i phyogs la 'jug pa'i bar [5)] chad byed pa ñid do //

1) *rkad* N　2) N inserts *de*.　3) om. N　4) *pa* GNP　5) G inserts *ba*.

[a] AKBh ad V. 47–48a: kāni punaḥ paryavasthānānīty āha / kleśo 'pi hi[1)] paryavasthānam (2kāmarāgaparyavasthānapratyayaṃ duḥkham[2)] iti sūtre vacanāt / *Prakaraṇaśāstre* tu

āhrīkyam anapatrāpyam īrṣyāmātsaryam uddhavaḥ /
kaukṛtyaṃ styānamiddhaṃ ca paryavasthānam aṣṭadhā //　V. 47

vaibhāṣikanyāyena punar daśa paryavasthānāny etāni cāṣṭau

krodhamrakṣau ca　V. 48a

1) PRADHAN 本は、初版、第二版ともに、kleśā apīhi とするが、小谷・本庄［2007］p. 212, 注 1 の指摘に従い、kleśo 'pi hi と訂正する。 2) PRADHAN 本は、初版、第二版ともに、kāmarāgaparyavasthānapratyayaduḥkham とするが、小谷・本庄［2007］p. 212, 注 3 の指摘に従い、kāmarāgaparyavasthānapratyayaṃ duḥkham と訂正する。（p. 312, *ll.* 9–14, cf. 小谷・本庄［2007］p. 209）

（C 259a1–2, 259b1–2, D 262a5–6, 262b6–7, G 359a3–4, 359b6–360a1, N 289b7–290a1, 290b2, P 300b5–6, 301a6–7; LINDTNER［1979］p. 136, *ll.* 11–14, p. 137, *ll.* 18–20, Zh, vol. 60, p. 1590, *ll.* 5–8, p. 1591, *ll.* 12–13）

参考文献（1）

Munimatālaṃkāra

【原語】paryavasthāna
【チベット語訳】kun nas dkris pa

【定義的用例】

〔原文〕

paryavasthānāni daśa / styānaṃ middham auddhatyaṃ kaukṛtyam īrṣyā mātsaryam āhrīkyam anapatrāpyaṃ krodho mrakṣaś ca / … paryavanahya samantād baddhvā tiṣṭhatīti **paryavasthānāny** atyantakuśalapakṣapravṛttiviruddhatvāt /

（李・加納［2015］p. 30, *ll.* 5–6, *ll.* 18–19）

〔チベット語訳〕

kun nas dkris pa rnam pa bcu ste rmugs pa daṅ gñid daṅ rgod pa daṅ 'gyod pa daṅ phrag dog daṅ ser sna daṅ ṅo tsha med pa daṅ khrel med pa daṅ[1] khro ba daṅ 'chab pa'o // … kun nas sbrel te kun nas bciṅs[2] nas gnas pas **kun nas**[3] **dkris pa** rnams te dge ba'i phyogs la 'jug pa daṅ śin tu 'gal ba ñid kyi phyir ro //

1) om. CD 2) *bciṅ* GNP 3) *na* G

（C 133b2, 133b5–6, D 133b7–134a1, 134a4, G 211a2–3, 211b3–4, N 154b3–4, 155a2–3, P 160a1–2, 160b1; AKAHANE and YOKOYAMA［2015］p. 109, *ll.* 10–12, p. 111, *ll.* 7–8, 磯田［1991］p. 6, *ll.* 28–30, *ll.* 40–41, Zh, vol. 63, p. 1203, *l.* 21–p. 1204, *l.* 2, p. 1204, *ll.* 13–15）

【先行研究における翻訳】

〔原文からの和訳〕

纏は十種である。惛沈、睡眠、掉挙、悪作、嫉、慳、無慚、無愧、忿、覆である。… 結び付けてから、あまねく束縛し続けるので、**纏**である。善分の生起と畢竟反立するからである。

（李ほか［2016］pp. 65–66）

参考文献（2）

Abhidharmāvatāra

【チベット語訳】kun nas dkris te 'dug pa
【漢訳】纏

【定義的用例】

〔チベット語訳〕

kun nas dkris te 'dug pa ni bcu ste / rmugs pa daṅ / gñid daṅ /[1] rgod pa daṅ / 'gyod pa daṅ / phrag dog daṅ / ser sna daṅ / ṅo tsha med pa daṅ / khrel med pa daṅ / khro ba daṅ 'chab pa'o // … sems la[2] kun nas dkris te gnas pas **kun nas dkris te** [3] **'dug pa** rnams so //

[1] om. GNP [2] emended. *las* CDGNP [3] GNP insert / *'dug gnas pas kun nas dkris te*.

（C 312b1, 312b5–6, D 311a7–b1, 311b5, G 504a6–b1, 504b6, N 414b2–3, 415a1, P 403b5–6, 404a3–4; Dhammajoti［2008］pp. 233–234, Zh, vol. 82, p. 1571, *ll*. 16–18, p. 1572, *l*. 13）

〔漢訳〕

纏有十種。謂惛沈、睡眠、掉舉、惡作、嫉、慳、無慚、無愧、忿、覆。… 此十**纏**縛身心相續。故名為**纏**。

（巻上, T, vol. 28, 984b6–7, 19）

107. paryavasthāna

【先行研究における翻訳と訳例】

〔チベット語訳からの和訳〕

纏 paryavasthāna は十である。すなわち、惛沈 styāna・睡眠 middha・掉挙 auddhatya・悪作 kaukṛtya・嫉 īrṣyā・慳 mātsarya・無慚 āhrīkya・無愧 anatrāpya・忿 krodha・覆 mrakṣa である。…〔以上の十はいずれも〕心を纏縛して在るから、**纏**である。

（櫻部［1997c］pp. 215–216）

〔漢訳からの英訳〕 envelopment

There are ten **envelopments**: torpor (*styāna*), drowsiness (*middha*), restlessness (*auddhatya*), remorse (*kaukṛtya*), jealousy (*īrṣyā*), avarice (*mātsarya*), immodesty (*ahrī*), shamelessness (*anapatrapā*, *anapatrāpya*), anger (*krodha*), concealment (*mrakṣa*). … These ten are given the name "**envelopments**" as they envelop one's psycho-physical series.

（DHAMMAJOTI［2008］pp. 96–97）

〔漢訳からの仏訳〕 enveloppement

Les **enveloppements** (*paryavasthāna*) sont de dix espèces: la langueur (*styāna*), la torpeur (*middha*), l'excitation (*auddhatya*), la malignité (*kaukṛtya*), la jalousie (*īrṣyā*), l'avarice (*mātsarya*), le disrespect (*āhrīkya*), l'absence de crainte (*anapatrāpya*), la colère (*krodha*) et l'hypocrisie (*mrakṣa*). … Ces dix **enveloppements** lient les séries corporelles et mentales, d'où leur nom d'**enveloppements** (*paryavasthāna*).

（VELTHEM［1977］pp. 35–36）

108. āsrava

【参考】柏原［1978］，榎本［1978］［1979］［1983］.

Madhyamakapañcaskandhaka

【訳例】漏れ
【チベット語訳】zag pa

【定義的用例】

〔和訳〕

漏れは、すなわち、三つの**漏れ**である。欲望の漏れ、生存の漏れ、無知の漏れである。

その中で、無知（→ 33. avidyā）を除いた欲〔界〕に属するその他の煩悩に十の纏わりつくもの（→ 107. paryavasthāna）を加えたものが欲望の漏れであると知るべきである。〔すなわち〕四十一の実体である。色〔界〕と無色〔界〕に属する悪の気質（→ 105. anuśaya）であり、無知を除いた五十二の実体が生存の漏れである。では、いかなる理由で色〔界〕と無色〔界〕に属する悪の気質をまとめて生存の漏れとしたのか。その二つともが善でも不善でもなく（無記）、内面に向かい〔働き〕、精神集中している段階に属するものであるという三つの等しい性質の故に、一つにしたのである。三界の十五の無知が無知の漏れである。いかなる理由でこれを別に設けたのか。それがあらゆる煩悩の根本であるが故に、他ならぬ**漏れ**として別に設けた。…

… **漏れ**（āsrava）とは輪廻に留まらせること（√ās）である[1]。有頂〔天〕から無間〔地獄〕に至るまで、〔心身の〕六つの領域（六内処）という傷から漏れ出るから、あるいは〔心の〕連続を対象に向かって漏れ出させるから**漏れ**である。

[1]『中観五蘊論』のチベット語訳によれば「漏れとは輪廻へと漏れることである」となるが、下に注として示す『倶舎論』の解説中の āsayanti saṃsāre という一節を参考にして和訳する。

〔チベット語訳〕

[a...]**zag pa** ni 'di ltar **zag pa** gsum ste / 'dod pa'i zag[1] pa daṅ /[2] srid pa'i zag pa daṅ / ma rig pa'i zag pa'o //

de la ma rig[3] pa ma gtogs[4] pa 'dod pa na spyod pa'i ñon moṅs pa gźan kun nas dkris pa bcu daṅ bcas pa ni 'dod pa'i zag par rig par bya ste /[5] rdzas bźi bcu rtsa gcig go // gzugs daṅ gzugs med pa na spyod pa'i phra rgyas ma rig pa ma gtogs pa rdzas lṅa bcu rtsa gñis ni srid pa'i zag pa'o // yaṅ rgyu gaṅ gis (6gzugs daṅ6) gzugs med pa na spyod pa'i phra rgyas rnams bsdoms nas srid pa'i zag par byas śe na / de gñi ga yaṅ luṅ du ma bstan[7] pa daṅ / kha naṅ du bltas pa daṅ / mñam par gźag[8] pa'i sa pa yin pa'i [9] chos mtshuṅs pa ñid gsum gyis gcig tu byas so // khams gsum pa'i ma rig pa bco lṅa ni ma rig pa'i zag pa'o // rgyu gaṅ gis 'di[10] logs śig tu bźag[11] ce na 'di ltar de ñon moṅs pa thams cad kyi rtsa bar gyur pa des na **zag pa** ñid du logs śig tu bźag[12] go //[13) ...a] …

… [b...]**zag pa** ni 'khor bar zag pa ñid de / srid pa'i rtse mo nas mnar med pa'i bar du skye mched drug gi rma nas 'dzag pa'i phyir ram / rgyud[14] yul rnams la[15] 'dzag par byed pas **zag pa**'o //[...b]

1) gzag 2) om. GNP 3) *rigs* P 4) *gtags* N 5) om. CD 6) emended. om. CDGNP 7) *bltan* N 8) *bźag* N 9) CD insert *phyir*. 10) om. GNP 11) *gźag* CD 12) *gźag* CD 13) om. N 14) *rgyu* CD 15) *las* CD

[a] AKBh ad V. 35–36: eta evānuśayāḥ sūtre bhagavatā traya āsravā uktāḥ kāmāsravo bhavāsravo 'vidyāsrava iti / catvāra oghāḥ kāmaugho bhavaugho dṛṣṭyogho 'vidyaughaś ca / catvāro yogā eta eva / catvāry upādānāni kāmopādānaṃ[1] dṛṣṭyupādānaṃ[2] śīlavratopādānam ātmavādopādānam iti / tatra tāvat

kāme saparyavasthānāḥ kleśāḥ kāmāsravo vinā /
mohena V. 35abc

avidyāṃ varjayitvānye kāmāvacarāḥ kleśāḥ saha paryavasthānaiḥ kāmāsravo veditavya ekacatvāriṃśad dravyāṇi / ekatriṃśad anuśayāḥ pañcaprakārām avidyāṃ hitvā daśa paryavasthānāni /

anuśayā eva rūpārūpye bhavāsravaḥ // V. 35cd

vinā moheneti vartate / rūpārūpyāvacarā[3] avidyāvarjyā anuśayā bhavāsravo dvāpañcāśad dravyāṇi / rūpāvacarāḥ ṣaḍviṃśatir anuśayāḥ pañcaprakārām avidyāṃ hitvā / ārūpyāvacarāḥ ṣaḍviṃśatiḥ / nanu ca tatrāpy asti paryavasthānadvayaṃ styānam auddhatyaṃ ca / *Prakaraṇeṣu* coktaṃ bhavāsravaḥ katamaḥ / avidyāṃ sthāpayitvā yāni tadanyāni rūpārūpyapratisaṃyuktāni / saṃyojanabandhanānuśayopakleśaparyavasthānānīti / kasmād iha tasyāgrahaṇam / asvātantryād iti kāśmīrāḥ / kiṃ punaḥ kāraṇaṃ rūpārūpyāvacarā anuśayāḥ samasyaiko bhavāsrava[4] uktaḥ /

avyākṛtāntarmukhā hi te samāhitabhūmikāḥ /

ata ekīkṛtāḥ V. 36abc

te hy ubhaye 'py avyākṛtā antarmukhapravṛttāḥ samāhitabhūmikāś ceti trividhena sādharmyeṇaikīkṛtāḥ[5] / yenaiva ca kāraṇena bhavarāga uktas tenaiva bhavāsrava ity avidyedānīṃ traidhātuky avidyāsrava iti siddham / tāni pañcadaśa dravyāṇi / kiṃ kāraṇam asau pṛthag vyavasthāpyate / sarveṣāṃ hi teṣāṃ

mūlam avidyety āsravaḥ pṛthak // V. 36cd

[1] PRADHAN 本は、初版は kāmopadānaṃ とするが、第二版 p. 306, *l.* 4、ならびに小谷・本庄［2007］p. 171, 注 3 の指摘に従い、kāmopādānaṃ と訂正する。 [2] PRADHAN 本は、初版は dṛṣṭyupādānā とするが、第二版 p. 306, *ll.* 4–5、ならびに小谷・本庄［2007］p. 171, 注 4 の指摘に従い、dṛṣṭyupādānaṃ と訂正する。 [3] PRADHAN 本は、初版、第二版ともに、rūpārūpyāvarā とするが、小谷・本庄［2007］p. 175, 注 1 の指摘に従い、rūpārūpyāvacarā と訂正する。 [4] PRADHAN 本は、初版、第二版ともに、bhavāgra とするが、小谷・本庄［2007］p. 175, 注 4 の指摘に従い、bhavāsrava と訂正する。 [5] PRADHAN 本は、初版、第二版ともに、sādharmyeṇaikatāḥ とするが、小谷・本庄［2007］p. 175, 注 5 の指摘に従い、sādharmyeṇaikīkṛtāḥ と訂正する。

[b] AKBh ad V. 40: āsayanti saṃsāre āsravanti bhavārād yāvad avīciṃ ṣaḍbhir[1] āyatanavraṇair ity āsravāḥ / … evaṃ tu sādhīyaḥ syād / āsravaty ebhiḥ saṃtatir viṣayeṣv ity āsravāḥ / tadyathā āyuṣmanto naur mahadbhir abhisaṃskāraiḥ pratisroto nīyate / sā teṣām eva saṃskārāṇāṃ pratiprasrabdhyā[2]-alpakṛcchreṇānusrota uhyata iti sūtravādānusārāt / [1] PRADHAN 本は、初版は ṣaṅbhir とするが、第二版 p. 308, *l.* 16、ならびに小谷・本庄［2007］p. 186, 注 3 の指摘に従い、ṣaḍbhir と訂正する。 [2] PRADHAN 本は、初版は gratiprasravdhyā、第二版 p. 308, *l.* 19 は pratiprasravdhyā とするが、小谷・本庄［2007］p. 186, 注 4 の指摘に従い、pratiprasrabdhyā と訂正する。（p. 308, *ll.* 15–19, cf. 小谷・本庄［2007］p. 183）

（C 259b3–6, 260a6–7, D 263a1–4, 263b4–5, G 360a3–b1, 361a3–4, N 290b4–291a1, 291b2–3, P 301a8–b5, 302a5–6; LINDTNER［1979］p. 137, *l.* 27–p. 138, *l.* 8, p. 139, *ll.* 7–10, Zh, vol. 60, p. 1591, *l.* 19–p. 1592, *l.* 9, p. 1593, *ll.* 13–15）

参考文献（1）

Munimatālaṃkāra

【原語】āsrava
【チベット語訳】zag pa

【定義的用例】

〔原文〕

āsravās trayaḥ kāmabhavāvidyāsravāḥ / tatrāvidyāṃ vinānye kāmāvacarāḥ kleśāḥ saha daśabhiḥ paryavasthānaiḥ kāmāsravaḥ / rūpārūpyāvacarā avidyāvarjā anuśayā evāvyākṛtā antarmukhapravṛttāḥ samāhitabhūmikā bhavāsravaḥ / avidyā traidhātukī avidyāsravaḥ / iyaṃ ca sarvakleśānāṃ mūlabhūtā / ataḥ pṛthag vyavasthāpitā //

āsravanti bhavāgrād avīciṃ ṣaḍbhir āyatanavraṇair iti vāsravaty ebhiḥ santatir viṣaye tiṣṭhati vety **āsravaḥ** //

（李・加納［2015］p. 31, *ll*. 6–12）

〔チベット語訳〕

zag pa rnams[1] gsum ste 'dod pa daṅ srid pa daṅ ma rig pa'i zag pa'o // de la ma rig pa[2] ma gtogs pa gźan 'dod pa na[3] spyod pa'i ñon moṅs pa kun nas dkris pa bcu daṅ bcas pa rnams ni 'dod pa'i zag pa'o // ma rig pa bor ba'i phra rgyas ñid gzugs daṅ gzugs med pa na spyod pa luṅ du ma bstan pa kha naṅ du bltas nas 'jug pa mñam par gźag pa'i sa rnams ni srid pa'i zag pa'o // khams gsum pa'i ma rig pa ni ma rig pa'i zag pa'o // 'di ni ñon moṅs pa thams cad kyi rtsa bar gyur pa ste de'i phyir logs su[4] rnam par bźag[5] go //[6]

srid pa'i rtse mo nas mnar med pa'i bar du skye mched drug gi rma nas[7] 'dzag pa'i phyir ram 'di rnams kyis zag par byed pa'am rgyud yul la gnas par byed pa'i phyir **zag pa**'o //

[1] *rnam* CD [2] *pas* NP [3] *ni* C [4] *par* GNP [5] *gźag* CD [6] om. P [7] *gnas* N

（C 133b7–134a3, D 134a6–b1, G 211b6–212a3, N 155a5–b1, P 160b3–7; Akahane and Yokoyama［2015］p. 111, *l*. 18–p. 112, *l*. 7, 磯田［1991］p. 7, *ll*. 6–14, Zh, vol. 63, p. 1204, *l*. 20–p. 1205, *l*. 8）

【先行研究における翻訳】

〔原文からの和訳〕

漏は三種である。欲漏と有の漏と無明漏である。その中で、欲漏とは、無明を除外した、その他の欲界の煩悩で、十纏をあわせたものである。有の漏とは、色界と無色界の、無明以外の、随眠にほかならず、無記であり、内に向かって生起し(内門転)、三昧の地に属するものである。無明漏とは、三界所属の無明である。そしてそれ（無明）は、あらゆる煩悩にとっての根本となっている。だから個別に〔漏として〕規定されるのである。

六種の処という傷によって、有頂から無間〔地獄〕に至るまで漏れ出るから、あるいは、これら（欲と有と無明との漏）によって相続が境に対して漏れ出るから、または留まるから、「**漏**」である。

（李ほか［2016］pp. 66–67）

参考文献（2）

Abhidharmāvatāra

【チベット語訳】zag pa
【漢訳】漏

【定義的用例】

〔チベット語訳〕

zag pa ni gsum ste 'dod pa'i zag pa daṅ / srid pa'i zag pa daṅ / ma rig pa'i zag pa'o //

de la 'dod pa na spyod pa'i ma rig pa ma gtogs pa [1] gźan 'dod par gtogs pa'i[2] [3] ñon moṅs pa kun nas dkris[4] te 'dug pa daṅ bcas pa rdzas bźi bcu rtsa gcig po gaṅ yin pa 'di ni 'dod pa'i zag pa ste ma rig pa lṅa ma gtogs pa / phra rgyas sum cu rtsa gcig daṅ kun nas dkris te 'dug pa bcu'o // gzugs daṅ gzugs med pa'i ma rig pa ma gtogs pa'i phra rgyas kun nas dkris te 'dug pa daṅ bcas pas[5] rdzas lṅa bcu rtsa bźi ni [6] srid pa'i zag pa ste / gzugs su gtogs pa'i phra rgyas ñi śu rtsa drug daṅ / de bźin du gzugs med pa'i daṅ / rmugs pa daṅ rgod pa'o // luṅ du mi ston par mtshuṅs pa daṅ naṅ du bltas[7] par gyur pa daṅ [8] mñam par bźag[9] pa'i sa pa yin pa'i phyir khams gñis nas skyes pa gcig tu bsdus so // khams gsum pa'i ma rig pa bco lṅa ni ma rig pa'i zag pa'o //

khams gsum du 'jog ste mya ṅan las 'da' ba'i bar chad byed pa'i phyir **zag pa** daṅ / srid pa'i rtse mo nas mnar med pa'i bar dag tu skye mched drug gi sgo nas zag pas **zag pa**'o //[10)]

[1)] N inserts /. [2)] *pa ni* G [3)] CD insert /. [4)] *bkris* G [5)] sic read *pa*. [6)] CD insert /. [7)] *ltas* GNP [8)] CD insert /. [9)] *gźag* CD [10)] / N

（C 313a2–6, D 312a1–5, G 505a4–b3, N 415a5–b3, P 404a8–b5; Dhammajoti［2008］p. 235, *ll*. 12–32, Zh, vol. 82, p. 1573, *ll*. 3–17）

〔漢訳〕

漏有三種。謂欲漏、有漏、無明漏。

欲界煩惱并纏除無明名欲漏。有四十一物。謂三十一隨眠并十纏。色無色界煩惱并纏除無明名有漏。有五十四物。謂上二界各二十六隨眠。并惛沈掉舉同無記故、内門轉故、依定地故、二界合立一有漏名。三界無明名無明漏。有十五物以無明是諸有本故、別立漏等。

稽留有情、久住三界、障趣解脱。故名為**漏**。或令流轉從有頂天至無間獄。故名為**漏**。或彼相續於六瘡門泄過無窮。故名為**漏**。

（巻上, T, vol. 28, 984b27–c7）

【先行研究における翻訳と訳例】

〔チベット語訳からの和訳〕

漏 āsrava は三であって、欲漏・有漏・無明漏である。

その中、(1) 欲〔界〕繫 kāmāvacara の無明を除いた他の欲〔界〕に属する kāma-paryāpanna 煩悩ならびに纏なる四十一物 dravya なるものが欲漏であって、五無明を除いた三十一随眠と十纏とである。(2) 色・無色の無明を除いた随眠ならびに纏なる五十四物は有漏 bhavāsrava であって、色〔界〕に属する二十六随眠と、同様に無色〔界〕の〔二十六〕と、惛沈と掉挙とである。〔これらは〕ひとしく無記であり、また、〔同じく〕内に向ってはたらき、〔おなじく、心が〕三昧に入った samāhita 地 bhūmi に属するから、〔色・無色の〕二界より生ずる〔煩悩〕をひとまとめにして〔有漏と呼ぶのである〕。(3) 三界の十五無明が無明漏である。

三界においてはたらき涅槃のさまたげをなすから**漏**であり、有頂 bhavāgra〔天〕から無間 avīci〔地獄〕まで六処の門によって漏れるから**漏**といわれる。

（櫻部［1997c］p. 217）

〔漢訳からの英訳〕 outflow

There are three kinds of **outflows** (*āsrava*): sensuality outflow (*kāmāsrava*), existence outflow (*bhavāsrava*) and ignorance outflow (*avidyāsrava*).

The sensuality outflow consists of all the defilements and envelopments in the sense-sphere, with the exception of ignorance. There are altogether forty-one entities (*dravya*), namely: thirty-one proclivities and ten envelopments. The existence outflow consists of all the defilements and envelopments in the fine-material and immaterial spheres, with the exception of ignorance. There are altogether fifty-four entities, namely: twenty-six proclivities [— thirty-one proclivities less five forms of *moha* —] in each of the two upper spheres, as well as torpor and restlessness. The name existence outflow is given to the [defilements of the] two [upper] spheres collectively, because they all (i) are morally non-defined (*avyākṛtatvāt*), (ii) operate inwardly (*antarmukhapravṛttatvāt*) and (iii) pertain to the stage of concentration (*samāhitabhūmikatvāt*). The ignorance outflow consists of all the ignorance in the three spheres. There are altogether fifteen entities, [namely, the ignorance belonging to each of the five classes of abandonables, in each of the three spheres]. Ignorance is separately classified as an outflow etc., as it is the root (*mūla*) of all forms of existence.

The **outflows** are so named because they keep (*āsayanti*) beings for a long time in the three spheres of existence, [thus] hindering their progress towards liberation. Or, because they cause beings to flow round (*āsravanti*) from the highest plane of existence (*bhavāgra*) to [the lowest], the Avīci hell. Or, because they incessantly discharge (*kṣar*) inexhaustible impurities through the six wound-like entrances [— the six sense faculties —] of beings (*ṣadbhir āyatanavranaiḥ*).

(Dhammajoti〔2008〕pp. 97–98)

〔漢訳からの仏訳〕 impur

Les **impurs** (*āsrava*) sont trois : l'impur sensuel (*kāmāsrava*), l'impur existentiel (*bhavāsrava*) et l'impur d'ignorance (*avidyāsrava*).

Les souillures du monde du désir, plus les enveloppements, moins l'ignorance, sont ce qu'on appelle l'impur sensuel. Il y en a quarante et une, à savoir trente et un résidus latents et les dix enveloppements (*avidyāṃ varjayitvā 'nye kāmāvacarāḥ kleśāḥ saha paryavasthānaiḥ kāmāsravo veditavya ekacatvā-*

riṃśad dravyāṇi ekatriṃśad anuśayā daśa paryavasthānāni). Les souillures du monde de la matière subtile et du monde immatériel jointes aux enveloppements, abstraction faite de l'ignorance, sont appelées l'impur existentiel (*rūpārūpyāvacarā avidyāvarjyāḥ kleśāḥ saha paryavasthānair bhavāsravaḥ*). Elles sont cinquante-quatre, soit vingt-six résidus latents dans chacun des deux mondes supérieurs, plus la langueur et l'excitation (*catuḥpañcādaśad dravyāṇi rūpāvacarāḥ ṣaḍviṃśatir anuśayā ārūpyāvacarāḥ ṣadviṃśatiḥ saha styānauddhatyābhyām*). Comme elles sont toutes également indéterminées et introverties et qu'elles s'appuient sur des terres de recueillement, leur ensemble dans les deux mondes supérieurs porte un seul nom : celui d'impur existentiel (*te hy ubhaye 'py avyākṛtā antarmukhapravṛttāḥ samāhitabhūmikāścety ekatāḥ*). L'ignorance répandue dans le triple monde est dite impur d'ignorance. Il y en a quinze sortes. C'est en considérant l'ignorance comme origine de l'existence qu'on la particularise en tant qu'impur (*traidhātuky avidyeti avidyāsravas / tāni pañcadaśadravyāṇi / sarveṣāṃ hi teṣāṃ mūlam avidyety āsravaḥ pṛthagvyavasthāpyate*).

On parle des «**impurs**» (*āsrava*) en tant que ces derniers assignent longtemps les êtres à résidence dans le triple monde (*āsayanti traidhātuke*), font obstacle à la vue de la délivrance (*mokṣagame antarāyā*), coulent depuis le ciel du sommet de l'existence jusqu'à l'enfer sans intervalle (*āsravanti bhavāgrād yāvad avīcim*) et font en sorte que les séries se prolongent inépuisablement par les six blessures (*ṣaḍbhir āyatanavraṇaiḥ*).

(VELTHEM [1977] pp. 37–38)

【参考】九十八随眠と漏の関係

		貪	瞋	無明	慢	疑	有身見	辺執見	邪見	見取	戒禁取		
欲界	見苦所断	○	○	△	○	○	○	○	○	○	○	10	36
	見集所断	○	○	△	○	○			○	○		7	
	見滅所断	○	○	△	○	○			○	○		7	
	見道所断	○	○	△	○	○			○	○	○	8	
	修所断	○	○	△	○							4	
色界	見苦所断	◎		△	◎	◎	◎	◎	◎	◎	◎	9	31
	見集所断	◎		△	◎	◎			◎	◎		6	
	見滅所断	◎		△	◎	◎			◎	◎		6	
	見道所断	◎		△	◎	◎			◎	◎	◎	7	
	修所断	◎		△	◎							3	
無色界	見苦所断	◎		△	◎	◎	◎	◎	◎	◎	◎	9	31
	見集所断	◎		△	◎	◎			◎	◎		6	
	見滅所断	◎		△	◎	◎			◎	◎		6	
	見道所断	◎		△	◎	◎			◎	◎	◎	7	
	修所断	◎		△	◎							3	

■：九十八随眠

○：欲漏　　無明を除く欲界繫の三十一随眠に十纏を加えたもの（41 法）

◎：有漏　　無明を除く色界繫と無色界繫の随眠（52 法）

△：無明漏　　三界繫の無明（15 法）

漏の合計　108 法

109. ogha

【参考】北條［1982］［1983］.

Madhyamakapañcaskandhaka

【訳例】激流
【チベット語訳】chu bo

【定義的用例】

〔和訳〕

激流には、四つの**激流**がある。欲望の激流、生存の激流、見解の激流、無知（→ 33. avidyā）の激流である。

その中で、見解以外の他ならぬ欲望の漏れ（→ 108. āsrava）が欲望の激流であり、二十九の実体である。見解を除いた他ならぬ生存の漏れが生存の激流であり、二十八の実体である。三界の見解が見解の激流であり、三十六の実体である。他ならぬ無知の漏れが無知の激流であり、十五の実体である。…

奪い去るから**激流**である。それに服従することから、それらがそれを持つ者を運び去る（√ vah）。

〔チベット語訳〕

[a...]**chu bo** źes bya ba la / **chu bo** ni bźi ste / 'dod pa'i chu bo daṅ / srid pa'i chu bo daṅ / lta ba'i chu bo daṅ /[1)] ma rig pa'i chu bo źes bya ba'o //

de la lta ba las gźan pa'i 'dod pa'i zag pa ñid ni 'dod pa'i chu bo ste rdzas ñi śu rtsa dgu'o // lta ba bor ba'i srid pa'i zag pa ñid srid pa'i chu bo ste / rdzas ñi śu rtsa brgyad do // khams gsum pa'i lta ba ni lta ba'i chu bo ste / rdzas sum cu rtsa drug go // ma rig pa'i zag pa ñid ni ma rig pa'i chu bo ste rdzas bco lṅa'o //[...a] …

[b...]khyer bar byed pas na **chu bo** ste / de'i rjes su mthun par byed pa'i phyir [2)] de dag gis de daṅ ldan par khyer bar 'gyur ro //[...b]

[1)] om. GNP [2)] G inserts /.

[a] AKBh ad V. 37: yathā caite āsravā uktā veditavyaḥ

tathaughayogā dṛṣṭīnāṃ pṛthagbhāvas tu pāṭavāt / V. 37ab

kāmāsrava eva kāmaughaḥ kāmayogaś ca / evaṃ bhavāsrava eva bhavaugho bhavayogaś cānyatra dṛṣṭibhyaḥ / tāḥ kila paṭutvād oghayogeṣu pṛthak sthāpitāḥ /

nāsraveṣv asahāyānāṃ na kilāsyānukūlatā // V. 37cd

āsayantīty āsravāṇāṃ nirvacanaṃ paścād vakṣyate / na ca kila kevalā dṛṣṭaya āsyānukūlāḥ paṭutvāt / ata āsraveṣu na pṛthak sthāpitāḥ / miśrīkṛtya sthāpitā iti tad evaṃ kāmaugha ekānatriṃśad dravyāṇi / rāgapratighamānāḥ pañcadaśa vicikitsāś catasro daśa paryavasthānānīti / bhavaugho 'ṣṭāviṃśatir dravyāṇi / rāgamānā viṃśatir vicikitsāṣṭau / dṛṣṭyoghaḥ ṣaṭtriṃśad dravyāṇi / avidyaughaḥ pañcadaśa dravyāṇi / oghavad yogā veditavyāḥ /（p. 307, *ll*. 2–10, cf. 小谷・本庄［2007］pp. 175–176）

[b] AKBh ad V. 40: harantīty oghāḥ / … evaṃ tu sādhīyaḥ syād / … adhimātravegatvād oghāḥ / (1tair hi1) tadvān uhyate tadanuvidhānāt / 1) Pradhan 本は、初版、第二版ともに、tarhi とするが、小谷・本庄［2007］p. 186, 注 6 の指摘に従い、tair hi と訂正する。（p. 308, *ll*. 15–19, cf. 小谷・本庄［2007］p. 183）

（C 259b6–260a1, 260a7, D 263a4–6, 263b5, G 360b1–3, 361a4–5, N 291a1–3, 291b3, P 301b5–7, 302a6–7; Lindtner［1979］p. 138, *ll*. 9–16, p. 139, *ll*. 10–12, Zh, vol. 60, p. 1592, *ll*. 10–15, p. 1593, *ll*. 15–17）

参考文献（1）

Munimatālaṃkāra

【原語】ogha
【チベット語訳】chu bo

【定義的用例】

〔原文〕

oghāś catvāraḥ / tatrānyatra dṛṣṭibhyaḥ kāmabhavāvidyāsravā eva kāmabhavāvidyaughās trayaḥ / traidhātukyo dṛṣṭayo dṛṣṭyoghaś caturthaḥ / harantīty **oghāḥ** / tair hi tadvān uhyate tadanuvidhānāt //

（李・加納［2015］p. 31, *ll*. 14–15）

〔チベット語訳〕

chu bo rnams ni bźi ste de la lta ba rnams las gźan pa 'dod pa daṅ srid pa daṅ ma rig pa'i zag pa rnams kho na (1'dod pa1) daṅ srid pa daṅ ma rig pa'i chu bo gsum mo // khams gsum pa'i lta ba rnams lta ba'i chu bo ste bźi pa'o // khyer bas na **chu bo** ste de rnams kyis de daṅ ldan pa 'khyer[2] bas te de'i rjes su bsgrub[3] pa'i phyir ro //

1) om. GNP 2) *khyer* CDN 3) *sgrub* CD

（C 134a3–4, D 134b1–2, G 212a3–5, N 155b1–2, P 160b7–161a1; Akahane and Yokoyama〔2015〕p. 112, *ll.* 9–14, 磯田〔1991〕p. 7, *ll.* 15–19, Zh, vol. 63, p. 1205, *ll.* 8–12）

【先行研究における翻訳】

〔原文からの和訳〕

暴流は四種である。その中で、見を除いて、欲暴流と有暴流と無明暴流の三者は、欲漏と有の漏と無明漏と同じである。第四の見暴流は、三界所属の見である。奪い去るものだから「**暴流**」である。というのも、それを備えたものが、それに随順することにもとづき、それら（暴流）によって運び去られるからである。

（李ほか〔2016〕p. 67）

参考文献（2）

Abhidharmāvatāra

【チベット語訳】chu bo
【漢訳】瀑流

【定義的用例】

〔チベット語訳〕

chu bo ni bźi ste [1] 'dod pa'i chu bo daṅ / srid pa'i chu bo daṅ / lta ba'i chu bo[2] daṅ / ma rig pa'i chu bo'o //

de la 'dod pa'i zag pa ñid las lta ba'i rnams bton te / rdzas ñi śu rtsa dgu ni 'dod pa'i chu bo'o // srid pa'i zag pa ñid las lta ba rnams ma gtogs pa rdzas sum cu ni srid[3] pa'i chu bo'o //[4] khams gsum pa'i lta ba rdzas sum cu rtsa drug ni lta ba'i chu bo'o[5] // de dag ma yin pa'i lta ba ñon moṅs pa gźan daṅ ldan pa rnams daṅ / khams gsum pa'i ma rig pa ma 'dres pa rdzas brgya rtsa brgyad po de dag ni ma rig pa'i chu bo'o //

dge ba las sems can rnams ded pas **chu bo** ste chu'i chu bo lta bu'o //

[1] CD insert /. [2] *ba* C [3] *sred* CD [4] / D [5] *ba'o* C

（C 313a6–b1, D 312a5–b1, G 505b3–6, N 415b3–5, P 404b5–8; Dhammajoti［2008］p. 235, *l*. 35–p. 236, *l*. 13, Zh, vol. 82, p. 1573, *l*. 17–p. 1574, *l*. 4）

〔漢訳〕

瀑流有四。謂欲有見無明瀑流。

欲漏中除見名欲瀑流。有二十九物。有漏中除見名有瀑流。有三十物。三界諸見名見瀑流。有三十六物。三界相應不共無明名無明瀑流。有十五物。

漂奪一切有情勝事。故名**瀑流**。如水瀑流。

（巻上, T, vol. 28, 984c8–13）

【先行研究における翻訳と訳例】

〔チベット語訳からの和訳〕

暴流 ogha は四であって、欲暴流・有暴流・見暴流・無明暴流である。

この中、(1)〔上に述べた〕同じ欲漏から見を除いた二十九物は欲暴流である。(2) 同じ有漏から見を除いた三十物は有暴流である。(3) 三界の見なる三十六物は見暴流である。(4)〔それらと〕相応する、および不共なる、三界の無明なる十五物が無明暴流である。

水の流れの如く、有情を善から運び去る apaharati から**暴流**である。

（櫻部［1997c］p. 218）

〔漢訳からの英訳〕flood

There are four **floods** (*ogha*): sensuality flood (*kāmaugha*), existence flood (*bhavaugha*), view flood (*dṛṣṭyogha*) and ignorance flood (*avidyaugha*).

The sensuality flood consists of all the sensuality outflows, with the exception of the views. There are altogether twenty-nine entities (*dravya*). The existence flood consists of all the existence outflows excluding the views. There are altogether thirty entities. The view flood consists of the [twelve] views in [each ot] the three spheres. There are altogether thirty-six entities. The ignorance flood consists of the conjoined and the unique (*āveṇika*) ignorance [of the five classes of abandonables] in [each ot] the three spheres. There are altogether fifteen entities.

They are given the name **floods** as they drift away the good things of beings, as does a flood.

（DHAMMAJOTI［2008］pp. 98–99）

〔漢訳からの仏訳〕torrent

Les **torrents** (*ogha*) sont quatre : torrent sensuel (*kāmaugha*), torrent existentiel (*bhavaugha*), torrent des vues (*dṛṣṭyogha*) et torrent d'ignorance (*avidyaugha*).

L'impur sensuel (*kāmāsrava*), à l'exclusion des vues (*dṛṣṭi*), voilà ce qu'on nomme torrent sensuel (*kāmaugha*). Il y en a vingt-neuf (*ekānnatriṃśad dravyāṇi*). L'impur existentiel (*bhavāsrava*) moins les vues (*dṛṣṭi*) constitue le torrent existentiel (*bhavaugha*). Celui-ci est de trente sortes (*triṃśad dravyāṇi*). Toutes les vues du triple monde s'appellent torrent des vues (*dṛṣṭyogha*). Il y en a trente-six (*ṣaṭtriṃśad dravyāṇi*). L'ignorance associée au triple monde (*traidhātukasaṃprayuktāvidyā*) et l'ignorance exclusive (*avidyā āveṇikī*) se nomment torrent d'ignorance (*avidyaugha*). Celui-ci est de quinze types (*pañcadaśa dravyāṇi*).

C'est parce qu'ils mènent le bien des êtres à la dérive (*sattvasaṃpattiṃ haranti*) qu'on parle de «**torrents**» (*ogha*), par comparaison avec le torrent d'eau.

（VELTHEM［1977］pp. 38–39）

【参考】九十八随眠と瀑流の関係

		貪	瞋	無明	慢	疑	有身見	辺執見	邪見	見取	戒禁取		
	見苦所断	○	○	△	○	○	×	×	×	×	×	10	
	見集所断	○	○	△	○	○			×	×		7	
欲界	見滅所断	○	○	△	○	○			×	×		7	36
	見道所断	○	○	△	○	○			×	×	×	8	
	修所断	○	○	△	○							4	
	見苦所断	◎		△	◎	◎	×	×	×	×	×	9	
	見集所断	◎		△	◎	◎			×	×		6	
色界	見滅所断	◎		△	◎	◎			×	×		6	31
	見道所断	◎		△	◎	◎			×	×	×	7	
	修所断	◎		△	◎							3	
	見苦所断	◎		△	◎	◎	×	×	×	×	×	9	
	見集所断	◎		△	◎	◎			×	×		6	
無色界	見滅所断	◎		△	◎	◎			×	×		6	31
	見道所断	◎		△	◎	◎			×	×	×	7	
	修所断	◎		△	◎							3	

■：九十八随眠

○：欲瀑流

無明を除く欲界繫の三十一随眠に十纏を加えたものから欲界繫の十二見を除いたもの（29 法）

◎：有瀑流

無明を除く色界繫と無色界繫の五十二随眠から色界繫と無色界繫の二十四見を除いたもの（28 法）

×：見瀑流

三界繫の見（36 法）

△：無明瀑流

三界繫の無明（15 法）

瀑流の合計　108 法

110. yoga

【参考】なし

Madhyamakapañcaskandhaka

【訳例】くびき
【チベット語訳】sbyor ba

【定義的用例】

〔和訳〕

同じこれら四つ〔の激流（→ 109. ogha）〕が四つの**くびき**であると知るべきである。… 様々な苦に結び付けるから、あるいは絶え間なく結合するように働くから、あるいは対象に結びつけるから**くびき**である。

〔チベット語訳〕

[a...]bźi po 'di dag[1)] ñid **sbyor ba** bźir rig par bya'o //[2)...a] … [b...]sdug bsṅal sna tshogs la kun tu[3)] sbyor ba'i phyir ram[4)] / yaṅ daṅ yaṅ du rjes su 'brel bar 'jug par [(5]byed pa'i[5)] phyir ram / yul la sbyor ba'i phyir **sbyor ba**'o //[...b]

1) *bdag* GNP　2) om. G　3) *du* CDG　4) *daṅ* C　5) *bye ba'i* N

[a] AKBh ad V. 37: yathā caite āsravā uktā veditavyaḥ

tathaughayogā dṛṣṭīnāṃ pṛthagbhāvas tu pāṭavāt /　V. 37ab

kāmāsrava eva kāmaughaḥ kāmayogaś ca / evaṃ bhavāsrava eva bhavaugho bhavayogaś cānyatra dṛṣṭibhyaḥ / tāḥ kila paṭutvād oghayogeṣu pṛthak sthāpitāḥ /

nāsraveṣv asahāyānāṃ na kilāsyānukūlatā //　V. 37cd

āsayantīty āsravāṇāṃ nirvacanaṃ paścād vakṣyate / na ca kila kevalā dṛṣṭaya āsyānukūlāḥ paṭutvāt / ata āsraveṣu na pṛthak sthāpitāḥ / miśrīkṛtya sthāpitā iti tad evaṃ kāmaugha ekānatriṃśad dravyāṇi / rāgapratighamānāḥ pañcadaśa vicikitsāś catasro daśa paryavasthānānīti / bhavaugho 'ṣṭāviṃśatir dravyāṇi / rāgamānā viṃśatir vicikitsāṣṭau / dṛṣṭyoghaḥ ṣaṭtriṃśad dravyāṇi / avidyaughaḥ pañcadaśa dravyāṇi / oghavad yogā veditavyāḥ /（p. 307, *ll.* 2–10, cf. 小谷・本庄［2007］pp. 175–176）

[b] AKBh ad V. 40: śleṣayantīti yogāḥ / … evaṃ tu sādhīyaḥ syād / … nātimātrasamudācāriṇo[1)] 'pi yogā vividhaduḥkhasaṃyojanāt ābhīkṣṇyānuṣaṅgato vā / [1)] PRADHAN 本は、初版、第二版ともに、nātimātrasamudācāriṇo とするが、小谷・本庄［2007］p. 186, 注 7 の指摘に従い、nādhimātrasamudācāriṇo と訂正する。（p. 308, *ll.* 16–20, cf. 小谷・本庄［2007］pp. 183–184）

（C 260a1, 260a7–b1, D 263a6, 263b5–6, G 360b3, 361a5, N 291a3, 291b3–4, P 301b7, 302a7–8; LINDTNER［1979］p. 138, *l.* 17, p. 139, *ll.* 12–14, Zh, vol. 60, p. 1592, *l.* 16, p. 1593, *ll.* 17–19）

参考文献（1）

Munimatālaṃkāra

【原語】yoga
【チベット語訳】sbyor ba

【定義的用例】

〔原文〕

oghā eva catvāro **yogāḥ** / vividhaduḥkhasaṃyojanāc chleṣayantīti vābhīkṣṇānuṣaṅgato vā viṣayeṣu yojayanti vā **yogāḥ** //

（李・加納［2015］p. 32, *ll.* 1–2）

〔チベット語訳〕

sbyor ba rnams ni chu bo bźi po kho na ste sdug bsṅal sna tshogs la kun tu[1)] sbyor bas ldan par byed pa'am yaṅ yaṅ du rjes su 'brel pa'am[2)] yul rnams la sbyor bar byed pas **sbyor ba**'o //

[1)] *du* CDGP [2)] *pa* CD

（C 134a4, D 134b2–3, G 212a5–6, N 155b2–3, P 161a1–2; AKAHANE and YOKOYAMA［2015］p. 112, *l.* 16–p. 113, *l.* 1, 磯田［1991］p. 7, *ll.* 20–22, Zh, vol. 63, p. 1205, *ll.* 13–15）

【先行研究における翻訳】

〔原文からの和訳〕

四種の**軛**は、暴流と同じである。種々の苦悩と結びつくことによって接合させるから、あるいは間断なく結合するから、あるいは諸々の境に結びつかせるから「**軛**」〔という〕。

（李ほか［2016］p. 67）

参考文献（2）

Abhidharmāvatāra

【チベット語訳】sbyor ba
【漢訳】軛

【定義的用例】

〔チベット語訳〕

sbyor ba rnams kyaṅ tshul 'di daṅ 'dra ste /·ṅes pa'i tshig tu na[1] sems can chu bos bdas[2] pa rnams[3] khams daṅ 'gro ba daṅ / skye[4] gnas daṅ[5] sa rnams su sbyor bar byed pas **sbyor ba** ste /[6] sdug bsṅal rnam pa sna tshogs dag la sbyor bar byed ces bya ba'i tha tshig go //

[1] om. G　[2] *gdas* GNP　[3] CD insert /.　[4] *skyes* NP　[5] CD insert /.　[6] om. CD

（C 313b1–2, D 312b1–2, G 505b6–506a1, N 415b5–7, P 404b8–405a1; Dhammajoti［2008］p. 236, *ll.* 15–18, Zh, vol. 82, p. 1574, *ll.* 4–7）

〔漢訳〕

軛有四種。如瀑流説。和合有情令於諸趣諸生諸地受苦。故名為**軛**。即是和合令受種種輕重苦義。

（巻上, T, vol. 28, 984c13–15）

【先行研究における翻訳と訳例】

〔チベット語訳からの和訳〕

軛 yoga もこの暴流と同じである。語義解釈 nirukti によれば、暴流によって〔流される〕有情を〔三〕界と〔五〕趣と〔四〕生と〔十一〕地に結びつけるから**軛**である。種種なる苦と結合するという意味である。

（櫻部［1997c］p. 218）

〔漢訳からの英訳〕 yoke

There are four kinds of **yoke** (*yoga*). Their descriptions are as those on the floods. They are given the name **yokes** as they join (*śleṣayanti*) beings into [the burden of] unsatisfactoriness in the various planes of existence (*gati*), births (*yoni*) and stages (*bhūmi*). That is: they join [beings] onto the various forms of unsatisfactoriness (*duḥkha*), great or small.

（DHAMMAJOTI［2008］p. 99）

〔漢訳からの仏訳〕 joug

Les **jougs** (*yoga*) sont quatre et (il convient) d'en parler comme des torrents (*oghavad yogā veditavyāḥ*). Ils attachent (*śleṣayanti*) les êtres (*sattva*) de manière telle que dans les sphères d'existence (*dhātu*), les destinées (*gati*), les voies de naissance (*yoni*) et les terres (*bhūmi*), ceux-ci perçoivent la douleur (*duḥkha*). D'où le nom de «**jougs**». Leur sens est: contraindre (*śliṣ*) à éprouver toutes sortes de douleurs, légères (*laghu*) ou lourdes (*guru*).

（VELTHEM［1977］p. 39）

110. yoga

【参考】九十八随眠と軛の関係

		貪	瞋	無明	慢	疑	有身見	辺執見	邪見	見取	戒禁取		
欲界	見苦所断	○	○	△	○	○	×	×	×	×	×	10	36
	見集所断	○	○	△	○	○			×	×		7	
	見滅所断	○	○	△	○	○			×	×		7	
	見道所断	○	○	△	○	○			×	×	×	8	
	修所断	○	○	△	○							4	
色界	見苦所断	◎		△	◎	◎	×	×	×	×	×	9	31
	見集所断	◎		△	◎	◎			×	×		6	
	見滅所断	◎		△	◎	◎			×	×		6	
	見道所断	◎		△	◎	◎			×	×	×	7	
	修所断	◎		△	◎							3	
無色界	見苦所断	◎		△	◎	◎	×	×	×	×	×	9	31
	見集所断	◎		△	◎	◎			×	×		6	
	見滅所断	◎		△	◎	◎			×	×		6	
	見道所断	◎		△	◎	◎			×	×	×	7	
	修所断	◎		△	◎							3	

▒：九十八随眠

○：欲軛

無明を除く欲界繫の三十一随眠に十纏を加えたものから欲界繫の十二見を除いたもの（29 法）

◎：有軛

無明を除く色界繫と無色界繫の五十二随眠から色界繫と無色界繫の二十四見を除いたもの（28 法）

×：見軛

三界繫の見（36 法）

△：無明軛

三界繫の無明（15 法）

軛の合計　108 法

111. upādāna

【参考】室寺［2017］pp. 156–157.

Madhyamakapañcaskandhaka

【訳例】取り込み
【チベット語訳】ñe bar len pa

【定義的用例】

〔和訳〕

取り込みとは、四つの**取り込み**である。欲望の取り込み、見解の取り込み、戒めと誓いの取り込み、有我論の取り込みである。

その中で、無知（→ 33. avidyā）を含めた欲望のくびき（→ 110. yoga）が欲望の取り込みであり、三十四の実体である。他ならぬ見解のくびきの中で戒めと誓いに対するこだわり（→ 103. śīlavrata-parāmarśa）を除いたものが見解の取り込みであり、三十の実体である。戒めと誓いの取り込みは六つの実体である。他ならぬ生存のくびきに無知を加えたものが有我論の取り込みである。倦怠（→ 37. styāna）と高ぶり（→ 38. auddhatya）を含み、四十の実体である。

なぜ、見解とは別に戒めと誓いの取り込みを設けたのか。実践と敵対するものであり、〔在家者と出家者の〕両方を惑わすからである。これにより在家者は断食すれば天界に生まれるという思い込みに惑わされ、出家者は好ましい対象を断じさえすれば清浄であると見ることで惑わされるのである。

また、どのような理由で**取り込み**の中に無知を合わせて説き、個別に〔説か〕ないのか。生存を捉えるので**取り込み**というが、無知は明晰でないことを本性とするので捉えるものではないからである。…

欲望などを取り込む、すなわち捉えるから**取り込み**である。

〔チベット語訳〕

[a…] **ñe bar len pa** ni **ñe bar len pa** bźi ste / 'dod pa ñe bar len pa daṅ / lta ba ñe bar len pa daṅ /[1)] tshul khrims daṅ brtul źugs ñe bar len pa daṅ / bdag tu smra ba ñe bar len pa'o //

111. upādāna

de la 'dod pa'i sbyor ba ma rig pa daṅ bcas pa ni 'dod pa ñe bar len pa ste rdzas sum cu rtsa bźi'o // lta ba'i sbyor ba ñid la tshul khrims daṅ brtul źugs mchog tu 'dzin pa ma gtogs pa ni lta ba ñe bar len pa ste rdzas sum cu'o // tshul khrims daṅ brtul źugs ñe bar len pa ni rdzas drug go // srid pa'i sbyor ba ñid la ma rig pa[2)] bsnan pa ni bdag tu smra ba ñe bar len pa ste / rmugs pa daṅ / rgod pa daṅ bcas pa la rdzas bźi bcu'o //

ci'i phyir tshul khrims daṅ brtul źugs ñe bar len pa lta ba las logs śig tu bźag[3)] ce na / lam gyi dgrar gyur pa daṅ / phyogs gñi ga [4)] slu[5)] bar byed pa'i phyir te / 'dis khyim pa yaṅ zas mi za bar mtho ris su skye bar 'du śes pas rab tu bslus la / rab tu byuṅ ba rnams kyaṅ 'dod pa'i yul yoṅs su spaṅs pa ñid kyis 'dag par lta bas rab tu bslus so //

yaṅ rgyu gaṅ [6)] gis **ñe bar len pa**'i skabs su ma rig pa bsres[7)] nas brjod kyi logs śig tu ni ma yin źe na / gaṅ gi[8)] phyir srid pa 'dzin pas **ñe bar len pa** źes bya [9)] na / ma rig pa ni mi gsal ba'i ṅo bo ñid kyis 'dzin par byed pa ma yin pa'i phyir ro //[...a] ...

[b...]'dod pa la sogs pa ñe bar len par byed / 'dzin par byed pa'i phyir **ñe bar len pa**'o //[...b]

[1)] om. C [2)] *pas* CD [3)] *gźag* CD [4)] N inserts an indiscernible letter here. [5)] *bslu* GNP [6)] NP insert *gaṅ*. [7)] *bsred* P [8)] *gis* G [9)] CD insert *ba*.

[a] AKBh ad V. 38:

yathoktā eva sāvidyā dvidhā dṛṣṭivivecanād /
upādānāni V. 38abc

kāmayoga eva sahāvidyayā kāmopādānaṃ catustriṃśad dravyāṇi / rāgapratighamānāvidyā viṃśatir vicikitsāś catasro daśa paryavasthānāni / bhavayoga eva sahāvidyayā ātmavādopādānam aṣṭatriṃśad dravyāṇi / rāgamānāvidyās triṃśad vicikitsā aṣṭau / dṛṣṭiyogāc chīlavrataṃ niṣkṛṣya dṛṣṭyupādānaṃ triṃśad dravyāṇi / śīlavratopādānaṃ ṣaḍ dravyāṇi / ([1]kasmād dṛṣṭibhyo[1)] niṣkṛṣṭam / mārgapratidvandvatvād ubhayapakṣavipralambhanāc ca / gṛhiṇo 'py anena vipralabdhā anaśanādibhiḥ svargamārgasaṃjñayā pravrajitā apīṣṭaviṣayaparivarjanena śuddhipratyāgamanād iti / kiṃ kāraṇam avidyāṃ miśrayitvopādānam uktaṃ na pṛthak / bhavagrahaṇād upādānāni /

avidyā tu grāhikā neti miśritā // V. 38cd

asaṃprakhyānalakṣaṇatayā 'paṭutvād avidyā na grāhikā bhavaty ataḥ kila miśritā / sūtre tu bhagavatoktaṃ kāmayogaḥ katamaḥ / vistareṇa yāvad yo 'sya bhavati kāmeṣu kāmarāgaḥ kāmacchandaḥ kāmasnehaḥ kāmaprema kāmecchā kāmamūrcchā kāmagardhaḥ[2)] kāmaparigardhaḥ[3)] kāmanandī kāmaniyantiḥ kāmādhyavasānaṃ ([4]tad asya cittaṃ[4)] paryādāya tiṣṭhati / ayam ucyate kāmayogaḥ / evaṃ yāvad dṛṣṭiyogaḥ[5) / cchandarāgaś copādānam uktaṃ sūtrāntareṣv ato vijñāyate [(6]kāmādy-upādānam[6)] api kāmādiṣu cchandarāga iti /

[1)] Pradhan 本は、初版、第二版ともに、karmadṛṣṭibhyo とするが、小谷・本庄［2007］p. 181, 注 1 の指摘に従い、kasmād dṛṣṭibhyo と訂正する。 [2)] Pradhan 本は、初版、第二版ともに、kāmagṛddhaḥ とするが、小谷・本庄［2007］p. 181, 注 2 の指摘に従い、kāmagardhaḥ と訂正する。 [3)] Pradhan 本は、初版、第二版ともに、kāmaparigarddhaḥ とするが、小谷・本庄［2007］p. 181, 注 3 の指摘に従い、kāmaparigardhaḥ と訂正する。 [4)] Pradhan 本は、初版、第二版ともに、tadanyacittaṃ とするが、小谷・本庄［2007］p. 181, 注 4 の指摘に従い、tad asya cittaṃ と訂正する。 [5)] Pradhan 本は、初版、第二版ともに、bhavayogaḥ とするが、小谷・本庄［2007］p. 182, 注 6 の指摘に従い、dṛṣṭiyogaḥ と訂正する。 [6)] Pradhan 本は、初版、第二版ともに、kāmā hy upādānam とするが、小谷・本庄［2007］p. 182, 注 8 の指摘に従い、kāmādyupādānam と訂正する。（p. 307, *l.* 12–p. 308, *l.* 6, cf. 小谷・本庄［2007］pp. 178–179）

[b] AKBh ad V. 40: upagṛhṇantīti upādānāni / evaṃ tu sādhīyaḥ syād / … kāmādyupādānād upādānānīti /（p. 308, *ll.* 16–21, cf. 小谷・本庄［2007］pp. 183–184）

（C 260a1–6, 260b1, D 263a6–b4, 263b6, G 360b3–361a3, 361a5–6, N 291a3–b2, 291b4, P 301b7–302a5, 302a8; Lindtner［1979］p. 138, *l.* 18–p. 139, *l.* 5, p. 139, *ll.* 14–15, Zh, vol. 60, p. 1592, *l.* 17–p. 1593, *l.* 11, p. 1593, *ll.* 19–20）

参考文献（1）

Munimatālaṃkāra

【原語】upādāna
【チベット語訳】ñe bar len pa

【定義的用例】

〔原文〕

catvāry **upādānāni** / kāmayoga eva sahāvidyayā kāmopādānam / dṛṣṭiyoga eva śīlavrataṃ vinā dṛṣṭyupādānam / śīlavratopādānam / bhavayoga evāvidyāṃ prakṣipya styānauddhatyena sahātmavādopādānam //

śīlavratopādānaṃ kasmād dṛṣṭibhyo niḥkṛṣṭam / mārgapratidvaṃdvitvād ubhayapakṣavipralambhakatvāc ca / gṛhiṇo hy anena vipralabdhā anaśanādiṣu svargasaṃjñayā / pravrajitā apīṣṭaviṣayaparivarjanena śuddhipratyāgamanena gamanāt // kāmādikam upādadata ity **upādānāni** //

（李・加納［2015］p. 32, *ll.* 4–11）

〔チベット語訳〕

ñe bar len pa rnams bźi ste 'dod pa'i sbyor ba ñid ma rig pa daṅ [1] bcas pa 'dod pa'i ñe bar len pa daṅ lta ba'i sbyor ba ñid tshul khrims daṅ[2] brtul źugs ma gtogs pa'i lta ba ñe bar len pa daṅ tshul khrims daṅ[3] brtul źugs kyi ñe bar len pa daṅ srid pa'i sbyor ba ñid ma rig pa bsnan pa rmugs pa[4] daṅ rgod pa daṅ bcas pa ni bdag tu smra ba'i ñe bar len pa'o //

tshul khrims daṅ brtul[5] źugs kyi ñe bar len pa lta ba rnams las ci'i phyir phyuṅ źe na / lam gyi dgra zlar gyur pa ñid kyi phyir daṅ phyogs gñi ga slu[6] bar byed pa ñid kyi phyir te gaṅ gi phyir khyim pa rnams 'dis bslus te mi bza' ba la sogs pa rnams la lam du 'du śes pas so // rab tu byuṅ ba rnams kyaṅ ste 'dod pa'i yul yoṅs su spaṅs pas [7] dag par rtogs pas 'gro ba'i phyir ro //

'dod pa la sogs pa ñe bar len pas na **ñe bar len pa** rnams so //

[1] N inserts /.　[2] om. GNP　[3] *par* C　[4] *btul* N　[5] *bslu* GNP　[6] N inserts *yaṅ*.

（C 134a4–7, D 134b3–5, G 212a6–b4, N 155b3–7, P 161a2–7; Akahane and Yokoyama［2015］p. 113, *ll.* 3–13, 磯田［1991］p. 7, *ll.* 23–32, Zh, vol. 63, p. 1205, *l.* 15–p. 1206, *l.* 4）

【先行研究における翻訳】

〔原文からの和訳〕

取は四種である。欲取は、無明を伴った欲軛と同じである。見取は、戒禁〔取〕を除外した見軛と同じである。〔三界の戒禁取（śīlavrataparāmarśa）が〕戒禁取（śīlavratopādāna）。我語取は、無明を加えたうえに、惛沈と掉挙を伴った有軛と同じである。

戒禁取を見から除外するのはなぜか。〔戒禁取は〕道に対立するからであり、〔在家と出家の〕両者の側を欺くからである。というのも、在家者たちはこれ（戒禁取）によって、断食などを天界〔へと至る手段である〕と思い込んで、欺かれるからである。また出家者たちも、欲した対象を除くことによって（戒禁取）、清浄に回帰するものとして、理解するために〔欺かれるからである〕。

欲などを取る（upādadate）から「**取**」〔という〕。

（李ほか［2016］p. 67）

参考文献（2）

Abhidharmāvatāra

【チベット語訳】len pa
【漢訳】取

【定義的用例】

〔チベット語訳〕

len pa ni bźi ste / 'dod pa'i len pa daṅ / lta ba'i len pa daṅ / tshul khrims daṅ brtul źugs[1)] kyi len pa daṅ / bdag tu smra ba'i len [(2]pa'o //[2)]

de la 'dod pa'i chu bo ñid kyi steṅ du / ma rig pa bsnan[3)] te rdzas sum cu rtsa bźi ni 'dod pa'i len pa ste / 'dod chags daṅ [4)] khoṅ khro ba daṅ [5)] ṅa rgyal daṅ [6)] ma rig pa ñi śu daṅ /[7)] the tshom bźi daṅ / kun nas dkris te 'dug pa bcu'o // srid pa'i chu bo ñid kyi steṅ[8)] du ma rig pas[9)] bsnan te / rdzas bźi bcu ni bdag tu smra ba'i len pa ste /[10)] khams gñis nas skyes pa'i 'dod chags daṅ / ṅa rgyal daṅ ma rig pa sum cu daṅ / the tshom brgyad daṅ / rmugs pa daṅ /[11)] rgod pa'o // tshul khrims daṅ brtul źugs[12)] mchog tu 'dzin pa ma gtogs pa khams gsum pa'i lta ba'i rdzas sum cu ni lta ba'i len pa'o // tshul khrims daṅ brtul źugs[13)] mchog tu 'dzin pa rdzas drug ni tshul khrims daṅ brtul źugs[14)] kyi len pa'o // de ni lam gyi dgrar gyur pa daṅ / khyim pa daṅ rab tu byuṅ ba'i phyogs la slu[15)] ba'i phyir lta ba rnams las logs śig tu bśad do // 'di ltar khyim pa rnams la 'dis slu[16)] ba ni zas mi za ba daṅ 'bab stegs su 'khru ba daṅ / ri kha nas g-yaṅ du mchoṅ ba la sogs pas mtho ris su re[17)] ba'o // rab tu byuṅ ba rnams ni yid du 'oṅ ba'i yul yoṅs su spoṅ ba daṅ / chos 'di la źugs pa yaṅ sbyaṅs pa'i yon tan yaṅ dag par blaṅs pas [18)] dag par rtogs [19)] pa'o //

len[20)] **pa**'i don ni śiṅ gi don te las kyi me 'bar ba'i rgyun skyed[21)] pa'i phyir ro // dper na śiṅ gi rgyus[22)] [23)] me 'bar ba de bźin du ñon moṅs pa'i śiṅ gi rgyus[24)] las kyi me 'bar ro // yaṅ na 'khri[25] ba'i don te /[26] dar gyi srin bus dkris pa bźin no //

[1] *śugs* GNP [2] *pa daṅ* / G [3] *rnams* GNP [4] CD insert /. [5] CD insert /. [6] CD insert /. [7] om. GNP [8] *ste* / GNP [9] sic read *pa*. [10] om. GNP [11] om. GNP [12] *śugs* GNP [13] om. G, *śugs* NP [14] *śugs* GNP [15] *bslu* GNP [16] *bslu* GNP [17] *ra* D [18] GNP insert *yaṅ*. [19] C inserts *pa*. [20] *lan* C [21] *bskyed* GNP [22] *rgyu* G [23] GNP insert *las kyi*. [24] *rgyu* G [25] *khri* GNP [26] om. CD

（C 313b2–7, D 312b2–7, G 506a1–b3, N 415b6–416a7, P 405a2–b1; DHAMMAJOTI［2008］p. 236, *l*. 22–p. 237, *l*. 22, Zh, vol. 82, p. 1574, *l*. 8–p. 1575, *l*. 7）

〔漢訳〕

取有四種。謂欲取、見取、戒禁取、我語取。

即欲瀑流加無明名欲取。有三十四物。謂貪瞋慢無明各五疑四纏十。即有瀑流加無明名我語取。有四十物。謂貪慢無明各十疑八及惛沈掉舉。諸見中除戒禁取餘名見取。有三十物。戒禁取名戒禁取。有六物。由此獨處聖道怨故、雙誑在家出家衆故、於五見中此別立**取**。謂在家衆由此誑惑、計自餓服氣及墜山巖等、為天道故。諸出家衆由此誑惑、計捨可愛境受杜多功徳、為淨道故。

薪義是**取**義。能令業火熾然相續而生長故。 如有薪故火得熾然、如是有煩惱故有情業得生長。又猛利義是**取**義。或纏裹義是取義。如蠶處繭自纏而死、如是有情四**取**所纏、流轉生死、喪失慧命。

（巻下, T, vol. 28, 984c20–985a8）

【先行研究における翻訳と訳例】

〔チベット語訳からの和訳〕

取 upādāna は四であって、欲取・見取・戒禁取・我語取とである。

その中、(1) 欲暴流にさらに無明を加えた三十四物が欲取 kāmopādāna であって、貧と瞋と慢と無明なる二十と四疑と十纏とである。(2) 有暴流にさらに無明を加えた四十物が我語取 ātmavadopādana であって、〔色・無色〕二界より生ずる貪と慢と無明となる三十と八疑と惛沈と掉挙とである。(3) 戒禁取を除く三界の見なる三十物は見取 dṛṣṭyupādāna である。(4) 戒禁取 śīlavrataparāmarśa なる六物は戒禁取 śīlavratopādāna である。これは、道に対する敵 mārgapratidvaṃdva であり、在家と出家との両衆をまどわす

gṛhipravrajitapakṣavipralaṃbhana から、〔他の四種の〕見とは別に説かれる。すなわち、在家者がこ〔の戒禁取見〕によってまどわされるとは、〔断食の行をして〕飢えること anaśana や、川において〔身体を〕洗うことや、一直線に崖から跳び降りることなどをもって天 svarga に〔向う〕渡し場なり〔と考えることである〕。出家者は、欲望される対象を捨て去ることと、この法に入ることすなわち頭陀の功徳 dhūtaguṇa を取ることとをもって，清浄なりと考えるのである。

(1) **取**とは薪の意味である，燃える業の火の相続を生ずるから。たとえば，薪なる因によって火が燃えるように煩悩の薪なる因によって業の火が燃える。(2) また、纏きつけるという意味である。蚕が〔繭の糸を身に〕纏きつける如くである。

（櫻部［1997c］pp. 218–219）

〔漢訳からの英訳〕clinging

There are four kinds of **clinging** (*upādāna*): sensuality clinging (*kāmopādāna*), view clinging (*dṛṣṭyupādāna*), clinging to abstentions and vows (*śīlavratopādāna*), and Soul-theory clinging (*ātmavādopādāna*).

The sensuality clinging consists of the sensuality floods, with the addition of ignorance. There are altogether thirty-four entities, namely: five categories each, of greed, hostility, conceit and ignorance; four doubts, ten envelopments. The Soul-theory clinging consists of the existence flood, with the addition of ignorance. There are altogether forty entities, namely: ten each, of greed, conceit, ignorance; eight doubts; as well as torpor and restlessness. The view clinging consists of all the [five] views excluding the irrational adherence to abstentions and vows. There are altogether thirty entities. The clinging to abstentions and vows are none other than the irrational adherence to abstention and vows. There are altogether six entities. Among the five views, the irrational adherence to abstentions and vows is singled out and given the name **clinging**, because (i) this alone is a foe to the Noble Path (*mārga-pratidvandvitvāt*), and (ii) it deceives both the householders and those who have left the homelife (*ubhayapakṣa-vipralambhanāt*) — deceived by this, the householders believe fasting, consuming air, and falling from mountain cliffs, etc., to be the paths leading to heavens (svargamārga-saṃjñā); deceived by this, those who have left the homelife believe the complete abandoning of agreeable objects (*iṣṭaviṣaya-parivarjana*) and the practice of asceticism (*dhūtaguṇa-samādāna*) to be the means of purification (*śuddhi*).

The meanings of **clingings** are as follows: (i) "Fuel (*indhana*)", because it enables the fire of *karma* to continue blazing and growing. Just as when there is fuel, the fire can keep blazing; likewise when there are defilements, the *karma* of beings can grow. (ii) "Forcefulness" (*paṭutva*). (iii) "Envelopment". Just as a silk-worm within a cocoon envelops itself [with its silk-threads] to death; likewise, beings enveloped by the four **clingings** go round the cycle of births and deaths losing their wisdom-life.

(DHAMMAJOTI［2008］pp. 99–100)

〔漢訳からの仏訳〕saisie

Les **saisies** (*upādāna*) sont quatre: saisie des plaisirs sensuels (*kāmopādāna*), saisie des vues fausses (*dṛṣṭyupādāna*), saisie de la moralité et des voeux (*śīla-vratopādāna*), saisie de la théorie du Soi (*ātmavādopādāna*).

Le torrent sensuel ajouté à la nescience forme la saisie sensuelle, laquelle est de trente-quatre sortes: cinq convoitises, cinq hostilités, cinq orgueils, cinq nesciences, quatre doutes et dix enveloppements (*kāmaugha eva sahāvidyaḥ kāmopādānaṃ catustriṃśad dravyāṇi rāgapratighamānā 'vidyā viṃśatir vici-kitsāś catasro daśa paryavasthānāni*). Le torrent existentiel et la nescience constituent la saisie de la théorie du Soi, dont il existe quarante espèces : dix convoitises, dix orgueils, dix nesciences, huit doutes, la langueur et l'excitation (*bhavaugha eva sahāvidyaḥ ātmavādopādānaṃ catvāriṃśad dravyāṇi rāga-mānāvidyās triṃśad vicikitsā aṣṭau saha styānauddhatyābhyām*). Si l'on exclut du torrent des vues l'estime injustifiée de la moralité et des voeux, on définit la saisie des vues, laquelle est de trente sortes (*dṛṣṭyoghāc chīlavrataṃ niṣkṛṣya dṛṣṭyupādānaṃ triṃśad dravyāṇi*). La saisie de la moralité et des voeux (*śīlavratopādāna*) est l'estime injustifiée de la moralité et des voeux (*śīlavrata-parāmarśa*). Elle comporte six parties (*ṣaḍdravyāṇi*). Cette estime injustifiée s'oppose au Chemin en illusionnant à elle seule les deux groupes laïcs et religieux. C'est pourquoi on l'isole dans les cinq vues et on en fait une **saisie** (*mārgapratidvandvitvād ubhayapakṣavipralambanāc ca pañcadṛṣṭiṣūpādāneti pṛthagbhūtaḥ parāmarśaḥ*). Les laïcs trompés par elle comptent pour chemin du ciel le jeûne, le port de haillons, la chute du haut d'une cime, etc. Les religieux, à cause de la même méprise, considèrent comme chemins purs le rejet des objets désirables et l'engagement aux strictes observances (*gṛhiṇo 'py anena vipra-labdhā anaśanacīrādānādibhiḥ svargamārgasaṃjñayā pravarjitā apīṣṭaviṣaya-parivarjanena dhūtaguṇasamādānena ca śuddhipratyāgamanād iti*).

111. upādāna

Le sens de «combustible» (*indhanārtha*) est synonyme des **saisies** (*upādāna*), ces dernières faisant se propager en séries et grandir le feu des actes. De la même manière que la présence de combustible permet d'allumer un feu, la présence des passions permet aux actes des êtres de s'accroître. Les **saisies** (*upādāna*) ont aussi le sens de violence (*paṭutva*) et le sens d'enveloppe. Tout comme le ver à soie (*kauśeyakrimi*) doit mourir après s'être enveloppé dans un cocon (*kośa*), les êtres enveloppés dans les quatre **saisies** sont écoulés dans la transmigration (*saṃsāraniṣyandita*) et perdent la vie de sagesse (*prajñājīva*).

(VELTHEM [1977] pp. 40–41)

【参考】九十八随眠と取の関係

		貪	瞋	無明	慢	疑	有身見	辺執見	邪見	見取	戒禁取		
欲界	見苦所断	○	○	○	○	○	×	×	×	×	△	10	36
	見集所断	○	○	○	○	○			×	×		7	
	見滅所断	○	○	○	○	○			×	×		7	
	見道所断	○	○	○	○	○			×	×	△	8	
	修所断	○	○	○	○							4	
色界	見苦所断	◎		◎	◎	◎	×	×	×	×	△	9	31
	見集所断	◎		◎	◎	◎			×	×		6	
	見滅所断	◎		◎	◎	◎			×	×		6	
	見道所断	◎		◎	◎	◎			×	×	△	7	
	修所断	◎		◎	◎							3	
無色界	見苦所断	◎		◎	◎	◎	×	×	×	×	△	9	31
	見集所断	◎		◎	◎	◎			×	×		6	
	見滅所断	◎		◎	◎	◎			×	×		6	
	見道所断	◎		◎	◎	◎			×	×	△	7	
	修所断	◎		◎	◎							3	

■：九十八随眠

○：欲取

欲界繫の三十六随眠に十纏を加えたものから欲界繫の十二見を除いたもの（34 法）

×：見取

三界繫の三十六見から三界繫の六戒禁取を除いたもの（30 法）

△：戒禁取

三界繫の戒禁取（6 法）

◎：我語取

色界繫と無色界繫の六十二随眠から色界繫と無色界繫の二十四見を除き、惛沈と掉挙を加えたもの（40 法）

取の合計　110 法

112. grantha / kāya-grantha

【参考】なし

Madhyamakapañcaskandhaka

【訳例】繋ぎ止めるもの / 身体を繋ぎ止めるもの
【チベット語訳】mdud pa / lus kyi mdud pa

【定義的用例】

〔和訳〕

繋ぎ止めるものには、四つの**繋ぎ止めるもの**がある。熱望という身体を繋ぎ止めるもの、悪意（vyāpāda, → 41. krodha, 56. pratigha）という身体を繋ぎ止めるもの、戒めと誓いに対するこだわり（→ 103. śīlavrata-parāmarśa）という身体を繋ぎ止めるもの、これが真実であると執着することという身体を繋ぎ止めるものである。

その中で、熱望という身体を繋ぎ止めるものとは、欲〔界〕に属する様々な種類の者に絶え間なく働くものである。残りにも同じように適用される。その中で、苦などを見ること、あるいは修習することによって断じられる欲〔界〕に属する無知（→ 33. avidyā）が一番目である。五つの悪意が二番目である。六つの戒めと誓いに対するこだわりが三番目である。十二の見解に対するこだわり（→ 102. dṛṣṭi-parāmarśa）が四番目である。

〔チベット語訳〕

[a]…**mdud pa** źes bya ba la **mdud pa** ni bźi ste / brnab[1] sems lus kyi mdud pa daṅ / gnod sems lus kyi mdud pa daṅ / tshul khrims daṅ [2] brtul źugs mchog tu 'dzin pa lus kyi mdud pa daṅ / 'di bden pa'o źes mṅon par źen pa lus kyi mdud pa'o //…[a]

de la brnab sems lus kyi mdud pa ni 'dod par gtogs pa'i rnam pa sna tshogs la rgyun mi 'chad par 'jug pa ñid do // de bźin du lhag ma [3] rnams la yaṅ sbyar ro // de la sdug bsṅal la sogs pa mthoṅ ba daṅ [4] sgom[5] pas spaṅ bar bya ba'i ma rig pa 'dod par gtogs pa ni daṅ po'o // khoṅ khro ba lṅa ni gñis pa'o // tshul khrims daṅ brtul źugs mchog tu 'dzin pa drug ni gsum pa'o // lta ba mchog tu 'dzin pa bcu gñis ni [6] bźi pa'o //[7]

[1] *brnam* P [2] CD insert /. [3] GNP insert *lhag ma*. [4] GNP insert /. [5] *bsgom* CD [6] G inserts *bcu*. [7] / N

[a]『集異門足論』巻八：四身繫者一貪身繫、二瞋身繫、三戒禁取身繫、四此實執取身繫。（T, vol. 26, 399c22–23）

[a]『発智論』巻三：四身繫謂貪欲身繫、瞋恚身繫、戒禁取身繫、此實執身繫。（T, vol. 26, 929b18–19）

（C 260b1–3, D 263b6–264a2, G 361a6–b3, N 291b4–7, P 302a8–b3; LINDTNER［1979］p. 139, *ll.* 16–26, Zh, vol. 60, p. 1593, *l.* 21–p. 1594, *l.* 8）

参考文献（1）

Munimatālaṃkāra

【原語】grantha / kāya-grantha
【チベット語訳】mdud pa / lus kyi mdud pa

【定義的用例】

〔原文〕

granthāś catvāraḥ kāmadhātāv eva / avidyāvyāpādaśīlavrataparāmarśedaṃsatyābhiniveśāḥ / avidyaiva **kāyagranthaḥ** / nānāvidhānāṃ kāmāptānām avicchedena pravarttanāt / evaṃ śesaṃ yojyam //

（李・加納［2015］p. 32, *ll.* 13–15）

〔チベット語訳〕

mdud pa rnams ni bźi yin źiṅ 'dod pa'i khams kho na ste / ma rig pa daṅ gnod sems daṅ tshul khrims daṅ brtul źugs mchog tu 'dzin pa daṅ 'di bden par mṅon par źen pa'o // ma rig pa ñid **lus kyi mdud pa** ste rnam pa sna tshogs pa'i 'dod pa thob pa rnams la mi 'chad par 'jug pa'i phyir ro // de bźin du lhag ma la sbyar bar bya'o //

（C 134a7–b1, D 134b5–7, G 212b4–6, N 155b7–156a2, P 161a7–b1; AKAHANE and YOKOYAMA［2015］p. 113, *l*. 15–p. 114, *l*. 1, 磯田［1991］p. 7, *ll*. 33–37, Zh, vol. 63, p. 1206, *ll*. 4–9）

【先行研究における翻訳】

〔原文からの和訳〕

繋は四種である。欲界のみにおいてある。つまり、無明、瞋、戒禁取、これが真実であると執着することである。無明そのものが**身繋**である。種々の欲に陥った者たちに間断なく作用するからである。残り（三繋）についても同様に〔同じ理由で、身繋であることが〕適用されるべきである。

（李ほか［2016］pp. 67–68）

参考文献（2）

Abhidharmāvatāra

【チベット語訳】mdud pa
【漢訳】身繋

【定義的用例】

〔チベット語訳〕

mdud[1] **pa** ni bźi ste [2] brnab sems lus kyi mdud pa daṅ /[3] gnod sems lus kyi mdud pa daṅ / tshul khrims daṅ brtul źugs[4] mchog tu 'dzin pa lus kyi mdud pa daṅ / 'di bden no sñam du mṅon[5] par źen ciṅ mchog tu 'dzin pa lus kyi mdud pa'o //

de la[6] 'dod par gtogs pa'i[7] 'dod chags sdug bsṅal la sogs pa mthoṅ bas spaṅ bar bya ba daṅ /[8] bsgom pas spaṅ bar bya ba lṅa ni daṅ po'o // khoṅ khro ba lṅa ni gñis pa'o // tshul khrims daṅ brtul źugs[9] mchog tu 'dzin pa rdzas drug ni gsum pa'o // lta ba mchog tu 'dzin pa rdzas bcu gñis ni bźi pa'o // bźi po de dag ni rdzas ñi śu rtsa[10] brgyad do //

lus tha dad pa sna tshogs su mdud par byed pas **mdud pa** ste [11] 'chiṅ ṅo 'dogs so źes bya ba'i tha tshig go //

[1] *mdad* D [2] CD insert /. [3] // N [4] *śugs* GNP [5] *mdon* C [6] *pa* C [7] *ga'i* C [8] // N
[9] *śugs* GNP [10] om. CD [11] CD insert /.

（C 313b7–314a3, D 312b7–313a3, G 506b3–6, N 416a7–b3, P 405b1–4; DHAMMAJOTI［2008］p. 237, *ll.* 26–34, Zh, vol. 82, p. 1575, *ll.* 7–16）

〔漢訳〕

身繫有四種。謂貪欲身繫、瞋恚身繫、戒禁取身繫、此實執身繫。

欲界五部貪名初身繫。五部瞋名第二身繫。六戒禁取名第三身繫。十二見取名第四身繫。

種種纏縛有情自纏。故名**身繫**。是等羂網有情身義。

（巻下, T, vol. 28, 985a8–12）

【先行研究における翻訳と訳例】

〔チベット語訳からの和訳〕

〔身〕繫は四であって、貪 abhidhyā 身繫と瞋 vyāpāda 身繫と戒禁取 śīlavrataparāmarśa 身繫とである。

その中、(1) 欲〔界〕に属する貪 rāga の苦〔諦〕等を見ることによって断ぜられる〔四〕と修習によって断ぜられるものとの五が第一〔の身繫で〕ある。(2) 五瞋 pratigha が第二である。(3) 戒禁取なる六物 dravya が第三である。(4) 見取なる十二物が第四である。これら四〔身繫〕は〔合計〕二十八物である。

種種の身において繫となるから**〔身〕繫**〔kāya-〕grantha であって、〔繫とは〕縛る badhnāti、繫ぐ nahyati という意味である。

（櫻部［1997c］p. 219）

〔漢訳からの英訳〕bodily tie

There are four **bodily ties** (*kāyagrantha*): bodily tie of covetousness (*abhidhyā-kāyagrantha*), bodily tie of malice (*vyāpāda-kāyagrantha*), bodily tie of irrational adherence to abstentions and vows (*śīlavrataparāmarśa-kāyagrantha*), and bodily tie of dogmatism (*idaṃsatyābhiniveśa-kāyagrantha*).

The greed belonging to the five classes [of abandonables] in the sense-sphere constitute the first bodily tie. The hatred belonging to the five classes [of abandonables] in the sensesphere constitute the second *kāyagrantha*. The six *śīlavrataparāmarśa*-s constitute the third *kāya-grantha*. The five *dṛṣṭiparāmarśa*-s constitute the fourth *kāyagrantha*.

They are given the name ***kāyagrantha*** as they variously tie round sentient beings. The meaning is the complete entrapping of the [psycho-physical] complex [*kāya*] of beings.

（DHAMMAJOTI［2008］p. 100）

〔漢訳からの仏訳〕attachement corporel

Les **attachements corporels** (*kāyagrantha*) sont quatre : attachement corporel de la convoitise (*abhidyā-*), attachement corporel de l'inimitié (*vyāpāda-*), attachement corporel de l'estime injustifiée de la moralité et des voeux (*śīlavrataparāmarśa-*), attachement corporel du dogmatisme (*idaṃsatyābhiniveśa-*).

Dans le monde du désir (*kāmadhātu*), les cinq classes (*pañcaprakāra*) d'avidité (*lobha*) définissent le premier attachement corporel (*prathamakāyagrantha*) et les cinq classes d'hostilité (*dveṣa*) le deuxième. Les six estimes injustifiées de la moralité et des voeux (*śīlavrataparāmarśa*) font le troisième attachement corporel et les douze estimes injustifiées des vues (*dṛṣṭiparāmarśa*) le quatrième.

Parce qu'ils sont toutes sortes de ligatures (*bandhana*) dont les êtres s'enveloppent eux-mêmes, on parle d'«**attachements corporels**» (*kāyagrantha*). Ceux-ci ont pour sens d'être autant de filets (*jāla*) enserrant le corps des vivants (*sattvakāya*).

（VELTHEM［1977］p. 41）

【参考】九十八随眠と繫（身繫）の関係

		貪	瞋	無明	慢	疑	有身見	辺執見	邪見	見取	戒禁取		
欲界	見苦所断	●	×	○						◎	△	10	36
	見集所断	●	×	○						◎		7	
	見滅所断	●	×	○						◎		7	
	見道所断	●	×	○						◎	△	8	
	修所断	●	×	○								4	
色界	見苦所断									◎	△	9	31
	見集所断									◎		6	
	見滅所断									◎		6	
	見道所断									◎	△	7	
	修所断											3	
無色界	見苦所断									◎	△	9	31
	見集所断									◎		6	
	見滅所断									◎		6	
	見道所断									◎	△	7	
	修所断											3	

▒：九十八随眠

○：貪身繫
欲界繫の無明（5 法）　（●：『入阿毘達磨論』所説の貪身繫）

×：瞋身繫
五瞋（5 法）

△：戒禁取身繫
三界繫の戒禁取（6 法）

◎：これが真実であると執着する身繫
三界繫の見取（12 法）

繫（身繫）の合計　28 法

113. nivaraṇa

【参考】なし

Madhyamakapañcaskandhaka

【訳例】蓋い
【チベット語訳】sgrib pa

【定義的用例】

〔和訳〕

蓋いには、五の**蓋い**がある。欲望、悪意（vyāpāda → 41. krodha, 56. pratigha）、倦怠と眠気（→ 37. styāna, 52. middha）、高ぶりと後悔（→ 38. auddhatya, 51. kaukṛtya）、疑念（→ 58. vicikitsā）である。

(1 **蓋い**は欲〔界〕に属するので完全な不善であるから善の側面を蓋うものなので**蓋い**である 1)。

1) この部分に関しては『中観五蘊論』と『牟尼意趣荘厳』の間で解説に差がみられる。以下に示す『倶舎論』の解説における V. 59a 前後の内容と比較すれば、『牟尼意趣荘厳』における解説の方が適当であると考えられる。『中観五蘊論』のチベット語訳に何らかの混乱があった可能性も考えられるが、ここでは同論のチベット語訳に沿って和訳をする。

〔チベット語訳〕

sgrib pa źes bya ba la **sgrib pa** lṅa ste / 'dod pa la 'dun pa daṅ / gnod sems daṅ / (1rmugs pa1) daṅ / gñid daṅ / rgod pa daṅ / 'gyod pa daṅ / the tshom mo //2)

sgrib pa ni 'dod par gtogs pa ñid kyis śin tu mi dge ba ñid kyi phyir dge ba'i phyogs la sgrib pas **sgrib**3) **pa**'o //

1) *mugs sa* N 2) / N 3) *bsgribs* CD

a AKBh ad V. 59:

yāni sūtre pañca nivaraṇāni uktāni kāmacchando vyāpādaḥ styānamiddhauddhatyakaukṛtyaṃ vicikitsā ca / tatra kiṃ traidhātukyaḥ styānauddhatyavicikitsā gṛhyante / atha kāmapratisaṃyuktā eva / kevalo 'yaṃ paripūrṇo 'kuśalarāśir yaduta pañca nivaraṇānīty ekāntākuśalatvavacanāt sūtre /

kāme nivaraṇāni V. 59a

nānyatra dhātau / kiṃ punaḥ kāraṇaṃ dve styānamiddhe ekaṃ nivaraṇam uktam, dve cauddhatyakaukṛtye ekam /

ekavipakṣāhārakṛtyataḥ /

dvyekatā[1] V. 59abc

dvayor ekatā dvyekatā / vipakṣaḥ pratipakṣo 'nāhāra ity eko 'rthaḥ / styānamiddhayor eka āhāraḥ sūtre 'nāhāraś ca / kaḥ styānamiddhanivaraṇasyāhāraḥ / pañca dharmāḥ / tandrā aratir vijṛmbhikā bhakte 'samatā cetaso līnatvam iti / kaś[2] ca styānamiddhanivaraṇasyānāhāra ālokasaṃjñeti / kṛtyam anayor apy ekam / ubhe api hy ete cittaṃ layaṃ codayataḥ / auddhatyakaukṛtyayor apy eka āhāra ukta (3eko 'nāhāraḥ3) / kaś cauddhatyakaukṛtyanivaraṇasyāhāraḥ / catvāro dharmāḥ / jñātivitarko janapadavitarko 'maravitarkaḥ paurāṇasya ca hasitakrīḍitaramitaparibhāvitasyānusmartā bhavatīti / caś cauddhatyakaukṛtyanivaraṇasyānāhāraḥ / śamatha iti / kṛtyam apy anayor ekam / ubhe api hy ete cittam avyupaśāntaṃ vartayataḥ / ata ekavipakṣāhārakṛtyatvāt dvayor apy ekatvam uktam / yadā[4] sarvakleśā nivaraṇaṃ kasmāt pañcaivoktāni /

pañcatā skandhavighātavicikitsanāt // V. 59cd

kāmacchandavyāpādābhyāṃ śīlaskandhavighātaḥ / sthānamiddhena prajñāskandhasyauddhatyakaukṛtyena samādhiskandhasya / samādhiprajñayor abhāve satyeṣu vicikitsako bhavatīty ataḥ pañcoktāni / 1) Pradhan 本は、初版は dvekatā とするが、第二版、ならびに小谷・本庄［2007］p. 232, 注 3 の指摘に従い、dvyekatā と訂正する。 2) Pradhan 本は、初版、第二版ともに atha とするが、小谷・本庄［2007］p. 232, 注 6 の指摘に従い、kaḥ と訂正する。 3) Pradhan 本は、初版、第二版ともに ekonāhāraḥ とするが、小谷・本庄［2007］p. 232, 注 7 の指摘に従い、eko 'nāhāraḥ と訂正する。 4) Pradhan 本は、初版、第二版ともに yadi とするが、小谷・本庄［2007］p. 232, 注 9 の指摘に従い、yadā と訂正する。（p. 318, *l*. 7–p. 319, *l*. 8, cf. 小谷・本庄［2007］pp. 228–229）

（C 260b3–4, D 264a2–3, G 361b3–4, N 291b7–292a2, P 302b3–4; Lindtner［1979］p. 139, *ll*. 27–31, Zh, vol. 60, p. 1594, *ll*. 9–12）

参考文献（1）

Munimatālaṃkāra

【原語】nivaraṇa
【チベット語訳】sgrib pa

【定義的用例】

〔原文〕

nivaraṇāni pañca / kāmacchando vyāpādaḥ styānamiddham auddhatyakaukṛtyaṃ vicikitsā ca / kāmadhātāv eva **nivaraṇāni** / atyantākuśalatvāt kuśalapakṣanivārakatvān **nivaraṇāni** //

kiṃkāraṇaṃ dve styānamiddhe ekaṃ **nivaraṇam** uktam / dve cauddhatyakaukṛtye ekam // ekāhārānāhārakṛtyataḥ / eko hi styānamiddhayor āhāraḥ // pañca dharmās tandrī aratir vijṛmbhikā bhakte 'samajñatā cetaso līnatvam iti // anāhāra ālokasaṃjñā / kṛtyam apy ekam / ubhe api hi cittaṃ layaṃ codayataḥ / auddhatyakaukṛtyayor āhāraś catvāro jñātivitarko janapadavitarko 'maraṇavitarkaḥ paurāṇaṃ ca hasitakrīḍitaparicāritam anusmartā bhavatīti // anāhāraḥ śamathaḥ / kṛtyam asyaikam / ubhe api hi cittam avyupaśāntaṃ vartayataḥ /

yadā sarve kleśā **nivaraṇaṃ** kasmāt pañcaivoktāni / skandhavighātavicikitsanāt / kāmacchandavyāpādābhyāṃ hi śīlaskandhasya vighātaḥ / styānamiddhena prajñāskandhasya / auddhatyakaukṛtyena samādhiskandhasya / samādhiprajñayor abhāve satyeṣu vicikitsako bhavatīty ataḥ pañca //

（李・加納［2015］p. 32, *l.* 17–p. 33, *l.* 13）

〔チベット語訳〕

sgrib pa rnams ni lṅa ste 'dod pa la 'dun pa daṅ[1)] gnod sems daṅ rmugs pa daṅ gñid daṅ rgod 'gyod daṅ the tshom mo // 'dod pa'i khams kho na na[2)] **sgrib pa** rnams te śin tu mi dge ba ñid kyi phyir ro // dge ba'i phyogs la sgrib par byed pa ñid kyi phyir **sgrib pa** rnams so //

gñid daṅ rmugs pa dag **sgrib pa** gcig tu brjod pa daṅ rgod pa daṅ 'gyod pa gñis dag kyaṅ gcig pa rgyu ci yin[3)] źe na / zas daṅ zas ma yin pa daṅ bya ba gcig pa'i phyir / gñid[4)] daṅ rmugs pa dag zas gcig pa ni chos lṅa ste / rmya ba daṅ mi dga' ba daṅ g-yal ba daṅ kha zas kyi drod[5)] ma śes pa daṅ sems źum pa ñid do //

zas ma yin pa ni snaṅ ba'i 'du śes so // bya ba yaṅ gcig ste gñis kas kyaṅ sems źum par byed pa'i phyir ro // rgod pa daṅ 'gyod pa dag gi zas bźi ste ñe du'i rnam par rtog pa daṅ[6] ljoṅs kyi rnam par rtog pa daṅ mi 'chi ba'i rnam par rtog pa daṅ sṅon dgod[7] pa daṅ rtses pa daṅ yoṅs su spyad[8] pa rnams rjes su dran par [(9]'gyur ba'o[9)] źes pa'o // zas ma yin pa źi gnas so // bya ba'aṅ[10] gcig ste gñi ga yaṅ sems ñe bar ma źi bar[11] 'jug par byed pa'i phyir ro //

gaṅ gi tshe ñon moṅs pa [12] thams cad **sgrib pa** yin na ci'i phyir lṅa kho na bśad ce na phuṅ po la gnod pa daṅ the tshom za bar byed pa'i phyir te / gaṅ gi phyir 'dod pa la 'dun pa daṅ gnod sems dag gis[13] tshul khrims kyi phuṅ po la[14] gnod par byed do // gñid daṅ rmugs pas śes rab kyi phuṅ po la'o // rgod pa daṅ 'gyod pas tiṅ ṅe 'dzin gyi phuṅ po la'o // tiṅ ṅe 'dzin [15] daṅ śes rab dag med na bden pa rnams la the tshom za bar 'gyur ro źes pa de'i phyir lṅa'o //

1) om. GNP　2) om. CD　3) om. GNP　4) *gñis* P　5) *dros* N　6) om. CD　7) *rgod* GNP　8) *spyod* C　9) *gyur pa'o* CD　10) *ba yaṅ* CD　11) *ba* CD　12) G inserts *thams pa*.　13) *gi* CD　14) om. CD　15) G inserts *pa*.

（C 134b1–7, D 134b7–135a5, G 212b6–213b2, N 156a2–b1, P 161b1–162a1; Akahane and Yokoyama［2015］p. 114, *l*. 3–p. 115, *l*. 5, 磯田［1991］p. 7, *l*. 38–p. 8, *l*. 15, Zh, vol. 63, p. 1206, *l*. 9–p. 1207, *l*. 7）

【先行研究における翻訳】

〔原文からの和訳〕

蓋は五種である。貪欲、瞋、惛沈睡眠、掉挙悪作、疑である。**蓋**は欲界のみにある。畢竟不善だからである。善分を蓋うから**蓋**という。

なぜ惛沈と睡眠の二つを一つの**蓋**として説き、そして掉挙と悪作の二つを一つの**蓋**として説くのか。一つの食と非食と作用によってである。惛沈と睡眠の食は一つである。〔それには〕五つの法がある。つまり、けだるさ、退屈、あくび、食不平等性、心が沈むことである。非食とは光明想である。作用もまた一つである。というのは、両者とも心を沈ませるからである。「掉挙と悪作の食は四種ある。親里尋、国土尋、不死尋、以前に笑い遊び楽しんだことを思い出すことである」という。〔掉挙と悪作の〕非食とは止である。これ（掉挙と悪作）の作用は一つである。というのは、両者（掉挙と悪作）ともに心を落ち着かせなくさせるからである。

すべての煩悩は**蓋**なのに、どうして五つだけが〔蓋として〕説かれたのか。蘊を損ない、戸惑わせるからである。というのは貪欲と瞋によって、戒蘊が損なわれるからである。惛沈と睡眠によって慧蘊が、掉挙と悪作によって定蘊が〔損なわれるからである〕。定と慧とがなければ、〔四〕諦に対して戸惑うものになる。だから、〔蓋は〕五種である。

（李ほか［2016］p. 68）

参考文献（2）

Abhidharmāvatāra

【チベット語訳】sgrib pa
【漢訳】蓋

【定義的用例】

〔チベット語訳〕

sgrib pa ni lṅa ste 'dod pa la 'dun pa daṅ / gnod sems daṅ / rmugs[1)] pa daṅ [2)] gñid daṅ /[3)] rgod pa daṅ [4)] 'gyod pa daṅ /[5)] the tshom mo //

'dod pa na[6)] spyod pa'i sred pa sdug bsṅal la sogs pa mthoṅ ba daṅ / bsgom pas spaṅ bar bya ba lṅa ni daṅ po'o // khoṅ khro ba lṅa ni gñis pa'o // rmugs pa daṅ gñid gcig tu bsdus pa ni gsum pa ste / de dag gi mtshan ñid [7)] bśad zin to // [(8]rgod pa[8)] daṅ 'gyod pa gcig tu bsdus pa ni bźi pa ste / de dag gi mtshan ñid kyaṅ bśad zin to // 'dod pa na spyod pa'i the tshom ni lṅa pa'o // de ltar spyir bsdoms[9)] na rdzas bco brgyad do //

'phags pa'i lam daṅ [10)] gnas daṅ [11)] 'dod chags daṅ bral ba daṅ / de la sbyor ba dge ba'i rtsa ba rnams la sgrib par byed pas **sgrib pa** rnams te /[12)] bar du[13)] gcod pa'i tha tshig go //

1) *rmug* P　2) CD insert /.　3) om. GNP　4) CD insert /.　5) om. GNP　6) *ma* C　7) CD insert *ni*.
8) *do bya pa* C　9) *sdoms* GNP　10) CD insert /.　11) CD insert /.　12) om. CD, // N　13) om. GNP

（C 314a3–6, D 313a3–6, G 506b6–507a3, N 416b3–6, P 405b4–7; Dhammajoti［2008］p. 238, *ll.* 1–10, Zh, vol. 82, p. 1575, *l.* 16–p. 1576, *l.* 5）

〔漢訳〕

蓋有五種。謂貪欲蓋、瞋恚蓋、惛沈睡眠蓋、掉舉惡作蓋、疑蓋。

欲界五部貪名初**蓋**。五部瞋名第二**蓋**。欲界惛沈及不善睡眠名第三**蓋**。欲界掉舉及不善惡作名第四**蓋**。欲界四部疑名第五**蓋**。

覆障聖道及離欲染并此二種加行善根。故名為**蓋**。

（巻下, T, vol. 28, 985a13–18）

【先行研究における翻訳と訳例】

〔チベット語訳からの和訳〕

蓋は五であって、欲貪 kāmacchanda と瞋恚 vyāpāda と惛眠 styānamiddha と掉悔 auddhatya-kaukṛtya と疑 vicikitsā とである。

（1）欲〔界〕繫 kāmāvacara の渇愛 tṛṣṇā の苦〔諦〕等を見ることによって断ぜられる〔四〕と修習によって断ぜられるものとなる五が第一〔蓋〕である。（2）五瞋が第二である。（3）惛沈 styāna と睡眠 middha とを一つにまとめたのが第三である。これらの相は〔先に 29 ii にて〕説明した。（4）掉挙 auddhatya と悪作 kaukṛtya とを一つにまとめたのが第四である。これらの相も〔先に 29 ii にて〕説明した。（5）欲〔界〕繫の疑が第五である。このように、すべて合すれば十八物である。

聖道と〔その〕所依と離染とそれに対する加行なる善根において蓋をなすから**蓋** nivaraṇa である。さまたげるという意である。

（櫻部〔1997c〕pp. 219–220）

〔漢訳からの英訳〕hindrance

There are five kinds of **hindrances** (*nivaraṇa*): sensual-desire (*kāmacchanda*), malice (*vyāpāda*), torpor-drowsiness (*styāna-middha*), restlessness-remorse (*auddhatya-kaukṛtya*) and doubt (*vicikitsā*).

The greed belonging to the five classes [of abandonables] in the sense-sphere constitute the first **hindrance**. The hatred belonging to the five classes [of abandonables] in the sense-sphere constitutes the second **hindrance**. The torpor and the unwholesome drowsiness in the sense-sphere constitute the third **hind-rance**. The restlessness and the unwholesome remorse in the sense-sphere constitute the fourth **hindrance**. The doubts belonging to the four classes [of abandonables] constitute the fifth **hindrance**.

They are given the name **hindrances** because they are the obstacles for the Noble Path, for detachment, and for the two roots of wholesomeness which are preparatory (*prāyogika*) for [the achievement of] these two.

（DHAMMAJOTI［2008］p. 100）

〔漢訳からの仏訳〕obstacle

Les **obstacles** (*nivaraṇa*) sont cinq : obstacle du désir sensuel (*kāmacchanda-*), obstacle de l'inimitié (*vyāpāda-*), obstacle de la langueur et de la torpeur (*styānamiddha-*), obstacle de l'excitation et de la malignité (*auddhatyakaukṛtya-*) et obstacle du doute (*vicikitsā-*).

Dans le monde du désir (*kāmadhātu*), les cinq classes (*prakāra*) d'avidité (*lobha*) constituent le premier **obstacle** (*prathamanivaraṇa*), les cinq classes d'hostilité (*dveṣa*) le deuxième. La langueur (*styāna*) et la mauvaise torpeur (*akuśalamiddha*) forment le troisième **obstacle**, tandis que l'excitation (*auddhatya*) et le mauvais regret (*akuśalakaukṛtya*) font le quatrième. Toujours dans le monde du désir, les quatre classes de doute (*vicikitsā*) sont le cinquième **obstacle** (*pañcamanivaraṇa*).

Le nom d'«**obstacles**» vient du fait qu'ils entravent le saint Chemin et l'abandon des souillures (du monde) du désir (*āryamārgakleśaprahāṇāvaraṇatvāt*), deux racines de bien préparatoires (*prāyogikakuśalamūla*).

（VELTHEM［1977］pp. 41–42）

114. dharma-jñāna

【参考】西村［1977］，CHUNG and FUKITA［2017］pp. 61–62.

Madhyamakapañcaskandhaka

【訳例】理法に関する知識
【チベット語訳】chos śes pa

【定義的用例】

〔和訳〕

理法に関する知識とは何か。欲〔界〕と結びつく諸存在（諸行）を対象とする〔煩悩の〕漏れのない知識、欲〔界〕と結びつく諸存在の因を対象とする〔煩悩の〕漏れのない知識、欲〔界〕と結びつく諸存在の抑止（滅）を対象とする〔煩悩の〕漏れのない知識、欲〔界〕と結びつく〔諸〕存在を断じる道を対象とする〔煩悩の〕漏れのない知識である。また、**理法に関する知識**と**理法に関する知識**の階位とを知る〔煩悩の〕漏れのない知識も**理法に関する知識**である。

〔チベット語訳〕

[a]...**chos śes pa** gaṅ źe na / 'dod pa daṅ ldan pa'i 'du byed rnams la gaṅ dmigs pa'i zag pa med pa'i śes pa daṅ / 'dod pa daṅ ldan pa'i 'du byed rnams kyi rgyu la gaṅ dmigs pa'i zag pa med pa'i śes pa daṅ / 'dod pa daṅ ldan pa'i 'du byed rnams kyi 'gog pa la gaṅ dmigs pa'i zag pa med pa'i śes pa daṅ /[1)] 'dod pa daṅ ldan pa'i 'du byed spoṅ bar byed pa'i lam la gaṅ dmigs pa'i zag pa [(2]med pa'i[2)] śes pa'o // yaṅ **chos śes pa** daṅ **chos** [(3]**śes pa**'i sa[3)] śes pa'i zag pa med pa'i śes pa gaṅ yin pa de ni **chos śes pa**'o //...[a]

[1)] om. G　[2)] om. G　[3)] om. CDP, *źes pa'i sa* N

[a] AKVy: dharmajñānaṃ katamat / kāmapratisaṃyukteṣu saṃskāreṣu yad anāsravaṃ jñānam / kāmapratisaṃyuktānāṃ saṃskārāṇāṃ hetau yad anāsravaṃ jñānam / kāmapratisaṃyuktānāṃ saṃskārāṇāṃ nirodhe yad anāsravaṃ jñānam / kāmapratisaṃyuktānāṃ saṃskārāṇāṃ prahāṇāya mārge yad anāsravaṃ jñānam / idam ucyate dharmajñānam / api khalu dharmajñāne

dharmajñānabhūmau ca yad anāsravam / idam ucyate dharmajñānam / （p. 616. *l*. 29–p. 617, *l*. 5, cf. 櫻部ほか［2004］p. 21）

『集異門足論』巻七：法智云何。答。欲界行諸無漏智、縁欲界行因諸無漏智、縁欲界行滅諸無漏智、縁欲界行能斷道諸無漏智、復次縁法智及縁法智地諸無漏智、是名法智。（T, vol. 26, 393c15–18）

『品類足論』巻一：法智云何。謂縁欲界繋諸行、諸行因、諸行滅、諸行能斷道諸無漏智。復有縁法智及法智地諸無漏智、亦名法智。（T, vol. 26, 693c24–26）

『発智論』巻八：云何法智。答。於欲界諸行、諸行因諸行滅、諸行能斷道所有無漏智、又於法智及法智地所有無漏智、是謂法智。（T, vol. 26, 957b19–22）

（C 260b5–7, D 264a4–6, G 361b5–362a1, N 292a3–5, P 302b6–8; LINDTNER［1979］p. 140, *ll*. 3–10, Zh, vol. 60, p. 1594, *l*. 17–p. 1595, *l*. 2）

参考文献（1）

Munimatālaṃkāra

定義的用例なし。『牟尼意趣荘厳』では、心相応行末尾の jñāna の解説において、有部が説く dharma-jñāna ないし anutpāda-jñāna の十種の jñāna に parijaya-jñāna と yathāruta-jñāna を加えた十二種の jñāna が列挙されるが（李・加納［2015］p. 33, *ll*. 15–16; D 135a5–6, P 162a1–2）、各 jñāna の定義は述べられない。したがって、ここでは【原語】と【チベット語訳】のみ回収可能である。

【原語】dharma-jñāna
【チベット語訳】chos śes pa

参考文献（2）

Abhidharmāvatāra

【チベット語訳】chos śes pa
【漢訳】法智

114. dharma-jñāna

【定義的用例】

〔チベット語訳〕

… 'dod par gtogs pa'i 'du byed rnams daṅ / de'i rgyu daṅ /[1] 'gog pa daṅ /[2] spoṅ ba daṅ / sbyor ba daṅ /[3] rnam par grol[4] ba daṅ / khyad par gyi lam rnams daṅ /[5] **chos śes pa**'i sa la śes pa dri ma med pa gaṅ yin pa de ni **chos śes pa** ste / thog ma med pa daṅ ldan pa'i 'khor ba na [6] rtag tu bdag gi[7] chu srin 'dzin khris[8] zin pa'i rgyud can gyis de thog[9] ma kho nar chos tsam du mthoṅ ba'i phyir **chos śes pa** źes bya'o //

1) om. GNP 2) om. N 3) om. GNP 4) *'grol* P 5) om. GNP 6) CD insert /. 7) *gis* GNP
8) *'khris* GNP 9) *thogs* P

（C 315a2–3, D 314a2–3, G 508a5–6, N 417b5–6, P 406b5–7; DHAMMAJOTI［2008］p. 240, *ll*. 1–6, Zh, vol. 82, p. 1578, *ll*. 1–6）

〔漢訳〕

於欲界諸行及彼因滅、加行無間解脱勝進道、并**法智**地中所有無漏智名**法智**。無始時來常懷我執、今創見法。故名**法智**。

（巻下, T, vol. 28, 985b13–16）

【先行研究における翻訳と訳例】

〔チベット語訳からの和訳〕

… 欲〔界〕繫の諸行とそれの因と滅と断（無間道）と加行〔道〕と解脱〔道〕と勝進道と**法智**の〔起るべき未至などの六〕地とにおける無垢の智なるものが**法智**であって、始めの無い生死輪廻の中で、常に我・我所に執着する相続を持して来た者にとって、これは実にはじめてまさしく法を見るのであるから、**法智**という。

（櫻部［1997c］p. 221）

〔漢訳からの英訳〕knowledge of the *dharma*

The **knowledge of the *dharma*** comprises (i) the outflow-free knowledge with regard to the conditionings (*saṃskāra*) of the sense-sphere; and to their cause, cessation, their preparatory path (*prayoga-mārga*), their unhindered (*ānantarya*) path, their path of liberation (*vimukti*), their path of progress/advancement/distinction (*viśeṣa*); and (ii) the outflow-free knowledges with regard to the stage of the **knowledge of the *dharma***. Beings from the beginningless time (*anādi-kāla*) have constantly (*nityaṃ*) been obsessed by the attachment to the Self (*ātmagrāha*). [By virtue of this knowledge], one now, for the very first time, sees the [true nature of all] *dharma*-s; thus it receives the name '**knowledge of the *dharma***.'

(DHAMMAJOTI［2008］p. 102)

〔漢訳からの仏訳〕savoir de la Doctrine

Tout ce qu'il y a de savoirs purs (*anāsravajñāna*) concernant les formations du monde du désir (*kāmapratisaṃyuktasaṃskāra*), leur cause (*hetu*), leur destruction (*nirodha*), leurs chemin préparatoire (*prayogamārga*), irrésistible (*prahāṇa-*), libérateur (*vimukti-*), excellent (*viśeṣa-*), concernant aussi la terre du **savoir de la Doctrine** (*dharmajñānabhūmi*), sont le **savoir de la Doctrine**. Dans la transmigration sans commencement (*anādisaṃsāre*), on chérit la croyance au moi (*ātmagrāha*); à présent on voit la Doctrine pour la première fois, c'est pourquoi on parle de «**savoir de la Doctrine**» (*dharmajñāna*).

(VELTHEM［1977］p. 45)

115. anvaya-jñāna

【参考】西村［1977］，CHUNG and FUKITA［2017］p. 62.

Madhyamakapañcaskandhaka

【訳例】後続の知識
【チベット語訳】rjes su śes pa

【定義的用例】

〔和訳〕

後続の知識とは何か。色〔界〕と無色〔界〕に結びつく諸存在（諸行）を対象とする〔煩悩の〕漏れのない知識、色〔界〕と無色〔界〕に結びつく諸存在の因を対象とする〔煩悩の〕漏れのない知識、色〔界〕と無色〔界〕に結びつく諸存在の抑止（滅）を対象とする〔煩悩の〕漏れのない知識、色〔界〕と無色〔界〕に結びつく諸存在を対象とする〔煩悩の〕漏れのない知識、色〔界〕と無色〔界〕に結びつく〔諸〕存在を断じる道を対象とする〔煩悩の〕漏れのない知識である。また、**後続の知識**と**後続の知識**の階位とを知る〔煩悩の〕漏れのない知識も**後続の知識**と言う。

〔チベット語訳〕

[a...]**rjes su śes pa** gaṅ że na / gzugs daṅ [1)] gzugs med pa daṅ ldan pa'i 'du byed rnams la gaṅ dmigs pa'i zag pa med pa'i[2)] śes pa daṅ / gzugs daṅ gzugs med pa daṅ ldan pa'i 'du byed rnams kyi rgyu la gaṅ dmigs pa'i zag pa med pa'i śes pa daṅ / gzugs daṅ gzugs med pa daṅ ldan pa'i 'du byed rnams kyi 'gog pa la gaṅ dmigs pa'i zag pa med pa'i śes pa daṅ / gzugs daṅ gzugs med pa daṅ ldan pa'i 'du byed spoṅ bar byed pa'i lam la gaṅ dmigs pa'i zag pa med pa'i śes pa[3)] gaṅ yin pa'o //[4)] yaṅ **rjes su śes pa** daṅ **rjes su śes pa**'i [(5]sa śes pa'i[5)] [(6]zag pa[6)] med pa'i śes pa gaṅ yin pa de ni **rjes su śes pa** źes brjod do //[...a]

[1)] G inserts /. [2)] *pa* P [3)] om. N [4)] / CN [5)] om. CD [6)] *zab* N

[a] AKVy: anvayajñānaṃ katamat / rūpārūpyapratisaṃyukteṣu saṃskāreṣu yad anāsravaṃ jñānam / rūpārūpyapratisaṃyuktānāṃ saṃskārāṇāṃ hetau yad anāsravaṃ jñānam / rūpārūpyapratisaṃyuktānāṃ saṃskārāṇāṃ nirodhe yad anāsravaṃ jñānam / rūpārūpyapratisaṃyuktānāṃ saṃskārāṇāṃ prahāṇāya mārge yad anāsravaṃ jñānam / idam ucyate anvayajñānam / api khalv anvayajñāne anvayajñānabhūmau ca yad anāsravaṃ jñānam / idam ucyate 'nvayajñānam iti /（p. 617, *ll.* 5–11, cf. 櫻部ほか［2004］p. 21）

『集異門足論』巻七：類智云何。答。縁色無色界行諸無漏智、縁色無色界行因諸無漏智、縁色無色界行滅諸無漏智、縁色無色界行能斷道諸無漏智、復次縁類智及縁類智地諸無漏智、是名類智。（T, vol. 26, 393c18–22）

『品類足論』巻一：類智云何。謂縁色無色界繫諸行、諸行因、諸行滅、諸行能斷道諸無漏智。復有縁類智及類智地諸無漏智、亦名類智。（T, vol. 26, 693c26–29）

『発智論』巻八：云何類智。答。於色無色界諸行、諸行因諸行滅、諸行能斷道所有無漏智、又於類智及類智地所有無漏智、是謂類智。（T, vol. 26, 957b22–24）

（C 260b7–261a3, D 264a6–b1, G 362a1–4, N 292a5–b1, P 302b8–303a3; Lindtner［1979］p. 140, *ll.* 11–20, Zh, vol. 60, p. 1595, *ll.* 3–11）

参考文献（1）

Munimatālaṃkāra

定義的用例なし。『牟尼意趣荘厳』では、心相応行末尾の jñāna の解説において、有部が説く dharma-jñāna ないし anutpāda-jñāna の十種の jñāna に parijaya-jñāna と yathāruta-jñāna を加えた十二種の jñāna が列挙されるが（李・加納［2015］p. 33, *ll.* 15–16; D 135a5–6, P 162a1–2）、各 jñāna の定義は述べられない。したがって、ここでは【原語】と【チベット語訳】のみ回収可能である。

【原語】anvaya-jñāna
【チベット語訳】rjes su śes pa

参考文献（2）

Abhidharmāvatāra

【チベット語訳】rjes su rtogs pa'i śes pa
【漢訳】類智

【定義的用例】

〔チベット語訳〕

gzugs daṅ gzugs med par gtogs pa'i 'du byed rnams daṅ / de'i rgyu daṅ /[1] 'gog pa daṅ /[2] spoṅ ba daṅ / sbyor ba daṅ /[3] rnam par grol ba daṅ /[4] khyad par gyi lam rnams daṅ / **rjes su rtogs**[5] **pa'i śes pa**'i sa la śes pa zag pa med pa gaṅ yin pa de ni **rjes su rtogs pa'i śes pa** ste / chos śes pa'i rjes las skye bas **rjes su rtogs pa'i śes pa**'o //

1) 2) 3) 4) om. GNP　5) *gtogs* N

（C 315a4–5, D 314a4–5, G 508a6–b2, N 417b6–418a1, P 406b7–8; DHAMMAJOTI［2008］p. 240, *ll.* 9–13, Zh, vol. 82, p. 1578, *ll.* 6–11）

〔漢訳〕

於色無色界諸行及彼因滅、加行無間解脱勝進道、并**類智**地中所有無漏智名**類智**。隨法智生。故名**類智**。

（巻下, T, vol. 28, 985b16–18）

【先行研究における翻訳と訳例】

〔チベット語訳からの和訳〕

色・無色〔界〕繫の諸行とそれの因と滅と断と加行〔道〕と解脱〔道〕と勝進〔道〕と**類智**〔の起るべき九〕地とにおける無漏の智なるものが**類智**であって、法智のあとから生ずるから**類智** anvayajñāna（字義通りにいえば「後続智」）〔という〕。

（櫻部［1997c］p. 221）

〔漢訳からの英訳〕 subsequent knowledge

The **subsequent knowledge** comprises (i) the outflow-free knowledge in the conditionings of the fine-material and immaterial spheres; and in their cause, their cessation, their preparatory path, their unhindered path, their path of liberation, their path of progress/advancement/distinction; and (ii) those in the stage of the **subsequent knowledge**. It receives the name '**subsequent knowledge**' as its arising follows (*anu*-√ *i*) that of the knowledge of the *dharma*.

(Dhammajoti〔2008〕pp. 102–103)

〔漢訳からの仏訳〕 savoir consécutif

Tout ce qu'il y a de savoirs purs (*anāsravajñāna*) concernant les formations du monde de la matière subtile et du monde immatériel (*rūpārūpyadhātuprati-saṃyuktasaṃskāra*), leur cause (*hetu*), leur destruction (*nirodha*), leurs chemin préparatoire (*prayogamārga*), irrésistible (prahāṇa), libérateur (*vimukti-*), excellent (*viśeṣa-*), concernant aussi la terre du **savoir consécutif** (*anvaya-jñānabhūmi*) sont le **savoir consécutif** (*anvayajñāna*). C'est parce qu'il naît à la suite du savoir de la Doctrine qu'on le nomme «**savoir consécutif**».

(Velthem〔1977〕p. 46)

116. paracitta-jñāna

【参考】西村［1977］，CHUNG and FUKITA［2017］pp. 62–63.

Madhyamakapañcaskandhaka

【訳例】他者の心に関する知識
【チベット語訳】gźan gyi sems śes pa / pha rol gyi sems śes pa

【定義的用例】

〔和訳〕

他者の心に関する知識とは何か。修習の結果である知識である。修習により体得を獲得して離れることのない者にとっての知識である。その知識により、欲〔界〕に属する、あるいは色〔界〕に属する他者の心と心所法に注意を向けて、精神を集中することによってありありと知ることと、(1〔煩悩の〕漏れのない他者の心と心所法の一部を知ることに対して**他者の心に関する知識**と言う 1)。

1)『中観五蘊論』のチベット語訳において gźan yaṅ zag pa med pa'i sems daṅ sems las śes pa'i chos śes pa la の部分はこのままでは理解できない。ここでは以下に示す『品類足論』等の解説を参考に和訳する。

〔チベット語訳〕

a...**gźan gyi sems śes pa** gaṅ źe na / śes pa gaṅ bsgoms pa'i 'bras bu bsgoms pas rtogs pa 'thob la ma bral ba'i śes pa gaṅ gis 'dod pa na spyod pa daṅ / gzugs na spyod pa'i gźan gyi (1sems daṅ1) sems las byuṅ ba'i chos la gtad de2) mñam par gźag pas mṅon sum du śes pa daṅ / gźan3) yaṅ zag pa med pa'i sems daṅ sems las śes pa'i chos śes pa la **pha rol gyi**4) **sems śes pa** źes brjod do //...a

1) om. GNP　2) *da* D　3) *bźan* N　4) *gyis* GNP

a『集異門足論』巻七：他心智云何。答。若智修所成是修果。依止修已得不失。能知欲色界和合現前他心心所及一分無漏他心心所。是名他心智。（T, vol. 26, 393c22–25）

『品類足論』巻一：他心智云何。謂若智修所成、是修果依止。修已得不失智、欲色界繫和合現前他心心所及一分無漏他心心所皆名他心智。（T, vol. 26, 693c29–694a2）

『発智論』巻八：云何他心智。答。若智是修果、知他現在心心所法。（T, vol. 26, 957b25）

（C 261a3–4, D 264b1–3, G 362a4–6, N 292b1–2, P 303a3–5; LINDTNER［1979］p. 140, *ll*. 21–26, Zh, vol. 60, p. 1595, *ll*. 12–17）

参考文献（1）

Munimatālaṃkāra

定義的用例なし。『牟尼意趣荘厳』では、心相応行末尾の jñāna の解説において、有部が説く dharma-jñāna ないし anutpāda-jñāna の十種の jñāna に parijaya-jñāna と yathāruta-jñāna を加えた十二種の jñāna が列挙されるが（李・加納［2015］p. 33, *ll*. 15–16; D 135a5–6, P 162a1–2）、各 jñāna の定義は述べられない。したがって、ここでは【原語】と【チベット語訳】のみ回収可能である。

【原語】paracitta-jñāna
【チベット語訳】gźan gyi sems śes pa

参考文献（2）

Abhidharmāvatāra

【チベット語訳】pha rol gyi sems śes pa
【漢訳】他心智

【定義的用例】

〔チベット語訳〕

tiṅ ṅe 'dzin las skyes pa'i śes pa gaṅ gis gźan dag sems daṅ sems las byuṅ ba da ltar byuṅ ba śes pa daṅ 'dra ba 'dod pa daṅ /[1] gzugs su gtogs pa rnams daṅ / zag pa med pa kha cig śes pa gaṅ yin pa de ni **pha rol gyi sems śes pa**'o // de yaṅ rnam pa gñis te zag pa daṅ bcas pa daṅ[2] zag pa med pa'o // de la zag pa daṅ bcas pas[3] ni 'dod pa daṅ gzugs su gtogs[4] pa rnams śes so // zag pa med pa yaṅ rnam pa gñis te / chos śes pa'i phyogs daṅ / rjes su rtogs pa'i śes pa'i phyogs so // de la daṅ po ni chos śes pa daṅ / lhan cig rgyu ba śes so // 'og mas[5] ni rjes su rtogs pa śes [6]pa daṅ[6] lhan cig rgyu ba śes so // gzugs daṅ mi ldan[7] pa rnams daṅ / 'dus ma byas daṅ /[8] 'das pa daṅ ma byon pa daṅ gzugs med par gtogs pa rnams daṅ / sa daṅ dbaṅ po daṅ / gaṅ zag mchog rnams kyi ni mi śes so //

1) om. GNP 2) om. GNP 3) sic read *pa.* 4) *rtogs* GN 5) sic read *ma.* 6) *bu pa* C 7) *lan* C 8) om. GNP

（C 315a5–b1, D 314a5–b1, G 508b2–5, N 418a1–5, P 407a1–5; DHAMMAJOTI［2008］p. 240, *ll.* 16–32, Zh, vol. 82, p. 1578, *l.* 11–p. 1579, *l.* 1）

〔漢訳〕

諸定生智、能了知他欲色界繫、一分無漏現在相似心心所法名**他心智**。此有二種。一有漏、二無漏。有漏者能了知他欲色界繫心心所法。無漏者有二種。一法智品、二類智品。法智品者知法智品心心所法。類智品者知類智品心心所法。此智不知色無為心不相應行。及過去未來無色界繫一切根地補特伽羅勝心心所皆不能知。

（巻下, T, vol. 28, 985b27–c5）

【先行研究における翻訳と訳例】

〔チベット語訳からの和訳〕

定より生ずる智であって、それによって他〔の人〕の現在の心・心所の、欲〔界〕繫なる、色〔界〕繫なる、およびある種の無漏なる、智と相似たるを、知るのが**他心智**である。これは二種であって、有漏なると無漏なるとである。その中、有漏なる〔他心智〕によって〔他の人の〕欲〔界〕繫と色〔界〕繫と〔の心・心所〕を知る。無漏なるはまた二種であって、法智品と類智品とである。その中，前者は法智と共なる〔心・心所の〕作動を知る。後者は類智と共なる〔心・心所の〕作動を知る。〔この他心智は〕色と不相応〔行〕と無為と過去と未来と無色〔界〕繫と地と根とすぐれたプドガラの〔心・心所〕とを知らない。

（櫻部［1997c］pp. 221–222）

〔漢訳からの英訳〕 knowledge of others' mind

The **knowledge of others' mind** (*paracitta-jñāna*) is a knowledge born of concentration (*samādhija*). It knows the mind and thought-concomitants (*citta-caitta*) of others belonging to the sense-sphere and the fine-material sphere, and some of the outflow-free mental states, which are present and similar in kind. This knowledge is of two kinds: outflow-free and with-outflow. The ones with outflows can know the mind and thought-concomitants of others belonging to the sense-sphere and the fine-material-sphere. The outflow-free ones may either belong to the category of the "knowledge of the *dharma*" (*dharmajñānapakṣa*) or to that of the "subsequent knowledge" (*anvayajñānapakṣa*). The former ones know the mind and thought-concomitants [of others] belonging to the category of the "knowledge of the *dharma*". The latter one knows the mind and thought-concomitants [of others] belonging to the category of the "subsequent knowledge". This knowledge does not know matter, the unconditioned, the conditionings disjoined from the mind. It also does not know the mind and thought-concomitants pertaining to the past, the future, and the immaterial sphere; or to those who are superior (*utkrānta*) [to the intending knower] when considered from the point of view of faculty, stage, or the [states of attainment of the noble] persons (*ārya-pudgala*).

(DHAMMAJOTI〔2008〕pp. 103–104)

〔漢訳からの仏訳〕 savoir de la pensée d'autrui

Le **savoir de la pensée d'autrui** (*paracittajñāna*) est un savoir engendré par la concentration (*samādhija*) et capable de connaître les pensées et les mentaux (*cittacaitasikadharma*) d'autrui liés au monde du désir (*kāmadhātu*) et au monde de la matière subtile (*rūpadhātu*), ainsi qu'une partie de ses pensées et mentaux purs (*anāsrava*), présents (*pratyutpanna*) et semblables (*sādṛśya*). Ce savoir est de deux sortes : impur (*sāsrava*) ou pur (*anāsrava*). Celui qui est impur peut comprendre les pensées (*citta*) et les mentaux (*caitasikadharma*) d'autrui qui se rapportent au monde du désir (*kāmadhātu*) et au monde de la matière subtile (*rūpadhātu*). Celui qui est pur est biparti : ou bien de la catégorie «savoir de la Doctrine» (*dharmajñānapākṣika*) ou bien de la catégorie «savoir consécutif» (*anvayajñānapākṣika*). Le premier de ces deux connaît les pensées et les mentaux de la catégorie «savoir de la Doctrine», l'autre connaît les pensées et les mentaux de la catégorie «savoir consécutif». Le **savoir de la pensée d'autrui** ne connaît ni les matières (*rūpa*), ni les inconditionnés (*asaṃskṛta*), ni les formations dissociées de la pensée (*cittaviprayuktasaṃskāra*). Il ne connaît pas non plus les pensées et les mentaux passés (*atīta*) ou futurs (*anāgata*), ni ceux relevant du monde immatériel (*ārūpyadhātu*), ni les espèces (*viśeṣa*) de facultés (*indriya*), de terres (*bhūmi*), de personnalités (*pudgala*).

(VELTHEM [1977] pp. 47–48)

117. saṃvṛti-jñāna

【参考】高橋［1970］［1972］，西村［1977］，CHUNG and FUKITA［2017］p. 63.

Madhyamakapañcaskandhaka

【訳例】世俗に関する知識
【チベット語訳】kun rdzob śes pa

【定義的用例】

〔和訳〕

世俗に関する知識とは何か。〔煩悩の〕漏れを有する知（→ 18. prajñā）である。

〔チベット語訳〕

[a...]**kun rdzob śes pa** gaṅ źe na /[1)] zag pa daṅ bcas pa'i śes rab bo //[...a]

[1)] om. G

[a] AKBh ad VII. 2ab: kiyatā sarvajñānasaṃgrahaḥ / daśabhir jñānaiḥ / samāsena tu
sāsravānāsravaṃ jñānaṃ VII. 2a
tayoḥ punaḥ
ādyaṃ saṃvṛtisaṃjñakam / VII. 2b
yat sāsravaṃ tat saṃvṛtijñānam / prāyeṇa ghaṭapaṭastrīpuruṣādisaṃvṛtigrahāt / ajñānasaṃvṛtatvāt ity apare / (p. 391, *l.* 15–p. 392, *l.* 2, cf. 櫻部ほか［2004］pp. 7–8)

『集異門足論』巻七：世俗智云何。答。諸有漏慧、是名世俗智。（T, vol. 26, 393c25–26）

『品類足論』巻一：世俗智云何。謂諸有漏慧。（T, vol. 26, 694a3）

『発智論』巻八：云何世俗智。答。三界有漏慧。（T, vol. 26, 957b26）

（C 261a4, D 264b3, G 362a6–b1, N 292b2–3, P 303a5; LINDTNER［1979］p. 140, *l.* 27, Zh, vol. 60, p. 1595, *l.* 18）

参考文献（1）

Munimatālaṃkāra

定義的用例なし。『牟尼意趣荘厳』では、心相応行末尾の jñāna の解説において、有部が説く dharma-jñāna ないし anutpāda-jñāna の十種の jñāna に parijaya-jñāna と yathāruta-jñāna を加えた十二種の jñāna が列挙されるが（李・加納［2015］p. 33, *ll.* 15–16; D 135a5–6, P 162a1–2）、各 jñāna の定義は述べられない。したがって、ここでは【原語】と【チベット語訳】のみ回収可能である。

【原語】saṃvṛti-jñāna
【チベット語訳】kun rdzob śes pa

参考文献（2）

Abhidharmāvatāra

【チベット語訳】kun rdzob śes pa
【漢訳】世俗智

【定義的用例】

〔チベット語訳〕

kun rdzob śes pa ni śes rab zag pa daṅ bcas pa ste / kun rdzob ni phal cher bum pa daṅ / snam bu la sogs pa la 'jug pas **kun rdzob śes pa**'o // de yaṅ ñon moṅs pa can daṅ /[1] ñon moṅs pa can ma yin pa'o[2] // ñon moṅs pa can de yaṅ [(3]rnam pa[3)] gñis te / lta ba'i bdag ñid daṅ / lta ba'i bdag ñid ma yin pa'o // lta ba'i bdag ñid ni lta ba lṅa po rnams te / 'jig tshogs la lta ba daṅ / mthar 'dzin par lta ba daṅ / log par lta ba daṅ / lta ba mchog tu 'dzin pa daṅ / tshul khrims daṅ brtul źugs[4] mchog tu 'dzin pa źes bya ba rnams so // lta ba'i bdag ñid ma yin pa [(5]ni /[5)] the tshom daṅ / 'dod chags daṅ /[6] khoṅ khro ba daṅ / ṅa rgyal daṅ /[7] ma rig pa daṅ / khro ba la sogs pa'i tshogs daṅ ldan pa'i śes rab po // ñon moṅs pa can ma yin pa yaṅ rnam pa gñis te / dge ba daṅ ma bsgribs la luṅ du mi ston pa'o // de la luṅ du mi ston pa ni lta ba ma yin gyi śes rab ñid do // dge ba ni gaṅ rnam par śes pa lṅa daṅ lhan cig rgyu ba de ni śes rab kyi yin gyi lta ba ma yin te /[8] mi rtogs pa'i phyir ro // yid kyi sa gaṅ yin pa de ni 'jig rten pa'i yaṅ dag pa'i lta ba'o //

[1] om. N [2] *no* P [3] *rnams* GN [4] *śugs* GNP [5] om. GNP [6)7] om. GNP [8] om. CD

（C 315b1–5, D 314b1–5, G 508b5–509a5, N 418a5–b2, P 407a5–b2; Dhammajoti［2008］p. 240, *l.* 35–p. 241, *l.* 17, Zh, vol. 82, p. 1579, *ll.* 1–15）

〔漢訳〕

諸有漏慧名**世俗智**。此智多於瓶衣等世俗事轉故名**世俗智**。此有二種。一染汚、二不染汚。染汚者復有二種。一見性、二非見性。見性有五。謂有身見邊執見邪見見取戒禁取。非見者謂[1]疑貪瞋慢無明忿害等相應慧。不染汚者亦有二種。一善、二無覆無記。無覆無記者非見。不推度故。是慧及智。善者若五識倶亦非見。是慧及智。若意識倶是世俗正見、亦慧、亦智。

[1] 諸（三）（宮）

（巻下, T, vol. 28, 985b18–27）

【先行研究における翻訳と訳例】

〔チベット語訳からの和訳〕

世俗智は有漏の慧であって、世俗とは、広く、瓶や衣などに対してはたらくから**世俗智**である。それはまた染汚なると不染汚なるとである。この染汚なる〔世俗智〕がまた二種であって、見 dṛṣṭi を体とするものと、見を体としないものと、である。見を体とするものとは五見であって、有身見・辺執見・邪見・見取・戒禁取と呼ばれるものである。見を体としないものとは疑と貧と瞋と慢と無明と、忿などと相応する慧と、である。不染汚なる〔世俗智〕もまた二種であって、善なると無覆無記なるとである。その中、〔無覆〕無記〔なる世俗智〕は見ではなくて慧である。善なる〔世俗智〕であって、五識と共なる〔心・心所の〕作動なるものは慧であって見でない。〔いずれも〕推究することがないからである。〔同じ善なる世俗智であって〕意の地に属するものは世俗の正見である。〔すなわち、見でもあり慧でもある。〕

（櫻部［1997c］p. 222）

〔漢訳からの英訳〕conventional knowledge

The **conventional knowledge** comprises those understanding which are with-outflow. It is named **conventional knowledge** as it operates mostly on things of conventional existence (*saṃvṛtisad-vastu*) such as jugs, garments, etc. This knowledge is of two kinds: defiled and undefiled. The defiled ones are again two-fold: those which are of the nature of view (*dṛṣṭi*) and those which are not. The former comprises the five views — *satkāyadṛṣṭi*, *mithyādṛṣṭi*, *dṛṣṭiparā-marśa* and *śīlavrataparāmarśa*. The latter comprises the understanding con-joined with doubt, greed, hatred, conceit, ignorance, anger, harmfulness, etc. The undefiled ones are also two-fold: (i) wholesome, (ii) non-veiled-non-defined (*anivṛtāvyākṛta*). The non-veiled-non-defined ones are not views as they are not of the nature of judgement (*samtīraṇa*); they are both understanding and knowledges. The wholesome ones, if co-existent with the five [sensory] consciousnesses are also not views; and are both understanding and knowledges. If [however] they co-exist with the mental consciousness, they belong to the category of mundane right views (*laukikī-saṃyak-dṛṣṭi*), as well as being under-standing and knowledges.

（DHAMMAJOTI〔2008〕p. 103）

〔漢訳からの仏訳〕savoir conventionnel

On appelle les sagesses impures (*sāsravaprajñā*) «**savoir conventionnel**». C'est au fait que ce savoir tourne généralement (*prāyeṇa*) autour d'objets existant par convention (*saṃvṛtisadvastu*), cruche (*ghaṭa*), vêtement (*paṭa*), etc., qu'il doit son nom de «**savoir conventionnel**» (*saṃvṛtijñāna*). Il est biparti : souillé (*kliṣṭa*) ou non souillé (*akliṣṭa*). A son tour, celui qui est souillé se divise en deux, selon qu'il consiste en vue (*dṛṣṭi*) ou pas en vue (*na dṛṣṭi*). Celui qui est vue comporte cinq espèces :

— croyance en la personnalité (*satkāyadṛṣṭi*)
— croyance aux extrêmes (*antagrāhadṛṣṭi*)
— vues fausses (*mithyādṛṣṭi*)
— estime injustifiée des vues (*dṛṣṭiparāmarśa*)
— estime injustifiée de la moralité et des voeux (*śīlavrataparāmarśa*).

Celui qui n'est pas vue comprend les sagesses associées (*saṃprayuktaprajñā*) au doute (*vicikitsā*), à la convoitise (*lobha*) , à la haine (*dveṣa*), à l'orgueil (*māna*), à la nescience (*avidyā*), à la colère (*krodha*), à la nuisance (*vihiṃsā*), etc. Le savoir conventionnel (*samvṛtijñāna*) non souillé (*akliṣṭa*) est lui aussi biparti, soit bon (*kuśala*), soit ni souillé ni défini (*anivṛtāvyākṛta*). En ce dernier cas, n'étant ni vue (*na dṛṣṭi*), ni examen (*na saṃtīraṇa*), il est sagesse (*prajñā*) et savoir (*jñāna*). Quant au bon, s'il naît en même temps que les cinq (premières) connaissances (*pañcavijñānasahaja*), n'étant pas non plus vue, il est également sagesse et savoir. Né en même temps que la connaissance mentale (*mano-vijñānasahaja*) , il est vue correcte mondaine (*laukikī samyagdṛṣṭi*), et sagesse et savoir.

(VELTHEM [1977] pp. 46–47)

118. duḥkha-jñāna

【参考】西村［1977］，CHUNG and FUKITA［2017］pp. 63.

Madhyamakapañcaskandhaka

【訳例】苦に関する知識
【チベット語訳】sdug bsṅal śes pa

【定義的用例】

〔和訳〕

苦に関する知識とは何か。取得と関わる五つのグループ（五取蘊）に対して、無常、苦、空、無我として傾注する者にとっての〔煩悩の〕漏れがない知識を**苦に関する知識**と言う。

〔チベット語訳〕

[a]…**sdug bsṅal śes pa** gaṅ źe na /[1] ñe bar len pa'i phuṅ po rnams la mi rtag pa ñid daṅ / sdug bsṅal[2] ba ñid daṅ / stoṅ pa ñid daṅ / bdag med pa ñid du yid la byed pa'i zag pa med pa'i śes pa gaṅ yin pa de ni 'di ltar **sdug bsṅal śes pa** źes brjod do //…[a]

[1] om. G [2] *sa sṅal* N

[a] AKVy: duḥkhajñānaṃ katamat / pañcopādānaskaṃdhān anityato duḥkhataḥ śunyato 'nātmataś ca manasikurvato yad anāsravaṃ jñānam / idam ucyate duḥkhajñānam /（p. 617, *ll.* 13–15, cf. 櫻部ほか［2004］p. 21）

『集異門足論』巻七：苦智云何。答。於五取蘊思惟非常苦空非我所起無漏智、是名苦智。（T, vol. 26, 393c27–29）

『品類足論』巻一：苦智云何。謂於五取蘊思惟非常苦空非我所起無漏智。（T, vol. 26, 694a3–4）

『発智論』巻八：云何苦智。答。於諸行作苦非常空非我行相轉智。（T, vol. 26, 957b26–27）

（C 261a4–5, D 264b3–4, G 362b1–2, N 292b3–4, P 303a5–7; Lindtner［1979］p. 140, *ll*. 28–31, Zh, vol. 60, p. 1595, *l*. 19–p. 1596, *l*. 1）

参考文献（1）

Munimatālaṃkāra

定義的用例なし。『牟尼意趣荘厳』では、心相応行末尾の jñāna の解説において、有部が説く dharma-jñāna ないし anutpāda-jñāna の十種の jñāna に parijaya-jñāna と yathāruta-jñāna を加えた十二種の jñāna が列挙されるが（李・加納［2015］p. 33, *ll*. 15–16; D 135a5–6, P 162a1–2）、各 jñāna の定義は述べられない。したがって、ここでは【原語】と【チベット語訳】のみ回収可能である。

【原語】duḥkha-jñāna
【チベット語訳】sdug bsṅal śes pa

参考文献（2）

Abhidharmāvatāra

【チベット語訳】sdug bsṅal śes pa
【漢訳】苦智

【定義的用例】

〔チベット語訳〕

ñe bar len pa'i phuṅ po lṅa po 'bras bur gyur pa rnams la / mi rtag pa daṅ / sdug bsṅal ba daṅ / stoṅ pa daṅ bdag med pa'i rnam pas źugs pa'i śes pa gaṅ yin pa de ni **sdug bsṅal śes pa**'o //

（C 315b5–6, D 314b5–6, G 509a5–6, N 418b2–3, P 407b2; Dhammajoti［2008］p. 241, *ll*. 20–22, Zh, vol. 82, p. 1579, *ll*. 15–18）

118. duḥkha-jñāna

〔漢訳〕

於五取蘊果分有無漏智。作非常苦空非我行相轉名**苦智**。

（巻下, T, vol. 28, 985c5–7）

【先行研究における翻訳と訳例】

〔チベット語訳からの和訳〕

五取蘊が果となってある時、無常・苦・空・非我なる行相 ākāra をとって生ずる智がすなわち**苦智**である。

（櫻部［1997c］p. 222）

〔漢訳からの英訳〕 knowledge of unsatisfactoriness

The **knowledge of unsatisfactoriness** (*duḥkha-jñāna*) is the outflow-free knowledge which realizes, with regard to the five aggregates of grasping as fruit (*phala*), their [four] aspects (*ākāra*) of being impermanent (*anityataḥ*), unsatisfactory (*duḥkhataḥ*), empty (*śūnyataḥ*) and soul-less (*anātmataḥ*).

（DHAMMAJOTI［2008］p. 104）

〔漢訳からの仏訳〕 savoir de la douleur

A l'endroit des cinq agrégats d'attachement (*pañcopādānaskandha*) et sur le plan de l'effet (*phala*), un savoir pur (*anāsravajñāna*) conçoit les aspects (*ākāra*) d'impermanence (*anityatā*), de douleur (*duḥkhatā*), de vacuité (*śūnyatā*) et d'impersonnalité (*anātman*); on le nomme «**savoir de la douleur**» (*duḥkha-jñāna*).

（VELTHEM［1977］p. 48）

119. samudaya-jñāna

【参考】西村［1977］，CHUNG and FUKITA［2017］pp. 63–64.

Madhyamakapañcaskandhaka

【訳例】起源に関する知識
【チベット語訳】kun 'byuṅ ba śes pa

【定義的用例】

〔和訳〕

起源に関する知識とは何か。〔煩悩の〕漏れを有する因に対して、因、起源、源泉、契機として傾注する者にとっての〔煩悩の〕漏れがない知識を**起源に関する知識**と言う。

〔チベット語訳〕

[a…]**kun 'byuṅ ba śes pa** gaṅ źe na / zag pa[1)] daṅ bcas pa'i rgyu la rgyu ñid daṅ / kun 'byuṅ ba ñid daṅ / rab tu skye ba ñid daṅ / rkyen ñid du yid la byed pa'i gaṅ zag pa med pa'i śes pa gaṅ yin pa[2)] de ni **kun 'byuṅ ba śes pa** źes brjod do //[…a]

[1)] om. P [2)] *la* CD

[a] AKVy: samudayajñānaṃ katamat / sāsravaṃ hetukaṃ hetutaḥ samudayataḥ prabhavataḥ pratyayataś ca manasikurvato yad anāsravaṃ jñānam / idam ucyate samudayajñānam /（p. 617, *ll*. 15–17, cf. 櫻部ほか［2004］p. 21）

『集異門足論』巻七：集智云何。答。於有漏因思惟因集生縁所起無漏智、是名集智。（T, vol. 26, 393c29–394a1）

『品類足論』巻一：集智云何。謂於有漏因思惟因集生縁所起無漏智。（T, vol. 26, 694a5–6）

『発智論』巻八：云何集智。答。於諸行因作因集生縁行相轉智。（T, vol. 26, 957b27–28）

（C 261a5–6, D 264b4–5, G 362b2–3, N 292b4–5, P 303a7–8; LINDTNER［1979］p. 141, *ll*. 1–4, Zh, vol. 60, p. 1596, *ll*. 2–5）

参考文献（1）

Munimatālaṃkāra

定義的用例なし。『牟尼意趣荘厳』では、心相応行末尾の jñāna の解説において、有部が説く dharma-jñāna ないし anutpāda-jñāna の十種の jñāna に parijaya-jñāna と yathāruta-jñāna を加えた十二種の jñāna が列挙されるが（李・加納［2015］p. 33, *ll*. 15–16; D 135a5–6, P 162a1–2）、各 jñāna の定義は述べられない。したがって、ここでは【原語】と【チベット語訳】のみ回収可能である。

【原語】samudaya-jñāna
【チベット語訳】kun 'byuṅ śes pa

参考文献（2）

Abhidharmāvatāra

【チベット語訳】kun 'byuṅ ba śes pa
【漢訳】集智

【定義的用例】

〔チベット語訳〕

ñe bar len pa'i phuṅ po lṅa po[1] rgyur [2] gyur pa / las daṅ ñon moṅs pa lhan cig rgyu ba de dag ñid la / rgyu daṅ kun 'byuṅ ba daṅ /[3] rab tu skye ba daṅ / rkyen gyi rnam par śes pa zag pa med pa gaṅ yin pa de ni **kun 'byuṅ ba śes**[4] **pa**'o //

[1] *por* C, om. GNP [2] G inserts *pa*. [3] om. GNP [4] *źes* CD

（C 315b6, D 314b6, G 509a6–b1, N 418b3–4, P 407b3; Dhammajoti［2008］p. 241, *ll*. 24–27, Zh, vol. 82, p. 1579, *ll*. 18–21）

〔漢訳〕

於五取蘊因分有無漏智。作因集生縁行相轉名**集智**。

（巻下, T, vol. 28, 985c7–8）

【先行研究における翻訳と訳例】

〔チベット語訳からの和訳〕

その同じ五取蘊が因となってある〔時、〕すなわち業と煩悩とが共に作動する時、因・集・生・縁なる行相に対する無漏の智がすなわち**集智**である。

（櫻部［1997c］p. 222）

〔漢訳からの英訳〕knowledge of origin

The **knowledge of origin** (*samudaya-jñāna*) is the outflow-free knowledge which realizes, with regard to the five aggregates of grasping as cause (*hetu*), their [four] aspects of being cause (*hetutaḥ*), origin (*samudayataḥ*), successive causation (*prabhavataḥ*) and condition (*pratyayataḥ*).

（DHAMMAJOTI［2008］p. 104）

〔漢訳からの仏訳〕savoir de l'origine

Vis-à-vis des cinq agrégats d'attachement et sur le plan de la cause (*hetu*), un savoir pur (*anāsravajñāna*) conçoit les aspects (*ākāra*) de causalité (*hetu*), d'origine (*samudaya*), de causation successive (*prabhava*) et de causation conjuguée (*pratyaya*); il est appelé «**savoir de l'origine**» (*samudayajñāna*).

（VELTHEM［1977］p. 48）

120. nirodha-jñāna

【参考】西村［1977］，CHUNG and FUKITA［2017］p. 64.

Madhyamakapañcaskandhaka

【訳例】抑止に関する知識
【チベット語訳】'gog pa śes pa

【定義的用例】

〔和訳〕

抑止に関する知識とは何か。抑止に対して、抑止、寂静、卓越、出離として傾注する者にとっての〔煩悩の〕漏れがない知識を**抑止に関する知識**と言う。

〔チベット語訳〕

[a…]**'gog pa śes pa** gaṅ źe na / 'gog pa la 'gog pa ñid daṅ /[1)] źi ba ñid daṅ / gya nom pa ñid daṅ / ṅes par 'byuṅ ba ñid du yid la byed pa'i zag pa med pa'i śes pa gaṅ yin pa de ni **'gog pa śes pa** źes brjod do //[…a]

[1)] om. G

[a] AKVy: nirodhajñānaṃ katamat / nirodhaṃ nirodhataḥ śāntataḥ praṇītato niḥsaraṇataś ca manasikurvato yad anāsravaṃ jñānam / idam ucyate nirodhajñānam iti / (p. 617, *ll.* 19–21, cf. 櫻部ほか［2004］p. 22)

『集異門足論』巻七：滅智云何。答。於諸擇滅思惟滅靜妙離所起無漏智、是名滅智。（T, vol. 26, 394a1–3）

『品類足論』巻一：滅智云何。謂於擇滅思惟滅靜妙離所起無漏智。（T, vol. 26, 694a6–7）

『発智論』巻八：云何滅智。答。於諸行滅作滅靜妙離行相轉智。（T, vol. 26, 957b28–29）

（C 261a6–7, D 264b5–6, G 362b3–4, N 292b5–6, P 303a8–b1; LINDTNER［1979］p. 141, *ll.* 5–8, Zh, vol. 60, p. 1596, *ll.* 6–8）

参考文献（1）

Munimatālaṃkāra

定義的用例なし。『牟尼意趣荘厳』では、心相応行末尾の jñāna の解説において、有部が説く dharma-jñāna ないし anutpāda-jñāna の十種の jñāna に parijaya-jñāna と yathāruta-jñāna を加えた十二種の jñāna が列挙されるが（李・加納［2015］p. 33, *ll*. 15–16; D 135a5–6, P 162a1–2）、各 jñāna の定義は述べられない。したがって、ここでは【原語】と【チベット語訳】のみ回収可能である。

【原語】nirodha-jñāna
【チベット語訳】'gog pa śes pa

参考文献（2）

Abhidharmāvatāra

【チベット語訳】'gog pa śes pa
【漢訳】滅智

【定義的用例】

〔チベット語訳〕

de dag 'gog pa la[1] 'gog pa daṅ / źi ba daṅ gya nom pa daṅ ṅes par 'byuṅ[2] ba'i[3] rnam par śes pa dri ma med pa gaṅ yin pa de ni **'gog pa śes pa**'o //

[1] *las* GNP [2] *byuṅ* GN [3] *ba* G

（C 315b6–7, D 314b6–7, G 509b1, N 418b4–5, P 407b4; Dhammajoti［2008］p. 241, *ll*. 29–30, Zh, vol. 82, p. 1579, *l*. 21–p. 1580, *l*. 2）

〔漢訳〕

於彼滅有無漏智。作滅静妙離行相転名**滅智**。

（巻下, T, vol. 28, 985c8–9）

120. nirodha-jñāna

【先行研究における翻訳と訳例】

〔チベット語訳からの和訳〕

それら〔五取蘊〕が滅する時、滅・浄・妙・離なる行相に対する無垢（無漏）の智がすなわち**滅智**である。

（櫻部［1997c］p. 222）

〔漢訳からの英訳〕knowledge of cessation

The **knowledge of cessation** (*nirodha-jñāna*) is the outflow-free knowledge which realizes, with regard to the cessation of these [aggregates], the [four] aspects of being cessation (*nirodhataḥ*), calm (*śāntataḥ*), excellence (*praṇīta-taḥ*) and escape (*niḥsaraṇataḥ*).

（Dhammajoti［2008］p. 104）

〔漢訳からの仏訳〕savoir de la destruction

En vue de la destruction desdits agrégats, il est un savoir pur (*anāsravajñāna*) qui conçoit les aspects de destruction (*nirodha*), de calme (*śānta*), d'excellence (*praṇīta*) et de salut (*niḥsaraṇa*), nommé «**savoir de la destruction**» (*nirodha-jñāna*).

（Velthem［1977］p. 48）

121. mārga-jñāna

【参考】西村［1977］, CHUNG and FUKITA［2017］p. 64.

Madhyamakapañcaskandhaka

【訳例】道に関する知識
【チベット語訳】lam śes pa

【定義的用例】

〔和訳〕

道に関する知識とは何か。道に対して、道、道理、実践、出立として傾注する者にとっての〔煩悩の〕漏れがない知識を**道に関する知識**と言う。

〔チベット語訳〕

[a…]**lam śes pa** gaṅ że na / lam la lam ñid daṅ / rigs[1)] pa ñid daṅ / sgrub pa ñid daṅ / ṅes par 'byin pa ñid du yid la byed pa'i zag pa med pa'i śes pa gaṅ yin pa de ni **lam śes pa** żes brjod do //[…a]

[1)] *rig* GNP

[a] AKVy: mārgajñānaṃ katamat / mārgaṃ mārgato nyāyataḥ pratipattito nairyāṇikataś ca manasikurvato yad anāsravaṃ jñānam / idam ucyate mārgajñānam iti / (p. 617, *ll*. 21–23, cf. 櫻部ほか［2004］p. 22)

『集異門足論』巻七：道智云何。答。於無漏道思惟道如行出所起無漏智、是名道智。（T, vol. 26, 394a3–4）

『品類足論』巻一：道智云何。謂於聖道思惟道如行出所起無漏智。（T, vol. 26, 694a7–8）

『発智論』巻八：云何道智。答。於諸行對治道作道如行出行相轉智。（T, vol. 26, 957b29–c1）

（C 261a7, D 264b6–7, G 362b4–5, N 292b6, P 303b1–2; LINDTNER［1979］p. 141, *ll*. 9–11, Zh, vol. 60, p. 1596, *ll*. 9–11）

参考文献（1）

Munimatālaṃkāra

定義的用例なし。『牟尼意趣荘厳』では、心相応行末尾の jñāna の解説において、有部が説く dharma-jñāna ないし anutpāda-jñāna の十種の jñāna に parijaya-jñāna と yathāruta-jñāna を加えた十二種の jñāna が列挙されるが（李・加納［2015］p. 33, *ll.* 15–16; D 135a5–6, P 162a1–2）、各 jñāna の定義は述べられない。したがって、ここでは【原語】と【チベット語訳】のみ回収可能である。

【原語】mārga-jñāna
【チベット語訳】lam śes pa

参考文献（2）

Abhidharmāvatāra

【チベット語訳】lam śes pa
【漢訳】道智

【定義的用例】

〔チベット語訳〕

de dag ñid kyis[1)] mya ṅan las 'das pa thob par byed pa'i lam la / lam daṅ rigs[2)] pa daṅ / sgrub pa daṅ /[3)] ṅes par 'byin pa'i rnam par śes pa dri ma med pa gaṅ yin pa de ni **lam śes pa**'o //

1) *kyi* GNP　2) *rig* GNP　3) om. GNP

（C 315b7, D 314b7–315a1, G 509b2, N 418b5–6, P 407b4–5; DHAMMAJOTI［2008］p. 241, *ll.* 32–34, Zh, vol. 82, p. 1580, *ll.* 2–5）

〔漢訳〕

於彼對治得涅槃道有無漏智。作道如行出行相轉名**道智**。

（巻下, T, vol. 28, 985c9–10）

【先行研究における翻訳と訳例】

〔チベット語訳からの和訳〕

同じそれら〔五取蘊が滅する〕によって涅槃を得る道において、道・如・行・出なる行相に対する無垢の智がすなわち**道智**である。

（櫻部［1997c］p. 222）

〔漢訳からの英訳〕 knowledge of the path

The **knowledge of the path** (*mārga-jñāna*) is the outflow-free knowledge which realizes, with regard to the path which is the counteraction (*pratipakṣa*) to these [aggregates] and which leads to Nirvāṇa, its [four] aspects of being a path (*mārgataḥ*), right method (*nyāyataḥ*), course of practice (*pratipattitaḥ*) and conducive to exit (*nairyāṇikataḥ*).

（DHAMMAJOTI［2008］p. 104）

〔漢訳からの仏訳〕 savoir du chemin

En vue de contrecarrer lesdits agrégats et d'obtenir le chemin du Nirvāṇa, un savoir pur (*anāsravajñāna*) conçoit les aspects de chemin (*mārga*), de conformité (*nyāya*), de réalisation (*pratipatti*) et de sortie définitive (*nairyāṇika*) ; on l'appelle «**savoir du chemin**» (*mārgajñāna*).

（VELTHEM［1977］p. 48）

122. kṣaya-jñāna

【参考】西村［1977］，大森［2007］，木村［2014］，CHUNG and FUKITA［2017］pp. 64–65.

Madhyamakapañcaskandhaka

【訳例】尽きたことに関する知識
【チベット語訳】zad pa śes pa

【定義的用例】

〔和訳〕

尽きたことに関する知識とは何か。「私は苦を完全に知った」、「起源を断じた」、「抑止を実現した」、「道を修習した」と知ることに依拠する知識、知見、明知、理性、覚知、知（→ 18. prajñā）、光明、領解を**尽きたこと関する知識**と言う。

〔チベット語訳〕

[a…]**zad pa śes pa** gaṅ źe na / bdag gis[1)] sdug bsṅal ni yoṅs su śes so // kun 'byuṅ ba ni spaṅs so // 'gog pa ni mṅon du byas so //[2)] lam ni bsgoms[3)] so //[4)] źes rab tu śes [(5]pa la[5)] [6)] ñe bar brten[7)] pa'i śes pa daṅ / mthoṅ[8)] ba daṅ / rig[9)] pa daṅ / blo daṅ / rtogs[10)] pa daṅ / śes rab daṅ / snaṅ ba daṅ / mṅon par rtogs[11)] pa gaṅ yin pa de ni **zad pa śes pa** źes brjod do //[…a]

[1)] *gi* CDNP [2)] om. GNP [3)] *sgom* N [4)] om. N [5)] *pa'i* N [6)] CD insert /. [7)] *brtan* N
[8)] *mgroṅ* G [9)] *rigs* CD [10)] *rtog* CD [11)] *rtog* GNP

[a] AKBh ad VII. 7: atha kṣayajñānānutpādajñānayoḥ ko viśeṣaḥ /

kṣayajñānaṃ hi satyeṣu parijñātādiniścayaḥ /
na parijñeyam ityādir anutpādamatir matā // VII. 7

kṣayajñānaṃ katamat / duḥkhaṃ me parijñātam iti jānāti / samudayaḥ prahīṇo nirodhaḥ sākṣātkṛto mārgo bhāvita iti jānāti / tad upādāya yat jñānaṃ darśanaṃ vidyā buddhir bodhiḥ prajñāloko 'bhisamayam idam ucyate kṣayajñānam / anutpādajñānaṃ katamat / duḥkham me parijñātaṃ na punaḥ parijñeyam iti jānāti yāvat mārgo bhāvito na punar bhāvayutavya iti / tad upādāyeti vistareṇoktaṃ śāstre /（p. 394, *ll*. 4–11, cf. 櫻部ほか［2004］pp. 14–15）

『集異門足論』巻三：盡智云何。答。謂如實知我已知苦、我已斷集、我已證滅、我已修道、此所從生智見明覺解慧光觀、是名盡智。（T, vol. 26, 376a18–20）

『品類足論』巻一：盡智云何。謂自遍知我已知苦、我已斷集、我已證滅、我已修道、由此而起智見明覺解慧光觀、皆名盡智。（T, vol. 26, 694a8–10）

（C 261a7–b2, D 264b7–265a1, G 362b5–6, N 292b6–293a1, P 303b2–3; LINDTNER［1979］p. 141, *ll*. 12–17, Zh, vol. 60, p. 1596, *ll*. 12–16）

参考文献（1）

Munimatālaṃkāra

定義的用例なし。『牟尼意趣荘厳』では、心相応行末尾の jñāna の解説において、有部が説く dharma-jñāna ないし anutpāda-jñāna の十種の jñāna に parijaya-jñāna と yathāruta-jñāna を加えた十二種の jñāna が列挙されるが（李・加納［2015］p. 33, *ll*. 15–16; D 135a5–6, P 162a1–2）、各 jñāna の定義は述べられない。したがって、ここでは【原語】と【チベット語訳】のみ回収可能である。

【原語】kṣaya-jñāna
【チベット語訳】zad pa śes pa

参考文献（2）

Abhidharmāvatāra

【チベット語訳】zad pa śes pa
【漢訳】盡智

【定義的用例】

〔チベット語訳〕

bdag gis sdug [1] bsṅal yoṅs su śes so // kun 'byuṅ ba spaṅs[2] so // 'gog pa mṅon sum du byas so // bdag gis lam bsgoms so sñam du de ltar zad pa'i tshul gyis źugs pa'i śes pa zag pa med pa gaṅ yin pa de ni **zad pa śes pa**'o //

1) G inserts *ba*.　2) *spoṅs* P

（C 316a1, D 315a1, G 509b2–4, N 418b6–7, P 407b5–6; DHAMMAJOTI［2008］p. 242, *ll.* 1–3, Zh, vol. 82, p. 1580, *ll.* 5–8）

〔漢訳〕

有無漏智、作是思惟、「苦我已知、集我已斷、滅我已證、道我已修」。盡行相轉名**盡智**。

（巻下, T, vol. 28, 985c10–12）

【先行研究における翻訳と訳例】

〔チベット語訳からの和訳〕

「われは苦を遍知した、集を断じた、滅を証した、われは道を修した」と、このように滅尽 kṣaya に関して生ずる無漏の智がすなわち**尽智**である。

（櫻部［1997c］pp. 222–223）

〔漢訳からの英訳〕knowledge of exhaustion

The **knowledge of exhaustion** (*kṣaya-jñāna*) is the outflow-free knowledge which gives rise to the realization of exhaustion when it reflects thus: "The unsatisfactoriness has been [fully] known by me; its origin has been annihilated by me; its cessation has been realized by me; the path [leading to its cessation] has been [fully] cultivated by me."

（DHAMMAJOTI［2008］p. 104）

〔漢訳からの仏訳〕savoir de l'extinction

Un autre savoir pur (*anāsravajñāna*) permet la réflexion (*manaskāra*) que voici : «Je connais la douleur (*duḥkhaṃ me parijñātam*), j'ai abandonné l'origine (*samudayo me prahīṇa*), j'ai réalisé la destruction (*nirodho me sākṣātkṛta*), j'ai pratiqué le chemin (*mārgo me bhāvita*)». Ce savoir conçoit les aspects de l'extinction (*kṣayākāraṃ pravartate*) ; il est dit «**savoir de l'extinction**» (*kṣaya-jñāna*).

（VELTHEM［1977］p. 48）

123. anutpāda-jñāna

【参考】櫻部［1966］［1997b］，西村［1977］，木村［2014］，CHUNG and FUKITA［2017］p. 65.

Madhyamakapañcaskandhaka

【訳例】生じないことに関する知識
【チベット語訳】mi skye ba śes pa

【定義的用例】

〔和訳〕

生じないことに関する知識とは何か。「私は苦を完全に知って、これ以上完全に知るべきもの（苦）はない」、「起源を断じて、これ以上断じるべきもの（起源）はない」、「抑止を実現して、これ以上実現すべきもの（抑止）はない」、「道を修習して、これ以上修習すべきもの（道）はない」と知ることに依拠する知識、知見、明知、理性、覚知、知（→ 18. prajñā）、光明、領解を**生じないことに関する知識**と言う。

〔チベット語訳〕

[a]…**mi skye ba śes pa** gaṅ źe na /[1)] bdag gis sdug bsṅal yoṅs su śes te yaṅ yoṅs su śes par byar med do źes bya ba daṅ / kun 'byuṅ ba rab tu spaṅs te yaṅ spaṅ bar byar med do [2)] źes bya ba daṅ / 'gog pa mṅon du byas te yaṅ mṅon du byar med do[3)] źes bya ba daṅ / lam bsgoms te yaṅ bsgom par byar med do źes bya bar śes pa la brten pa'i śes pa daṅ / mthoṅ ba daṅ / rig[4)] pa daṅ / blo daṅ / rtogs[5)] pa daṅ / śes rab daṅ / snaṅ ba daṅ / mṅon par rtogs[6)] pa gaṅ yin pa de ni **mi**[7)] **skye ba śes pa** źes brjod do //…[a]

[1)] om. G [2)] GN insert //, P inserts /. [3)] om. C [4)] *rigs* CD [5)] *rtog* CD [6)] *rtog* GNP [7)] om. P

[a] AKBh ad VII. 7: atha kṣayajñānānutpādajñānayoḥ ko viśeṣaḥ /

kṣayajñānaṃ hi satyeṣu parijñātādiniścayaḥ /
na parijñeyam ityādir anutpādamatir matā // VII. 7

kṣayajñānaṃ katamat / duḥkhaṃ me parijñātam iti jānāti / samudayaḥ prahīṇo nirodhaḥ sākṣātkṛto mārgo bhāvita iti jānāti / tad upādāya yat jñānaṃ darśanaṃ vidyā buddhir bodhiḥ prajñāloko 'bhisamayam idam ucyate kṣayajñānam / anutpādajñānaṃ katamat / duḥkham me parijñātaṃ na punaḥ parijñeyam iti jānāti yāvat mārgo bhāvito na punar bhāvayutavya iti / tad upādāyeti vistareṇoktaṃ śāstre /（p. 394, *ll*. 4–11, cf. 櫻部ほか［2004］pp. 14–15）

『集異門足論』巻三 : 無生智云何。答。謂如實知我已知苦不復當知、我已斷集不復當斷、我已證滅不復當證、我已修道不復當修、此所從生智見明覺解慧光觀。是名無生智。（T, vol. 26, 376a20–24）

『品類足論』巻一 : 無生智云何。謂自遍知我已知苦不復當知、我已斷集不復當斷、我已證滅不復當證、我已修道不復當修、由此而起智見明覺解慧光觀、皆名無生智。（T, vol. 26, 694a10–14）

（C 261b2–3, D 265a1–3, G 362b6–363a3, N 293a1–3, P 303b3–6; Lindtner［1979］p. 141, *ll*. 18–25, Zh, vol. 60, p. 1596, *l*. 17–p. 1597, *l*. 2）

参考文献（1）

Munimatālaṃkāra

定義的用例なし。『牟尼意趣荘厳』では、心相応行末尾の jñāna の解説において、有部が説く dharma-jñāna ないし anutpāda-jñāna の十種の jñāna に parijaya-jñāna と yathāruta-jñāna を加えた十二種の jñāna が列挙されるが（李・加納［2015］p. 33, *ll*. 15–16; D 135a5–6, P 162a1–2）、各 jñāna の定義は述べられない。したがって、ここでは【原語】と【チベット語訳】のみ回収可能である。

【原語】anutpāda-jñāna
【チベット語訳】mi skye ba śes pa

参考文献（2）

Abhidharmāvatāra

【チベット語訳】mi skye ba śes pa
【漢訳】無生智

123. anutpāda-jñāna

【定義的用例】

〔チベット語訳〕

de dag ñid go rims[1)] bźin sbyar te / yaṅ yoṅs su śes par bya ba daṅ / spaṅ bar bya ba daṅ / mṅon sum du bya ba daṅ / bsgom par bya ba med do [2)] sñam du de ltar mi skye ba'i tshul gyis źugs śes[3)] pa dri ma med pa gaṅ [4)] yin pa de ni **mi skye ba śes pa**'o //

[1)] *rim* GNP [2)] N inserts //. [3)] *źes* CD [4)] GNP insert *yaṅ*.

（C 316a1–2, D 315a1–2, G 509b4–5, N 418b7–419a1, P 407b6–7; DHAMMAJOTI〔2008〕p. 242, *ll*. 6–9, Zh, vol. 82, p. 1580, *ll*. 8–11）

〔漢訳〕

有無漏智、作是思惟、「苦我已知、不復更知。乃至、道我已修、不復更修」。無生行相轉名**無生智**。

（巻下, T, vol. 28, 985c12–14）

【先行研究における翻訳と訳例】

〔チベット語訳からの和訳〕

同じこ〔の苦・集・滅・道〕は、それぞれ、「さらに遍知せられる〔ことはない〕」、「〔さらに〕断ぜられる〔ことはない〕」、「〔さらに〕証せられる〔ことはない〕」、「〔さらに〕修せられることはない」と、このように無生 anutpāda に関して生ずる無漏の智がすなわち**無生智**である。

（櫻部〔1997c〕p. 223）

〔漢訳からの英訳〕knowledge of non-arising

The **knowledge of non-arising** (*anutpāda-jñāna*) is the outflow-free knowledge which gives rise to the realization of non-arising when it reflects thus: "The unsatisfactoriness has been [fully] known by me; there is no more to be known. The path [leading to its cessation] has been [fully] cultivated by me; there is no more to be cultivated."

（DHAMMAJOTI〔2008〕p. 104）

123. anutpāda-jñāna

〔漢訳からの仏訳〕 savoir de la non-reproduction

Enfin, un savoir pur (*anāsravajñāna*) suscite les réflexions (*manaskāra*) suivantes : «J'ai connu la douleur et n'ai plus à la connaître (*duḥkhaṃ me parijñātaṃ na punaḥ parijñeyam*)» etc., jusqu'à : «J'ai pratiqué le chemin et n'ai plus à le pratiquer (*mārgo me bhāvito na punar bhāvayitavya*)». Ce savoir est tourné vers l'aspect de non-reproduction (*anutpādākārapravṛtta*) et se nomme «**savoir de la non-reproduction**» (*anutpādajñāna*).

(VELTHEM［1977］pp. 48–49)

124. *sthāna-pratilābha

【参考】福田［1990］，楠［2007］，横山［2017a］，CHUNG and FUKITA［2017］p. 68.

Madhyamakapañcaskandhaka

【訳例】場の取得
【チベット語訳】gnas so sor thob pa

【定義的用例】

〔和訳〕

場の取得とは何か。場所の取得である。

〔チベット語訳〕

[a]…**gnas so sor thob pa** gaṅ źe na / yul so sor thob pa'o //…[a]

[a]『品類足論』巻一：依得云何。謂得所依。（T, vol. 26, 694a24）

[a]『甘露味論』巻下：到異方土所得、是謂處得。（T, vol. 28, 979c10）

（C 262a4–5, D 265b4, G 364a1, N 293b5–6, P 304a8; LINDTNER［1979］p. 143, *l*. 6, Zh, vol. 60, p. 1598, *ll*. 10–11）

参考文献（1）

Munimatālaṃkāra

『牟尼意趣荘厳』では、心不相応行の解説の冒頭部においてその要素が列挙される際に、三つの pratilambha が示されるが（李・加納［2015］p. 34, *l*. 4, D 135 a7–b1, P 162a5）、その後の解説において、それらの具体的な定義が述べられるわけではない。したがって、ここでは心不相応行の列挙から回収することが出来る原語とそのチベット語訳のみを示す。また『牟尼意趣荘厳』で挙げられる

124. *sthāna-pratilābha

一つ目の pratilambha については、名称が『中観五蘊論』が示す*sthāna-pratilābha とは異なり、その定義の一部である*deśa が名称に反映されたかたちになっている。

【原語】deśa-pratilambha
【チベット語訳】yul la dmigs pa

参考文献（2）

Abhidharmāvatāra

『入阿毘達磨論』では *sthāna-pratilābha は説かれない。

125. *vastu-pratilābha

【参考】福田［1990］, 楠［2007］, 横山［2017a］, CHUNG and FUKITA［2017］pp. 68–69.

Madhyamakapañcaskandhaka

【訳例】事物の取得
【チベット語訳】dṅos po so sor thob pa

【定義的用例】

〔和訳〕

事物の取得とは何か。グループ（蘊）の取得である。

〔チベット語訳〕

[a]…**dṅos po so sor thob pa** gaṅ źe na / phuṅ po so sor thob pa'o //…[a]

[a]『品類足論』巻一：處事得云何。謂得諸蘊。（T, vol. 26, 694a24–25）

[a]『甘露味論』巻下：諸行雜物、是謂物得。（T, vol. 28, 979c11）

（C 262a5, D 265b4–5, G 364a1, N 293b6, P 304a8; LINDTNER［1979］p. 143, *l.* 5, Zh, vol. 60, p. 1598, *l.* 11）

参考文献（1）

Munimatālaṃkāra

『牟尼意趣荘厳』では、心不相応行の解説の冒頭部においてその要素が列挙される際に、三つの pratilambha が示されるが（李・加納［2015］p. 34, *l.* 4, D 135 a7–b1, P 162a5）、その後の解説において、それらの具体的な定義が述べられるわけではない。したがって、ここでは心不相応行の列挙から回収することが出来る原語とそのチベット語訳のみを示す。また『牟尼意趣荘厳』で挙げられる

125. *vastu-pratilābha

二つ目の pratilambha については、名称が『中観五蘊論』の*vastu-pratilābha とは異なり、その定義の一部である skandha が名称に反映されたかたちになっている。

【原語】skandha-pratilambha
【チベット語訳】phuṅ po so sor thob pa

参考文献（2）

Abhidharmāvatāra

『入阿毘達磨論』では *vastu-pratilābha は説かれない。

126. *āyatana-pratilābha

【参考】福田［1990］，楠［2007］，横山［2017a］，CHUNG and FUKITA［2017］p. 69.

Madhyamakapañcaskandhaka

【訳例】領域の取得
【チベット語訳】skye mched so sor thob pa

【定義的用例】

〔和訳〕

領域の取得とは何か。内の領域（六内処）と外の領域（六外処）を得ることである[1)]。

[1)]『中観五蘊論』のチベット語訳によれば「内と外を自体とする領域（処）を…」となるが、『品類足論』などの定義を参考に訂正して翻訳する。bdag ñid can については、「内処」の「内」（ādhyātmika）を誤訳したものか。

〔チベット語訳〕

[a…]**skye mched so sor thob pa** gaṅ źe[1)] na / naṅ daṅ phyi'i bdag ñid can gyi skye mched so sor rñed pa'o //[…a]

[1)] *źi* C

[a]『品類足論』巻一：處得云何。謂得内外處。（T, vol. 26, 694a25）

[a]『甘露味論』巻下：得諸内外入、是謂入得。（T, vol. 28, 979c11）

（C 262a5, D 265b5, G 264a1–2, N 293b6, P 304a8–b1; LINDTNER［1979］p. 143, *ll.* 7–8, Zh, vol. 60, p. 1598, *ll.* 12–13）

参考文献（1）

Munimatālaṃkāra

『牟尼意趣荘厳』では、心不相応行の解説の冒頭部においてその要素が列挙される際に、三つの pratilambha が示されるが（李・加納［2015］p. 34, *l*. 4，D 135 a7–b1, P 162a5）、その後の解説において、それらの具体的な定義が述べられるわけではない。したがって、ここでは心不相応行の列挙から回収することが出来る原語とそのチベット語訳のみを示す。

【原語】āyatana-pratilambha
【チベット語訳】skye mched la dmigs pa

参考文献（2）

Abhidharmāvatāra

『入阿毘達磨論』では āyatana-pratilābha は説かれない。

127. *pratyaya-asāmagrī

【参考】室寺ほか［2017］p. 121，横山［2017a］.

Madhyamakapañcaskandhaka

【訳例】因縁の不備
【チベット語訳】rkyen ma tshogs pa

行蘊冒頭の心不相応行の列挙の中では rkyen tshogs pa med pa（D 245b4, P 281a5）

【定義的用例】

〔和訳〕

因縁の不備とは何か。原因と条件が不完全であることである。

〔チベット語訳〕

[a…]**rkyen ma tshogs pa** gaṅ źe na / rgyu daṅ rkyen ma tshaṅ ba'o //[…a]

[a] YBh: ma tshogs pa gnas skabs gaṅ la gdags / rnam pa du yod ce na / smras pa / ma tshogs pa'i gnas skabs daṅ / rab tu dbye ba ni tshogs pa las bzlog pa las rig par bya'o //（D *źi* 47b1–2, P *zi* 78a2–3，サンスクリット欠損部分）

『顕揚聖教論』巻二：不和合者謂諸行縁乖性。（T, vol. 31, 484b27）

（C 262a7, D 265b7, G 364a4, N 294a1, P 304b3; Lindtner［1979］p. 143, *ll.* 20–21, Zh, vol. 60, p. 1598, *l.* 19）

参考文献（1）

Munimatālaṃkāra

【原語】asāmagrī
【チベット語訳】ma tshogs pa

127. *pratyaya-asāmagrī

【定義的用例】

〔原文〕

asāmagrī hetupratyayānāṃ vikalatā //

（李・加納［2015］p. 35, *l*. 11）

〔チベット語訳〕

ma tshogs pa ni rgyu daṅ rkyen rnams[1] ma tshaṅ ba'o //

[1] om. N

（C 135b2, D 135b7, G 214b3–4, N 157a6–7, P 162b8; AKAHANE and YOKOYAMA［2014］p. 118, *ll*. 1–2, 磯田［1991］p. 9, *l*. 5, Zh, vol. 63, p. 1208, *l*. 20）

【先行研究における翻訳】

〔原文からの和訳〕

不和合は諸因縁が不完全なることである。

（李ほか［2016］p. 70）

参考文献（2）

Abhidharmāvatāra

『入阿毘達磨論』では *pratyaya-asāmagrī は説かれない。

128. *pratyaya-sāmagrī

【参考】室寺ほか［2017］p. 119–120，横山［2017a］.

Madhyamakapañcaskandhaka

【訳例】因縁の完備
【チベット語訳】rkyen tshogs pa

【定義的用例】

〔和訳〕

因縁の完備とは何か。原因と条件が不完全ではないことである。

〔チベット語訳〕

[a]…**rkyen tshogs pa** gaṅ źe[1)] na / rgyu daṅ rkyen rnams ma tshaṅ[2)] ba ñid med do //…[a]

[1)] *źa* G　[2)] *tshaṅs* P

[a] YBh: de la tshogs pa gaṅ źe na / chos de daṅ de dag skyed pa'i phyir gaṅ dag rgyur gyur pa daṅ / gaṅ dag rkyen du gyur pa de dag thams cad gcig tu bsdus pa ni tshogs pa źes bya ste / de ñid lhan cig byed pa'i rgyu źes kyaṅ bya'o //（D *źi* 23b6–7, P *zi* 26b3–4，サンスクリット欠損部分）

『顕揚聖教論』巻一：和合者謂諸行縁會性。（T, vol. 31, 484b26–27）

AS: sāmagrī katamā / hetuphalapratyayasamavadhāne sāmagrīti prajñaptiḥ //（Gokhale［1947］p. 19, *l.* 11）

PSkV: sāmagrī katamā / hetupratyayasamavadhāne sāmagrīti prajñaptiḥ //（p. 88, *l.* 11）

（C 262a7, D 265b7, G 364a4, N 294a1–2, P 304b3–4; Lindtner［1979］p. 143, *ll.* 22–23, Zh, vol. 60, p. 1598, *l.* 20）

参考文献（1）

Munimatālaṃkāra

【原語】sāmagrī
【チベット語訳】tshogs pa

【定義的用例】

〔原文〕

sāmagrī hetupratyayānām avikalatā //

（李・加納［2015］p. 35, *l*. 11）

〔チベット語訳〕

tshogs pa ni rgyu daṅ rkyen rnams ma tshaṅ ba med pa'o //

（C 135b2, D 135b7, G 214b4, N 157a7, P 162b8; Akahane and Yokoyama［2014］p. 118, *l*. 2, 磯田［1991］p. 9, *ll*. 5–6, Zh, vol. 63, p. 1208, *ll*. 20–21）

【先行研究における翻訳】

〔原文からの和訳〕

和合は諸因縁が完全なることである。

（李ほか［2016］p. 70）

参考文献（2）

Abhidharmāvatāra

『入阿毘達磨論』では *pratyaya-sāmagrī は説かれない。

索引 Index

以下に示すのは本用例集で見出し語となっている『中観五蘊論』の法体系における七十五法対応語を除く主要術語のサンスクリット、チベット語訳、漢訳の索引である。チベット語訳ではテキスト間で訳語が異なる場合があるが、チベット語訳の索引では、それらすべての語について該当する頁を示した。漢訳の索引では『入阿毘達磨論』の漢訳で用いられる訳語について該当する頁を示した。また、定義的用例が示される頁（複数頁にわたる場合にはその先頭の頁）を太字で強調して示した。

サンスクリット Sanskrit

A

akuśala-mūla **52**–56, 117
atimāna 74, 77–79, **83**–86, 87
anutpāda-jñāna 204, 208, 211, 217, 222, 225, 228, 231, 233–234, **236**–239
anunaya 65–66, 68–69, **70**–73, 133
anuśaya 53, **134**–149, 150–152, 160–161, 163, 167
antagrāha-dṛṣṭi 52–53, 55–56, 57, 59, 62–64, **113**–116, 122, 135, 146, 148, 219
anvaya-jñāna 135, **207**–210, 214
apraśrabdhi **38**–39
ab-dhātu 2, 3, 8, **12**–15, 16, 20
abhimāna 74, 77–78, **95**–98
amoha **43**–46, 47–51, 52, 57, 90, 130
avyākṛta-mūla **57**–64
asāmagrī **246**–247
asmi-māna 74, 77–78, **90**–94

Ā

āyatana-pratilambha **244**–245
āsrava 126, **160**–168, 169–170, 173, 175

U

upakleśa 57, 59, 161, **150**–155
upādāna 91–92, 161–162, **180**–189
upādāya-rūpa 2, 7, 8, 11, 12, 15, 16, 19, 20–21, 23, **25**–29

Ū

ūna-māna 74–75, 77–78, **103**–106

O

ogha 161, **169**–174, 175–176, 178, 187

K

kāya-grantha **190**–195
kuśala-mūla 43, 46, **47**–51, 52, 59, 202
kṣaya-jñāna **233**–235, 236–237

G

grantha **190**–195

T

tejas 4, 7, 11, 15, **17**, 19, 23–24
tejo-dhātu 2–3, 8–9, 12–13, **16**–19, 20–22

D

duḥkha-jñāna **221**–223
dṛṣṭi-parāmarśa 65, **121**–124, 125, 145–148, 190, 194, 219
deśa-pratilambha **241**

DH

dharma-jñāna 135, **203**–206, 214

N

nirodha-jñāna **227**–229
nirvid **30**–33
nivaraṇa **196**–202

P

paracitta-jñāna **211**–215
paryavasthāna 66, 151, **156**–159, 160–161, 163, 166–167, 170, 175, 181, 187
pṛthvī 4, 7, **9**, 11, 23–24
pṛthivī-dhātu 2–3, 5, **8**–11, 12–13, 16, 20–21
pratyaya-sāmagrī **248**–249
pratyaya-asāmagrī **246**–247
prāmodya **34**–37

B

bandhana 69, **130**–133, 136, 161, 194

BH

bhūta **2**–7, 8, 12, 16, 20, 25–28
bhautika 2, 5, 7, 8, 12, 16, 20, **25**–29

M

mahābhūta **2**–7, 8–9, 12–13, 16–17, 20–22, 25–27, 29
māna 58–59, 62–64, 65–69, **74**–82, 83, 87, 99, 106, 134, 139, 144–148, 170, 175, 181, 187, 219
māna-atimāna 74–75, 77–78, **87**–89
mārga-jñāna **230**–232
mithyā-dṛṣṭi **117**–120, 122, 145–148, 219
mithyā-māna 74–75, 77–78, **99**–102

Y

yoga 161, 170, **175**–179, 180–182

V

vastu-pratilābha **242**–243
vāyu 4, 7, 11, 15, 19, **21**–24
vāyu-dhātu 2–3, 5, 8–9, 12–13, 16–17, **20**–24
vimukti **40**–42, 120, 125–126, 205–206, 210

Ś

śīlavrata-parāmarśa **125**–129, 135, 145–148, 180, 183, 185, 187, 190–191, 193–194, 219

S

saṃyojana **65**–69, 70–73, 75, 77, 133, 146, 161
saṃvṛti-jñāna **216**–220
satkāya-dṛṣṭi 52–53, 57, 59, 62–64, 75, 113, **107**–112, 113, 134, 139, 146, 148, 219
samudaya-jñāna **224**–226
sāmagrī 248–**249**
skandha-pratilambha **243**
sthāna-pratilābha **240**–241

チベット語訳 Tibetan Translation

K

kun tu sbyor ba **65**–68, 70–72, 74, 132
kun nas dkris te 'dug pa **158**, 164, 184
kun nas dkris pa **156**–157, 161, 163
kun 'byuṅ ba śes pa **224**–225
kun 'byuṅ śes pa **225**
kun rdzob śes pa **216**–217
rkyen ma tshogs pa **246**
rkyen tshogs pa **248**
skye mched la dmigs pa **245**
skye mched so sor thob pa **244**
skyo ba 30, **32**

G

dge ba'i rtsa ba 43, 45, **47**–49, 52, 60, 200
'gog pa śes pa **227**–228
rgyur byas pa'i gzugs 6, 10, 14, 18, 23, **26**–27
sgrib pa **196**, 198–200

Ṅ

ṅa rgyal 61, 65, 67–68, **74**, **79**–81, 83, 99, 136, 138–139, 141–142, 184, 217
ṅa rgyal las kyaṅ ṅa rgyal 74, 76, **87**–89
ṅa'o sñam pa'i ṅa rgyal 74, 76, **90**–93
ṅes par skyo ba **30**
ṅes par 'chiṅ ba **130**
dṅos po so sor thob pa **242**
mṅon pa'i ṅa rgyal 74, 76, **95**–97

C

cuṅ zad kyi ṅa rgyal **104**
cuṅ zad sñam pa'i ṅa rgyal 74, 76, **103**, 105

CH

chu bo **169**–172, 176–177, 184
chu'i khams 3, 8, **12**–14, 16, 20
che ba'i ṅa rgyal 76, **85**
chos śes pa 137–138, **203**–205
mchog tu dga' ba 35–36
'chiṅ ba 68, 130, **131**–132

J

'jig tshogs la lta ba 57, 60–61, **107**–111, 113, 136–137, 140, 141–142, 217
rjes su chags pa 65, 68, **70**–72
rjes su rtogs pa'i śes pa **209**, 213
rjes su śes pa 137–138, **207**–208

Ñ

ñe ba'i ñon moṅs pa 58–60, **150**–153
ñe bar gzuṅ ba'i gzugs **25**
ñe bar len pa 91–92, **180**–183

T

gti mug med pa **43**–45, 47–49
lta ba mchog tu 'dzin pa **121**–123, 141–142, 190–192, 217

TH

mthar 'dzin par lta ba 52–53, 57–59, 61, **113**–115, 137, 141–142, 217

D

mdud pa **190**–192
sdug bsṅal śes pa **221**–222

N

gnas so sor thob pa **240**
rnam par grol ba **40**–41, 205, 209

PH

pha rol gyi sems śes pa **211**–212
phuṅ po so sor thob pa 242–**243**
phra rgyas 130, **134**, 136–142, 150, 152, 161, 163–164

B

bag la ñal **139**–140
'byuṅ ba **2**–6, 8, 10, 12, 14, 16, 18, 20, 23, 25, 27–28
'byuṅ ba chen po **2**–3, 5–6, 9, 13, 17, 22, 25
'byuṅ ba las gyur pa 3, 5–6, **25**–28
'byuṅ ba las gyur pa'i gzugs 6, **28**
sbyor ba **175**–177, 181, 183

M

ma tshogs pa **246**–247
mi skye ba śes pa **236**–238
mi dge ba'i rtsa ba **52**–54
me 5–6, 9–10, 13–14, **17**–18, 22–23, 27, 90
me'i khams 3, 8, 12, **16**–18, 20

TSH

tshul khrims daṅ brtul źugs mchog tu 'dzin pa **125**–127, 137–138, 141–142, 181, 184, 190–192, 217
tshogs pa 246, 248, **249**

Ź

gźan gyi sems śes pa **211**–212

Z

zag pa **160**–161, 163–165, 169, 171
zad pa śes pa **233**–234

Y

yid 'byuṅ ba **31**–32
yul la dmigs pa **241**

R

rab tu dga' ba **34**–36
rluṅ **21**–22
rluṅ gi khams 3, 5, 8, 12, 16, **20**–22

L

lam śes pa **230**–231
luṅ du ma bstan pa'i rtsa ba **57**–60
luṅ du mi ston pa'i rtsa ba **61**
lus kyi mdud pa **190**–192
len pa **184**
log pa'i ṅa rgyal 74, 76, **99**–101
log par lta ba 141–142, **117**–119, 217

Ś

śin tu sbyaṅs pa ma yin pa **39**
śin tu ma sbyaṅs pa **38**

S

sa 5–6, **9**–10, 13–14, 17–18, 22–23
sa'i khams 3, **8**–10, 12, 16, 20

H

lhag pa'i ṅa rgyal 74, **83**–84

漢訳 Chinese Translation

あ

愛（あい）. 68, **72**, 132
有身見（うしんけん）. . . . 55, 62, **111**, 143, 218
厭（えん）. **32**

か

火（か）. 6, 11, 15, **18**–19, 23
蓋（がい）. **200**–201
戒禁取（かいごんしゅ）. **127**–128, 143, 185, 193, 218
過慢（かまん）. 77, **85**
我慢（がまん）. 77, **93**
苦智（くち）. **223**
結（けつ）. **67**–68, 72, 77, 132, 142
見取（けんしゅ）. . . . **123**–124, 143, 185, 193, 218
欣（ごん）. **35**–36

さ

地（じ）. 6, **10**–11, 15, 19, 23
邪見（じゃけん）. **119**, 143, 218
邪慢（じゃまん）. 77, **101**
取（しゅ）. **184**–185
集智（じゅうち）. **225**
所造色（しょぞうしき）. . . . 6, 11, 15, 19, 23, **28**
身繋（しんけ）. **192**–193
盡智（じんち）. **234**–235
水（すい）. 6, 11, **14**–15, 19, 23
隨煩惱（ずいぼんのう）. **153**
隨眠（ずいめん）. . . . **140**–143, 153, 165
世俗智（せぞくち）. **217**–218
善根（ぜんこん）. 45, **49**–50, 201
增上慢（ぞうじょうまん）. 77, **97**

た

大種（だいしゅ）. **6**, 11, 15, 19, 23, 28
他心智（たしんち）. **212**–213
纏（てん）. **158**, 165, 185
道智（どうち）. **231**

は

縛（ばく）. **132**
卑慢（ひまん）. 77, **105**
風（ふう）. 6, 11, 15, 19, **22**–23
不善根（ふぜんこん）. **54**–55
邊執見（へんしゅうけん）. . . . 55, 62, **115**, 143, 218
法智（ほうち）. **204**–205, 209, 213
瀑流（ぼる）. **171**–172, 177, 185

ま

慢（まん）. 62, 68, **76**–77, **81**–82, 142–143, 185, 218
慢過慢（まんかまん）. 77, **88**–89

無記根（むきこん）. **61**–62
無生智（むしょうち）. **237**–238
無癡（むち）. **45**, 50
滅智（めっち）. **228**

や

軛（やく）. **177**

ら

類智（るいち）. **209**, 213
漏（ろ）. **164**–165

『中観五蘊論』の法体系：五位七十五法対応語を除く主要術語の分析―仏教用語の現代基準訳語集および定義的用例集―バウッダコーシャ VII〔インド学仏教学叢書 24〕

2019 年 2 月 27 日　初版第一刷発行
著　者　宮崎　泉（代表）
横山　剛　岡田英作
高務祐輝　林　玄海
中山慧輝
発行者　インド学仏教学叢書
編集委員会
代表　蓑輪顕量
〒113-0033 東京都文京区本郷 7-3-1
東京大学文学部インド哲学仏教学研究室内
発売所　山喜房佛書林
〒113-0033 東京都文京区本郷 5-28-5
電話　03-3811-5361

ISBN 978-4-7963-0292-0